浙江省普通本科高校“十四五”重点立项建设教材　　中经“精品课程”系列

民营经济“两个健康”概论

主　编：杨平宇

副主编：修丕师　叶诗田

中国经济出版社 CHINA ECONOMIC PUBLISHING HOUSE　中国石化出版社

·北京·

图书在版编目（CIP）数据

民营经济“两个健康”概论 / 杨平宇主编. -- 北京：中国经济出版社：中国石化出版社，2025. 3. -- ISBN 978 - 7 - 5136 - 8058 - 5

Ⅰ. F279. 245

中国国家版本馆 CIP 数据核字第 2025RQ3091 号

选题策划　雷　生
责任编辑　彭　欣
责任印制　李　伟
封面设计　任燕飞

出版发行　中国经济出版社
印 刷 者　宝蕾元仁浩（天津）印刷有限公司
经 销 者　各地新华书店
开　　本　787mm × 1092mm　1/16
印　　张　18. 5
字　　数　350 千字
版　　次　2025 年 3 月第 1 版
印　　次　2025 年 3 月第 1 次
定　　价　59. 00 元
广告经营许可证　京西工商广字第 8179 号

中国经济出版社 **网址** http://epc. sinopec. com/epc/ **社址** 北京市东城区安定门外大街 58 号 **邮编** 100011
本版图书如存在印装质量问题，请与本社销售中心联系调换（联系电话：010 - 57512564）

PREFACE | 前言

促进非公有制经济健康发展和非公有制经济人士健康成长是重大经济问题，也是重大政治问题。民营经济是非公经济的主要组成部分。本书围绕我国民营经济健康发展和民营企业家健康成长的内涵、路径、评价和实践等方面进行理论与实践教学。

第一，全面探讨了民营经济“两个健康”——非公有制经济健康发展和非公有制经济人士健康成长的理论内涵与实践路径。本书回顾了民营经济的发展历程，总结了其在不同历史阶段的特点与贡献，强调了民营经济在中国特色社会主义市场经济中的重要地位。

第二，本书深入分析了新时代民营经济面临的新机遇与新挑战，从国际国内两个维度出发，剖析了民营经济在高质量发展过程中需要克服的难题。同时，本书从金融支持、土地要素保障、数据要素保障等多个维度，详细阐述了如何有效支撑民营经济的发展，解决其在要素获取上面临的难题。

第三，在探讨非公有制经济人士健康成长方面，本书强调了企业家精神在民营经济发展中的核心作用，提出了培育和弘扬新时代企业家精神的具体路径。通过介绍国内外成功企业家的典型案例，展示了企业家精神在推动企业创新、引领行业发展、促进社会进步等方面的巨大价值。

第四，本书构建了民营经济“两个健康”的综合评价体系，从爱国敬业、守法经营、创业创新、回报社会等多个维度对民营企业家健康成长进行评价；从经济活力、创新驱动、结构优化、质效提升、风险防范等多个方面对民营经济健康发展进行评价，为科学衡量民营经济“两个健康”状况提供了依据。

此外，本书以温州模式为例，深入剖析了温州在推动民营经济“两个健康”

发展方面的创新实践与成功经验，为全国其他地区提供了可借鉴、可复制的模式与路径。

本书旨在培养具备坚定社会主义理想信念、强烈社会责任感及新时代企业家精神的新商科创业型人才。通过本书，读者将全面了解民营经济的发展历程与现状，深刻领悟企业家精神的内涵与价值，掌握政府促进民营经济及企业家健康发展的政策举措，从而形成正确的创业创新观念。

本书的主要特点包括：

(1) 具有鲜明的理论创新。本书以习近平新时代中国特色社会主义思想为根本遵循，深入解读"两个健康"的理论内涵，不仅梳理了"两个健康"相关理论基础，还深入探讨了实现路径，从而形成了完整的知识体系。"两个健康"理论创新不仅丰富了中国特色哲学社会科学的内容，也为民营经济的健康发展和民营企业家的健康成长提供了理论支撑。

(2) 内容编排上注重实践导向。本书不仅系统阐述了民营企业家健康成长和民营经济高质量发展的路径，还通过实践探索，深入剖析了政府改革实践和企业健康成长案例。利用理论与实践相结合的方式，使得本书更具操作性和实用性，能够为广大学习者提供生动的学习材料和实战经验。

(3) 注重受众的广泛性。本书不仅适用于高校教学，还可作为政府相关部门和企业高管的学习资料，有助于推动民营企业家的健康成长和民营经济的健康发展。本书拟为课程配套在线教学平台提供丰富的课程资源，学生可以更好地了解民营经济发展的趋势和方向，为推动我国经济社会发展做出贡献。

本书由杨平宇主编，负责总体框架设计和主要章节撰写。谢健、修丕师、潘建丹、叶诗田、姜赛、戴晓震、林巍、汪占熬、邢宏洋、潘树彦参与了本书的写作和资料收集，在此表示诚挚的感谢。

本书既可以作为高等院校涉外经济、贸易、金融、投资、管理和法律等专业学生的教科书，也可以成为相关政府部门或企业培训员工时选用的教材，当然也不失为业界同人的一本参考书。限于笔者的知识水平有限，书中难免存在错误和不足之处，敬请广大读者批评指正，以便今后修订时更改。

笔者

2024 年 12 月 8 日

CONTENTS | 目录

第一章

“两个健康”的新时代内涵

本章导入

民营经济是中国特色社会主义市场经济的重要组成部分，是推动中国式现代化的生力军。在稳定增长、促进创新、增加就业、改善民生等方面，民营经济均发挥着不可或缺的作用。首先，本章将全面回顾民营经济的发展历程，深入理解其在新时代的贡献。通过梳理民营经济的发展历程，我们可以感受到其在改革开放大潮中的奋进与拼搏；通过分析民营经济在新时代的角色与贡献，我们可以深刻认识到其对国家经济发展大局的重要性。

其次，本章将重点阐释民营经济“两个健康”的内在逻辑。我们将以理论探讨与案例分析相结合的方式，深入剖析民营经济健康发展与民营企业家健康成长之间相互促进、相互依存的关系。这将有助于更加全面地理解民营经济的本质与特征，更加深入地把握民营经济的发展规律与趋势。

通过本章的学习，读者将能够全面、深入地了解民营经济，为日后更好地参与和支持民营经济的发展奠定坚实的基础。同时，也希望鼓励更多读者积极投身到民营经济的实践中去，为推动我国经济的持续健康发展贡献力量。

学习目标

（1）知识目标：认识民营经济的基本概念、发展历程及其在中国特色社会主义市场经济中的地位和作用；理解民营经济在稳定增长、促进创新、增加就业、改善民生等方面的积极作用；深入了解“两个健康”的内涵与外延，掌握其内在逻辑和相互促进的关系。

（2）能力目标：能够运用所学知识，分析民营经济在新时代面临的挑战与机遇，提出有效的应对策略。能够结合具体案例，对民营经济的发展现状和未来趋势进行客观评价。通过扩展资料的阅读和研究，能够深入理解和把握民营经济的生动实践和成功经验。

（3）综合目标：培养对民营经济发展的认同感，激发为国家经济发展贡献力量的热情；树立正确的发展观、人才观和创新观，崇尚新时代企业家精神，增强成为新时代新商科创业型人才的使命感。

第一节 民营经济发展历程与新时代地位

一、民营经济的界定

"民营经济"原本不是一个明确规范的学术概念，也不是一个严格的法律概念，而是人们对中国在改革与发展中出现的具有经营自主性的"非政府经济"的一个约定俗成的称谓。民营经济的概念最早可以追溯到20世纪30年代初期，王春圃在《经济救国论》中第一次提出了"民营"概念，他把当时国民党政府经营的企业定义为"官营"，而把民间私人经营的企业称为"民营"。毛泽东同志在1942年12月所作的报告《抗日时期的经济问题和财政问题》中，也提出了与公营经济相对应的概念，即民营经济。

民营经济作为我国经济体系的重要组成部分，其内涵的界定与所有制关系密切相关。根据所有制关系的不同划分方式，民营经济可以被划分为广义、内资和狭义三种不同的内涵。

广义的民营经济是对除国有和国有控股企业以外的多种所有制经济的统称。这一界定方式下，民营经济涵盖了众多所有制形式，包括个体经济、私营经济、集体经济、港澳台投资经济和外商投资经济等。内资民营经济是在广义民营经济的基础上，进一步排除了外商投资企业和港澳台投资企业后的经济成分，包括个体经济、私营经济和集体经济。这一界定方式更加突出了"内资"的特点，即资本主要来源于国内投资者，而非外资。狭义的民营经济则进一步限定了范围，它是指在内资民营经济中除去集体企业后的经济成分，包括个体经济和私营经济。我们通常所说的民营经济一般指的是狭义上的民营经济，统计口径上包括个体工商户和私营企业两种类型的社会经济组织。

扩展阅读

改革开放后中国颁发的第一张个体户工商执照

中国共产党历史展览馆的百年党史展览，展出了中国改革开放后第一张个体工商业营业执照，它是1980年12月11日温州市工商行政管理局颁发的，持有人叫章华妹。在改革开放的初期，中国正经历着一场深刻的经济变革。在这场变革中，个体工商业者作为一股新生力量，逐渐崭露头角。其中，章华妹的故事尤为引人瞩目。

章华妹，一位来自温州的普通姑娘，家境贫寒，生活艰难。但是，她并没有被困难打倒，而是勇敢地选择了摆摊卖小商品来补贴家用。然而，当时的社会环境下，这种小生意被视为"投机倒把"，章华妹时常面临被罚款和没收商品的风险，同时还要承受来自社会的歧视和压力。但章华妹并没有因此而放弃，她坚信自己的努力和付出会得到认可和支持。随着政策的逐步放开，她看到了办理个体工商业营业执照的机会。在父亲的鼓励下，她毅然抓住了这个机会，合法经营。

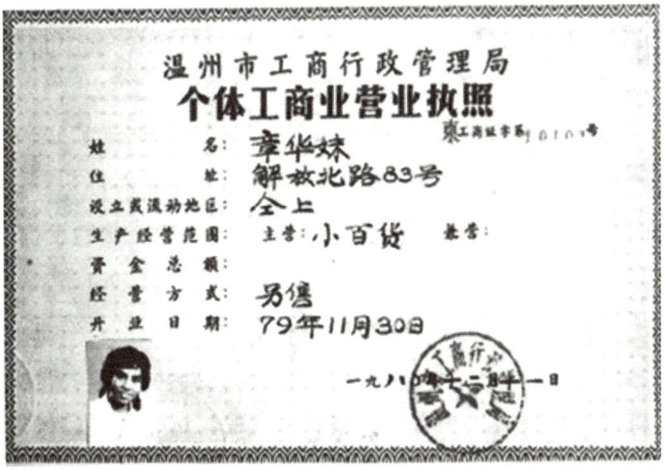
温州市工商行政管理局
个体工商业营业执照
东工商证字第10101号
姓名：章华妹
住址：解放北路83号
设立摊贩流动地区：仝上
生产经营范围：主营：小百货 兼营：
资金总额：
经营方式：另售
开业日期：79年11月30日
一九八〇年十二月十一日

经过一系列的申请和审核程序，章华妹终于领到了中国改革开放后第一张由温州市东城工商局发的编号为"东工商证字第10101号"的个体工商业营业执照。这不仅标志着她的小生意得到了国家的认可和支持，更意味着个体经济在中国经济中的地位得到了提升。章华妹的故事是改革开放初期个体经济发展的一个生动缩影。她的经历展示了个体工商业者在面对困境时的坚韧和勇气，也体现了党和政府在推动经济发展中的开放态度和积极作为。

资料来源：中国共产党历史展览馆供稿．改革开放后第一张个体工商业营业执照［N］．学习时报，2022－03－25.

二、改革开放以来民营经济发展

（一）民营经济起步阶段（1978—1991 年）

1978 年改革开放至 1991 年，是民营经济的起步阶段。1978 年，以党的十一届三中全会为标志，中国开启了改革开放的伟大征程。

党的十一届三中全会肯定了农村个体经济，并在一定范围内允许其作为公有制经济的补充存在。1982 年宪法明确规定了个体经济在法律范围内的存在，并出台了一系列配套的政策法律法规来保障其发展。党的十二大进一步提出了鼓励个体经济发展的方针，这标志着个体经济在中国经济中的地位得到了进一步的提升。在这一方针的指导下，个体经济得到了快速发展。党的十三大提出的社会主义初级阶段理论，肯定了私营经济在发展生产和满足人们生活需要方面的重要作用，并提出了在法律保护下加强引导和监督的要求。

1988 年的宪法修正案以国家根本大法的形式确认了民营经济的合法地位，宪法第十一条增加规定："国家允许私营经济在法律规定的范围内存在和发展。私营经济是社会主义公有制经济的补充。国家保护私营经济的合法的权利和利益，对私营经济实行引导、监督和管理。"这标志着民营经济在中国经济中的地位得到了最高法律形式的确认。

据统计，1978 年，中国城镇个体劳动力只有 15 万人，到 1982 年，个体工商户注册数量即上升到 263.7 万户，注册资金 8.25 亿元，从业人员达到 319.9 万。1991 年底，全国个体工商户注册数量增加到 1416.8 万户，注册资金 488.15 亿元，从业人员达 2258 万。

改革开放初期，温州个体私营企业四处出击，到处"挖社会主义墙脚"，民间贩运异常活跃，受到了社会各界的质疑。不少人认为温州个私经济是在"刮资本主义歪风"，是"资本主义复辟的典型"。1982 年之前，从中央部门到省委，曾多次派人到温州乐清了解情况。

扩展阅读

温州"八大王"事件

改革开放初期，乐清柳市的"八大王"勤于思考，抓住机遇，办企业，招人才，发展个体经济，成了各个领域的带头人。而后他们圈地建厂房、盖高楼，作为改革开放以后中国第一批富起来的人，一时之间风光无限，成为大众羡慕的对象。

温州“八大王”分别为“五金大王”胡金林、“旧货大王”王迈仟、“矿配大王”程步清、“线圈大王”郑祥青、“目录大王”叶建华、“胶木大王”陈银松、“翻砂大王”吴师濂、“螺丝大王”刘大源。然而，不久之后“八大王”便遭受到了政策环境的限制，被冠以“投机倒把罪”。1982 年初，由于被认定为“投机倒把罪”，8 位个体经营户中有 7 人被判刑，另有 1 人遭全国通缉。

“八大王”被捕之后，柳市个体户逃的逃、被捕的被捕，七零八落，温州个私经济遭受严重打击。由此，柳市的低压电器生产和销售遭受全面重创，1982 年该镇工业产值比 1981 年下降了 53.8%。温州市工业在 1980 年的增速为 31.5%，1981 年为 7.0%，到 1982 年则下滑为 -1.7%，此后 3 年一直徘徊不前。

之后的两年多时间里，“八大王”事件如一块乌云始终笼罩在温州甚至整个浙江。此时的中国，虽然“打击经济犯罪”起到了一些效果，但是也挫伤了各地改革的积极性。如何让经济重新回到正常轨道，成了亟待解决的问题。

时任浙江省委常委、省政府副省长、温州市委第一书记袁芳烈深感：“八大王”案不翻，温州经济搞活无望。1983 年春节刚过，袁芳烈亲下柳市调研，就“八大王”的全部案件进行认真复查。经过市中院对全部案卷再三复查取证，得出的结论是“八大王”除了一些轻微的偷漏税外，其他的所作所为符合中央精神。因此，“八大王”被改判无罪，发还其被没收财物。虽然宣告无罪，但此时并没有给“八大王”平反。

1983 年 12 月 8 日，《人民日报》发表《农村商品生产发展的新动向——浙江省温州农村几个专业商品产销基地的情况调查》，肯定了乐清五金电器生产的情况及新经验。1984 年，中央第三个“一号文件”指出，要疏通流通渠道，发展商业生产。借此东风，浙江省委常委、温州市委书记袁芳烈在省委常委电话会议上提议给“八大王”平反，省委常委一致同意。是年春，在全市乡镇书记以上干部大会上，温州市委公开宣布为“八大王”彻底平反。6 月 14 日，浙江省打击经济领域犯罪活动联席会议办公室公布了《关于乐清县柳市区所谓“八大王”案件的处理情况》，对“八大王”案件进行了重新审理并作了纠正。“八大王”事件案发两年后终于获得平反，这激发了温州千家万户争相创业的新热潮，基层干部群众纷纷放开手脚，投入了商品经济的滚滚洪流。

资料来源：《温州百年百事丨“八大王”事件》。

阅读上述资料，思考：

1. 民营企业家健康成长对于区域经济发展的贡献。
2. 政策环境对于民营经济发展的作用。

（二）民营经济的快速成长阶段（1992—2000 年）

从邓小平南方谈话到世纪之交，党和国家确立和坚持社会主义基本经济制度，民营经济从少到多、由弱趋强，并进入快速发展阶段。邓小平在南方谈话中提出社会主义的本质是解放和发展生产力，要坚持以"三个有利于"原则作为衡量经济的标准。邓小平南方谈话为发展民营经济扫清了思想障碍。1992 年 10 月，党的十四大明确了我国经济体制改革的目标是建立社会主义市场经济体制，在所有制结构上首次纳入个体、私营和外资经济，这标志着社会主义初级阶段的所有制理论和政策初步形成，以此为指引的民营经济进入了发展快车道。1993 年 11 月，党的十四届三中全会通过了《中共中央关于建立社会主义市场经济体制若干问题的决定》，指出"国家要为各种所有制经济平等参与市场竞争创造条件，对各类企业一视同仁"，为民营经济发展创造了更加宽松的外部环境。1997 年党的十五大进一步系统地阐明了社会主义初级阶段的所有制理论，提出非公有制经济是社会主义市场经济的重要组成部分。

随着科学技术的发展和国有企业的改革，大批民营企业注册成立并迅速成长为有影响力的企业。1992 年出现了民营经济发展史上第一次大规模下海潮，大批体制内人员下海，辞职下海的有 12 万人，没辞职而投身商海的超过 1000 万人。民营科技企业异军突起，成为经济发展的一个新的增长点。截至 20 世纪 90 年代末，3 万余名留学归国人员创办了民营科技企业，2000 多名留学人员在全国 50 余家科技创业园创办企业。

（三）民营经济的高速发展阶段（2001—2011 年）

2001 年，中国加入 WTO，标志着中国对外开放进入一个全新的阶段，民营经济迎来了难得的国际化发展机遇，从此开启了高速发展阶段。加入 WTO 后，随着贸易壁垒的逐步消除，民营企业获得了更广泛的国际市场准入。加入 WTO 促使民营企业更加重视技术创新和产业升级，以提高产品质量和附加值，从而在国际市场上获得更大的竞争优势。此外，加入 WTO 后，我国在知识产权保护、市场经济规则等方面加强了与国际接轨，为民营企业提供了更加公平、透明、可预期的营商环境。

在改革开放持续深入的背景下，2002 年，党的十六大首次提出坚持"两个毫不动摇"（毫不动摇巩固和发展公有制经济，毫不动摇鼓励、支持、引导非公有制经济发展），民营经济发展获得了稳定的制度保障和有力的政策支持。2004 年保护合法私有财产写入宪法，2005 年和 2010 年先后出台非公有制经济和民间投资的两个"36 条"，为民营经济持续发展打开广阔空间。民营经济在党的领导下，牢牢抓住发展机遇，成功抵御重大突发事件冲击，实现了快速发展。截至 2012 年底，全国共有私营企业1085万户，个体工商户4099万家，占据国民经济半壁江山。

（四）民营经济的高质量发展阶段（2012年至今）

党的十八大以来，中国特色社会主义进入新时代，同时也进入全面深化改革的新时期。从国际层面来看，在全球经济一体化的背景下，国际贸易和投资日益增多，民营经济等非公有制经济在全球价值链中的地位不断攀升，成为推动外贸发展与国际合作的重要力量，对于提高我国国际竞争力至关重要。从国内层面来看，民营经济在经济增长、技术创新、科技成果转化、创业就业、社会稳定等多方面发挥着关键作用，是推动我国经济结构优化升级、实现经济高质量发展的重要主体。习近平总书记多次强调要坚持和完善社会主义基本经济制度，坚持“两个毫不动摇”，积极推动公有制经济与非公有制经济的有机统一。2012年，党的十八大报告提出，要“毫不动摇鼓励、支持、引导非公有制经济发展，保证各种所有制经济依法平等使用生产要素、公平参与市场竞争、同等受到法律保护”，积极促进各种经济成分公平竞争、优势互补、共同发展、持续繁荣。

党的十八届三中全会提出，“公有制经济和非公有制经济都是社会主义市场经济的重要组成部分，都是我国经济社会发展的重要基础”。党的十九大报告强调，“必须坚持和完善我国社会主义基本经济制度和分配制度，毫不动摇巩固和发展公有制经济，毫不动摇鼓励、支持、引导非公有制经济发展”。党的二十大报告就“促进民营经济发展壮大”作出重要部署。

2023年是民营经济发展至关重要的一年。7月14日，中共中央、国务院印发《关于促进民营经济发展壮大的意见》，充分肯定了民营经济的重要地位和作用，指出民营经济是推进中国式现代化的生力军，是高质量发展的重要基础，是推动我国全面建成社会主义现代化强国、实现第二个百年奋斗目标的重要力量，并提出了一系列政策举措，发出了促进民营经济发展壮大的强烈信号。9月，按照党中央、国务院决策部署，在国家发展改革委成立民营经济发展局，作为促进民营经济发展壮大的专门工作机构，为推动民营经济高质量发展提供了有力组织保障。

随着我国营商环境的持续改善，民营经济实现了高速增长向高质量发展的转变。我国民营企业数量从2012年底的1085.7万户增加到2024年底的5700万户，占据企业总数的92%。

三、新时代民营经济的贡献

党的十九大以来，我国经济已从高速增长阶段转入高质量发展阶段，民营经济作为社会主义市场经济的重要组成部分，是拉动经济增长的重要力量、优化经济结构的重要主体、推动科技创新的重要因素、增加创业就业的重要渠道。当前，

“56789”常用来概括民营经济在经济社会发展中的重要作用，即民营经济贡献了50%以上的税收、60%以上的国内生产总值、70%以上的技术创新成果、80%以上的城镇劳动就业和90%以上的企业数量。民营经济的转型升级，有效解放和发展了社会生产力，优化了资源配置，推动了经济发展的动力变革、效率变革和质量变革，为经济的高质量发展奠定了坚实基础。

（一）民营经济是科技创新、发展新质生产力的重要主体

相比于国有企业，民营企业更勇于探索、敢于冒险，更具有创新精神。面对创新的高度不确定性，一大批民营企业家基于对市场前景的分析力、判断力以及自身的冒险精神，勇于打破约束，在意想不到的地方实现技术突破，创造出新产品，开辟出新市场，甚至开发出新的资源和新的业态，做成了很多看起来不可能的事。民营企业敢为人先，敢于创新、善于创新，以技术创新驱动发展，培育了新成果、新业态、新模式，以较强的创新能力和较高的创新效率，为推动民营经济高质量发展做出了重要贡献。经过长期的深耕细作，很多民营企业在相关领域已经拥有一定的技术积累和创新基础，这有利于加快重大科技攻关的进程。数据显示，中国民营企业贡献了50%以上的研发投入和研发人员、70%以上的科技创新成果，涵盖了80%的国家专精特新“小巨人”和90%的高新技术企业。华为、比亚迪等企业在5G、新能源领域持续深耕，不断突破，充分体现了民营企业是我国科技创新的重要主体。

民营企业是科技创新的主体，也是技术推广应用和产业升级的主体，在加快新质生产力方面可以发挥多重作用。新一轮科技革命和产业变革与中国加快转变经济发展方式形成历史性交汇，我国未来产业聚焦元宇宙、脑机接口、量子信息、人形机器人、生成式人工智能、生物制造、未来显示、未来网络、新型储能九大领域。民营企业的特点是组织结构扁平、信息反馈敏捷，在复杂多变的市场环境中，依托对信息的敏感和灵活高效的管理模式，能够敏锐地捕捉机会，根据市场变化快速调整产业结构、产品结构和要素结构。在科技创新和产业升级背景下，民营企业可以瞄准发展机遇，优化包括创新链、产业链、资金链、人才链在内的产业生态圈，加快融入未来产业体系，为自身转型升级注入新动能，进而成为引领未来经济发展的新引擎。

扩展阅读

“杭州六小龙”：求索与启示

在2025年2月17日召开的民营企业座谈会上，有两位年轻企业家尤其引人注目。一个是宇树科技创始人王兴兴，一个是DeepSeek（深度求索）创始人梁文锋，

前者生于1990年、后者生于1985年。他们是中国年轻一代企业家的代表，其企业也是中国新兴产业的标杆。

宇树科技、深度求索，加上游戏科学、强脑科技、群核科技、云深处科技，总部都在杭州，也都是近年来涌现的“科技新星”。网友给这6家企业取了个绰号：“杭州六小龙”。2025年新春伊始，从人形机器人春晚刷屏，到AI大模型世界瞩目，一个个现象级产品，让“杭州六小龙”的名号传遍大江南北。

舆论场上也热闹。一时间，一些城市开始反思“为何‘六小龙’没有产生在本地”，从营商环境、人才服务、创新投入、政府引导等许多方面进行了“深度求索”。

产品有看点，追问有深度。这种现象，不妨可以名为“杭州六小龙”现象。

这个现象首先说明，中国企业、中国人民有能力在最尖端的科技领域“为天下先”。“六小龙”覆盖了AI、机器人、脑机接口、云设计软件系统、游戏开发等领域，每一项都是“硬核科技”，既有对现存成果的深化拓展，也有对知识“无人区”的拓荒进发。面对各种“专利壁垒”“技术卡脖子”困境，“六小龙”的出现再次证明，中国有足够的能力和自信冲破高墙、打碎藩篱，独立自主取得一项又一项突破。

这个现象也让世人看到，中国广袤的土地和市场，蕴含着无穷的活力与潜力。“杭州六小龙”代表的，正是中国新一批由年轻人主导、充满创新活力的民营企业。他们中的许多人是在地铁上调试模型，在早餐摊前画架构图，用代码当砖瓦，拿算法做钢筋，垒出通向未来的桥梁。中国过去的成就，是一代代劳动者这样奋斗出来的，中国未来的潜力，也必将在这样的奋斗中得以兑现。

资料来源：“杭州六小龙”：求索与启示［N］. 人民日报海外版. 2025－02－19.

（二）民营经济的发展壮大能够提升我国市场配置效率

民营经济的发展壮大，对于提升我国市场配置效率具有至关重要的作用。从市场竞争来看，民营企业是市场竞争的重要主体，其发展壮大有效激发了企业间的竞争活力。由于规模相对较小，民营企业不仅能够更加高效地运营和管理，还能够灵活调整生产和供应链，以更具竞争力的价格提供产品和服务，为推动企业技术进步、提高生产效率、降低生产成本、提升产品质量提供了重要动力。从国际市场影响力来看，越来越多的民营企业积极制定全球化发展战略，拓展海外市场，参与全球范围内的分工与合作。民营经济充分利用了国内国际两个市场、两种资源，通过技术创新和品牌建设，提高了产品和服务的质量，在国际市场上获得了更多的认可和市场份额，增强了国际竞争力和影响力。从企业家精神来看，民营企业家通常具备较强的创业精神、市场敏感度和积极的进取心。在市场竞争中，民营企业和企业家通常能够敏锐地捕捉市场机会和空白领域，找准市场需求缺口，并提供相应的产品与服务，满足消费者需求。

（三）民营经济的发展壮大为共同富裕奠定了坚实物质基础

全体人民共同富裕的现代化，是中国式现代化的本质特征。从本质上讲，民营经济就是以民为本的经济。它既是一种依靠“民资、民智、民力”的经济发展形态，也是一种“民本、民主、民享”的经济发展路径。改革开放初期，邓小平同志提出让一部分人、一部分地区先富起来，先富帮后富、先富带动后富，最终实现共同富裕。在这一政策指导下，无数普通中国人依靠勤劳致富，通过创新创业致富，不少民营企业家不仅实现了自己的财富梦想，还在夯实物质基础、提供就业机会、扩大中等收入群体等方面做出了突出贡献，为提升人民生活质量创造了有利条件。

首先，从增加就业创业、提高居民收入来看，随着民营经济主体数量和质量的提升，我国人口就业的落实情况和从业人员收入的状况有了明显改善。民营经济的灵活性和创新性使其能够创造更多的就业机会，吸纳更多的剩余劳动力。民营企业的发展，使更多的自然人变成创业的主体，在创造财富中获得财富，在创造价值中实现价值。除直接创造就业岗位外，民营企业还能够带动供应链、配套产业和服务业的发展，形成多层次的就业链条。可以说，民营经济的发展为创业者提供了更多的平台和机会，并在一定程度上拓展了个人的自主权和发展空间，增加了劳动者的收入，缩小了贫富差距。

其次，从增加国家税收、提升再分配能力和水平来看，民营经济的发展为社会创造了更多的经济效益，促进了国家税收的增加。一方面，民营企业通常具有多元化和灵活性的特点，能够有效带动上下游产业的发展，提高供应链的效率和竞争力，保障产品生产和供应的顺畅进行，增加了相关产业的税收。另一方面，民营经济发展所带来的财富积累，为国家提高社会再分配能力和水平奠定了基础。通过税收政策和社会保障制度，国家可以利用税收进行再分配，将一部分财富用于支持公共事业建设、社会保障和民生福利等方面，有利于减少贫困和不平等现象，改善社会弱势群体的生活条件，为促进社会稳定与和谐发展提供有力支撑。

最后，从提高供给质量、夯实共同富裕基础来看，民营经济的发展既能够满足人民日益增长的美好生活需要，也能使人民群众在创造美好生活的过程中实现个人的自由全面发展。相较于国有企业，民营企业通常更加注重市场竞争和效益，机制的灵活性使其经营策略和业务模式能够更快地适应市场需求和变化。民营经济能够更加灵活地运用资金、人才和技术等资源，将其投入更具潜力和更有前景的新技术、新产业、新业态和新模式中，推动其发展壮大，既为我国经济的转型升级和创新发展做出了积极的贡献，也为提高产品质量、满足人民多样化需求创造了条件。

（四）民营企业是推动我国融入国际大循环的重要力量

构建以国内大循环为主体、国内国际双循环相互促进的新发展格局是我国立足实现第二个百年奋斗目标、统筹发展和安全作出的战略决策，是把握未来发展主动权的战略部署。民营企业是构建双循环新发展格局，拓展我国海外发展空间，推进经济全球化的重要力量。2024 年，民营企业在外贸领域创造了“三个首次”。第一个首次，是有进出口实绩的民营企业数量首次超过 60 万家，达到 60.9 万家，持续为外贸发展注入新生力量。第二个首次，是首次成为我国高技术产品的最大进出口主体。民营企业进出口高技术产品同比增长 12.6%，占我国同类产品进出口总值的比重提升 3 个百分点至 48.5%；其中，船舶等高端装备出口、半导体制造设备等专用装备进口都实现了 20% 以上的增长。第三个首次，是占我国消费品进口比重首次超过 50%，同比提升 2.8 个百分点至 51.3%，其中在日化用品、水果等产品中比重超过六成。民营企业海外直接投资也是促进中国经济融入世界经济的积极活跃力量，无论项目数量还是投资金额，民营企业已占据中国企业“走出去”的半壁江山，并呈现更加积极活跃的态势。

近年来，民营企业“走出去”步伐明显加快，国际化经营水平显著提高，在带动相关产品、技术、服务出口，促进国内产业转型升级，推进“一带一路”建设，助力构建新发展格局等方面都起到重要作用。民营企业具有敏锐的市场嗅觉和灵活的生产经营机制，能够快速应对瞬息万变的国际市场，在开拓国际市场方面具有独特的优势。在当前美国威胁“脱钩断链”和贸易保护主义、单边主义盛行的严峻国际环境下，鼓励和支持民营企业“走出去”发展壮大，在国际竞争中大显身手，是拓展中国经济发展空间、构建新发展格局的重要途径。

这种国际化发展不仅有助于提升我国企业的品牌形象和市场地位，也为我国的对外贸易和经济发展注入了新的活力。并且，民营企业通过与国际企业的合作和交流，提升了自身的国际化水平和竞争力；通过引进国外先进技术和管理经验，提高了自身的创新能力和管理水平。同时，民营企业通过积极参与国际竞争，不断提升自身的实力和影响力。

第二节 “两个健康”的新时代内涵

一、“两个健康”概念的形成脉络

“两个健康”，即非公有制经济健康发展和非公有制经济人士健康成长。非公有制经济是与公有制经济相对应的一个法律概念，公有制与非公有制经济的区别在于物质生产资料即物质生产要素的所有权。根据生产资料的所有权，公有制经济包括国有企业、集体企业以及混合所有制企业中的国有成分和集体成分；非公有制经济包括个体工商户、私营企业、外资企业以及混合所有制企业中的私人成分、外资成分。由于"两个健康"最早是我国统战工作领域的名词，一般不把外商企业划入非公有制经济，因此"非公有制经济人士"主要指个体工商户、私营企业主、股份制公司中的自然人股东等群体中的代表性人物。

（一）非公有制经济健康发展的提出

党的十一届三中全会以后，我国个体经济逐步得到了恢复和发展。为了贯彻十一届三中全会精神，1981 年 7 月 7 日国务院发布《关于城镇非农业个体经济若干政策性规定》（以下简称《规定》），明确了个体经济的地位和作用，指出促进个体经济健康发展。《规定》指出"个体经济是国营经济和集体经济的必要补充""在国营经济和集体经济占绝对优势的前提下，恢复和发展城镇非农业个体经济，对于发展生产，活跃市场，满足人民生活的需要，扩大就业，都有着重要的意义"。为了使城镇非农业个体经济健康发展，《规定》提出了十八条政策性要求。这是最早提出非公有制经济健康发展的中央文件。

1981 年 10 月 17 日，中共中央、国务院发布《关于广开门路，搞活经济，解决城镇就业问题的若干决定》（以下简称《决定》）。《决定》指出，党中央、国务院的各有关部门，要采取积极态度，坚决地迅速地改变那些歧视、限制、打击、并吞集体经济和个体经济的政策措施，代之以引导、鼓励、促进、扶持的政策措施；要求各级党委和政府在统筹规划下，协同动作，为发展城镇集体经济和个体经济切实负起应尽的责任。《决定》体现了政府保护非公经济发展、创造良好发展环境的决心，如集体企业和个体劳动者的财产所有权，正常的经营活动和正当的收入，应当受到法律的保护，任何部门和单位不得非法干涉、平调、升级和并吞。他们除按国家税法和政府的有关规定缴纳税款和费用以外，任何部门和单位不得再以任何名义收取费用。此外，《决定》也提出要引导和监督非公经济人士遵纪守法，如要教育集体企业人员和个体劳动者，遵守国家的政策法令，接受有关部门的管理、监督，不得进行走私、投机倒把、买空卖空、哄抬物价、偷税漏税、行贿受贿等违法活动。《决定》下发后，中国民主建国会、中华全国工商业联合会向中央提交了执行《决定》的几点意见。1982 年 2 月，中共中央办公厅、国务院办公厅将意见转发中央统战部，其中提出"要进一步调整政策，改革制度，以利于集体经济和个体经济的健康发展"。从此，非公经济健康发展逐渐成为统战领域的重要工作内容。

1989 年 3 月，中央统战部在《关于开展私营企业统战工作的几点意见》中明确提出，"开展私营企业统战工作的指导思想是：鼓励、引导私营企业健康发展；团结、教育私营企业者，为繁荣社会主义商品经济服务"。

（二）“两个健康”提法的形成

1996 年 1 月，时任中央统战部部长王兆国同志在全国统战部长会议上的讲话指出“做好非公有制经济代表人士的思想政治工作，直接关系到党的经济体制改革伟大战略的实施，关系到非公有制经济的健康发展”。至此，“非公有制经济健康发展”的提法正式形成。这次讲话同时揭示了做非公有制经济人士思想政治工作与非公有制经济健康发展之间的密切联系，为“两个健康”的提出进行了重要的理论准备。

2000 年 12 月，江泽民同志在第 19 次全国统战工作会议做《进一步开创统一战线工作的新局面》重要讲话，首次提出了“非公有制经济人士健康成长”，并与“非公有制经济健康发展”提法并列，强调了二者之间相辅相成的内在关系，即通过引导非公有制经济人士健康成长，促进非公有制经济健康发展。2000 年 12 月 31 日，中共中央下发《中共中央关于加强统一战线工作的决定》，进一步强调了“两个健康”的相互关系和重要地位，指出“认真做好非公有制经济人士的思想政治工作，不仅是关系非公有制经济健康发展的大问题，而且是关系到改革开放和现代化建设事业的大问题”，要继续坚持“团结、帮助、引导、教育”的方针，支持非公有制经济人士健康成长。

为进一步促进非公有制经济健康发展和引导非公有制经济人士健康成长，2010 年 9 月 16 日，中共中央、国务院印发了《关于加强和改进新形势下工商联工作的意见》，首次明确把“两个健康”作为全国工商业联合会的工作主题。

（三）新时代习近平总书记关于“两个健康”的重要论述

党的十八大后，担任总书记的习近平从全局高度重视非公有制经济工作，并作出了一系列论述，集中体现在“两个健康”上。2015 年的中央统战工作会议上，习近平总书记指出：“非公有制经济的健康发展和非公有制经济人士的健康成长，不仅是重大经济问题，也是重大政治问题。”“非公有制经济要健康发展，前提是非公有制经济人士要健康成长”，要坚持团结、服务、引导、教育的方针，一手抓鼓励支持，一手抓教育引导，关注他们的思想，关注他们的困难，有针对性地进行帮助引导，引导非公有制经济人士特别是年青一代致富思源、富而思进，做到爱国、敬业、创新、守法、诚信、贡献。

2016 年 3 月 4 日，习近平总书记在全国政协十二届四次会议民建、工商联界委员联组会上发表了题为《毫不动摇坚持我国基本经济制度　推动各种所有制经济健康发展》的重要讲话（即“3・4”重要讲话）。习近平总书记的“3・4”重要讲话强调了坚持一个基本经济制度、“两个毫不动摇”、“三个没有变”，进一步重申党在坚持基本经济制度上的观点是明确的、一贯的、不断深化的，从来没有动摇。讲话中，习近平总书记要求广大民营企业家"始终热爱祖国、热爱人民、热爱中国共产党，积极践行社会主义核心价值观，做爱国敬业、守法经营、创业创新、回报社会的典范"。

2018 年 11 月 1 日，习近平总书记在民营企业座谈会上发表了重要讲话，指出"民营经济是社会主义市场经济发展的重要成果，是推动社会主义市场经济发展的重要力量"，民营经济具有"五六七八九"的特征。习近平总书记还强调了"非公有制经济在我国经济社会发展中的地位和作用没有变！我们毫不动摇鼓励、支持、引导非公有制经济发展的方针政策没有变！我们致力于为非公有制经济发展营造良好环境和提供更多机会的方针政策没有变！……民营经济是我国经济制度的内在要素，民营企业和民营企业家是我们自己人"。

2023 年 3 月 6 日，中共中央总书记、国家主席、中央军委主席习近平看望参加全国政协十四届一次会议的民建、工商联界委员，并在联组会上发表了《正确引导民营经济健康发展高质量发展》的重要讲话，提出"要加强思想政治引领，引导民营企业和民营企业家正确理解党中央关于'两个毫不动摇''两个健康'的方针政策，消除顾虑，放下包袱，大胆发展"。这也是习近平总书记首次将"两个健康"作为一个独立的概念提出。

习近平总书记在联组会上的重要讲话，不仅重申了"两个毫不动摇"的基本原则，更将"两个健康"提升到了一个新的高度，强调了其在新时代背景下的重要意义。

二、"两个健康"的概念解释

（一）"两个健康"的主体——民营经济与民营企业家

最初"两个健康"概念是以非公有制经济和非公有制经济人士为指向的，它是我国统战领域的重要工作。由于近年来，民营经济的地位和作用不断提升，目前也出现了用"民营经济"和"民营企业家"替代"非公经济"和"非公经济人士"称谓的趋势，政府法律制度文件中也开始直接采用民营企业、民营企业家的称谓，如 2017 年 9 月 8 日中共中央、国务院印发《关于营造企业家健康成长环境弘扬优秀企业家精神更好发挥企业家作用的意见》；党的十九大报告中提出"支持民营企业发展，激发各类市场主体活力"；2019 年 12 月 4 日，中共中央、国务院印发《关于营造更好发展环境支持民营企业改革发展的意见》。

尤其在 2020 年以后，我国官方文件中开始使用民营经济的提法。2020 年 10 月 29 日，中共十九届五中全会审议通过的《中共中央关于制定国民经济和社会发展第十四个五年规划和二〇三五年远景目标的建议》明确提出，优化民营经济发展环境，构建亲清政商关系，促进非公有制经济健康发展和非公有制经济人士健康成长；2023 年 7 月 14 日颁发的《中共中央 国务院关于促进民营经济发展壮大的意见》提出“民营经济是推进中国式现代化的生力军，是高质量发展的重要基础，是推动我国全面建成社会主义现代化强国、实现第二个百年奋斗目标的重要力量”；2023 年 9 月，中央编办正式批复在国家发展和改革委员会（以下简称“国家发展改革委”）内部设立民营经济发展局，作为促进民营经济发展壮大的专门机构。

基于以上民营经济的发展背景，“两个健康”可解释为民营经济健康发展和民营经济人士健康成长，或者将民营经济人士健康成长称为民营企业家健康成长。虽然民营经济人士和民营企业家在范围界定上有些差异，但用民营企业家替代民营经济人士的称谓更能体现党和中央政府对非公有制经济人士的殷切期望。在我国统战领域，民营企业家早已成为非公有制经济人士的通俗说法，如 2005 年 12 月 20 日中央统战部在《关于规范使用统一战线工作中若干重要称谓的意见》中指出，“非公有制经济人士”“私营企业主”“民营企业家”这几个称谓是新时期随着我国非公有制经济的发展、私营企业主等新的社会阶层的出现而提出和使用的，一般在非正式场合可以使用“民营企业家”的称谓。

（二）“两个健康”的概念界定

“健康”是日常生活中最常用词语之一，但“健康”一词深受文化背景的影响，它同人们的知识、信仰、道德、法律、习俗、人文素养，以及其他社会因素密切相关。目前，世界卫生组织（World Health Organization）对健康的定义最具有影响力。1948 年，世界卫生组织将健康界定为身体上、精神上和社会适应性等方面都处于完整的良好状态。1990 年，世界卫生组织又把道德因素加入健康的范畴，即健康主体不能通过损害他人的利益来满足自己的需要，能按照社会认可的行为道德来约束自己及支配自己的思维和行动。

可以看出，世界卫生组织对“健康”的定义，考察了社会、心理、精神、情绪等诸因素在决定个人健康方面的重要作用，而且强调了适应社会发展对于个体生存和发展的重要性，这对于我们给出“两个健康”的概念具有指导和借鉴意义。

当前，我国经济社会发展的重大阶段性特征是进入新发展阶段。基于对我国发展阶段、环境、条件变化以及国际环境变化的深刻洞识，中央提出推动形成以国内大循环为主体、国内国际双循环相互促进的新发展格局。新发展格局是以新发展理念为统领、用新发展理念来构建、符合新发展理念要求的发展格局，构建新发展格局必须把新发展理念贯穿发展全过程和各领域，切实转变发展方式，推动质量变革、效率变革、动力变革，实现更高质量、更有效率、更加公平、更可持续、更为安全的发展。

借鉴世界卫生组织对"健康"的定义，民营经济健康发展和民营企业家的健康成长都应具有社会性的一面，应该适应时代发展趋势。根据我国构建新发展格局的时代特征，民营经济健康发展是指在新发展理念的指引下，民营企业的自身主体素质、内部资源配置、生产经营活动、外部环境及对环境的作用等方面都处于良好的状态。民营企业家健康成长是指民营企业家在实现自身财富增长的同时，能够始终热爱祖国、热爱人民、热爱中国共产党，积极践行社会主义核心价值观，做爱国敬业、守法经营、创业创新、回报社会的典范。

第三节　"两个健康"的内在逻辑关系

厘清民营企业健康成长和民营经济健康发展的内在逻辑关系，有利于我们更好地把握"两个健康"的发展规律、动力机制，从而为民营企业健康成长和民营经济健康发展提供有利的发展环境。

一、关于"两个健康"内在关系的官方表述

在"两个健康"被提出之际，政府文件已有两者内在关系的相关表述。2000 年 12 月召开的第 19 次全国统战工作会议首次提出了"非公有制经济人士健康成长"，并强调了其与非公有制经济两者之间相辅相成的内在关系，即通过引导非公有制经济人士健康成长，促进非公有制经济健康发展。

2000 年 12 月 31 日，中共中央下发《中共中央关于加强统一战线工作的决定》，进一步强调了"两个健康"的相互关系和重要地位，指出认真做好非公有制经济人士的思想政治工作，不仅是关系非公有制经济健康发展的大问题，而且是关系到改革开放和现代化建设事业的大问题。

习近平总书记在 2016 年 3 月 4 日的重要讲话和 2018 年 11 月 1 日民营企业家座谈会上都提到了"非公有制经济要健康发展，前提是非公有制经济人士要健康成长"，并希望广大民营经济人士加强自我学习、自我教育、自我提升。

2020 年 1 月 19 日在北京举行的民营企业家迎春座谈会上，全国政协主席汪洋强调"民营经济健康发展，前提是民营经济人士健康成长。广大民营企业家要加强自我学习、自我教育、自我提升，牢固树立中国特色社会主义理想信念。要聚焦主业、练好内功，践行亲清政商关系，努力做爱国敬业、守法经营、创业创新、回报社会的典范"。

由此可见，在政府文件中“两个健康”的相互关系可以表述为，民营企业家健康成长是作为实现民营经济健康发展的路径和手段而提出的。民营企业家健康成长是民营经济健康发展的前提和基础，实现民营企业家健康成长的目的是实现民营经济健康发展。

二、“两个健康”逻辑关系的经济学解释

民营企业家健康成长与民营经济健康发展关系，归根结底是企业家与经济发展之间的关系。企业家对经济发展影响的经济学理论，为“两个健康”关系分析奠定了理论基础。

根据亚当·斯密的经济增长模型，我们可以将经济发展分为四个环节，即市场的扩大、分工的深化、技术进步与创新，以及经济的发展。而在这四个环节中，企业家都发挥了原动机的作用。

首先，市场规模扩大是企业家开拓的结果。市场规模的扩大，是经济持续增长的起点。如果市场不能得到持续开拓，即使是人口众多、财富充盈的国家或地区，其经济增长也只能处于停滞状态。市场规模的大小，不仅取决于市场参与者数量，更取决于消费者现有和潜在需求能够被发现、满足和开发出来。虽然我国有 14 亿人口的超大规模市场潜力，但如果企业不能开发出适销对路、满足人民美好生活需要的产品，市场潜力就不能转化为真正的市场需求，市场规模也就无法进一步扩大。而开发出适销对路的产品，就需要根据经营决策的创新程度，做好以下几个层次的工作：第一个层次的工作是根据消费者的具体要求（包括质量、价格和时间、服务等方面的具体要求）进行生产和供应。第二个层次的工作是根据消费者的抽象需求，设计和生产相应的产品。例如，消费者希望拥有更为便捷的交通工具，但消费者对于什么是更为便捷则并不清晰。因此，企业家就需要站在消费者的立场去分析，并把“便捷”这个抽象的形容词进行细化，转化成一系列可操作的具体指标，然后再根据这些指标进行设计和生产。显然，相对于第一层次工作，第二层次工作的难度较高，创新性更强。企业家们需要有丰富的市场调研经验，以及敏锐的直觉判断，才能完成这项工作。第三个层次的工作是发现消费者自己都没有意识到的需求，创造新的产业和市场。这是最高层次的企业家行为，在这个层次上，企业家的角色将从消费者需求的“跟从者”转变为消费者需求的“引领者”。为了引领消费者需求，企业家需要更多地依赖自己对未来趋势的判断，应对未知市场的不确定性。当然，一旦引领需求的行为奏效，企业家从中获得的收益将会是巨大的。在现实中，乔布斯、马斯克等企业家从事的正是这一层次的工作，因此他们也被人们视为伟大的企业家。

其次，产业分工的深化是企业家引导的结果。以新产品不断涌现为特征的市场规模扩大后，社会的需求便会随之提升。原有的市场供应必然无法满足需求的增长，深化产业分工、提高生产率随之成为迫切的社会经济发展诉求。为迎合市场的增长趋势，企业家必须担负起引导深化产业分工的重要职责。产业分工可分为产业间分工和产业内分工两个层次，企业家在这两个层次的分工过程中都发挥着极为关键的作用。一是看企业家对产业间分工的导向作用。企业家出于逐利的动机，在各个产业之间不停地寻找着套利机会。当发现进入某些产业可以获得超额利润时，企业家便会将资本投入这些产业，为这些产业创造新的就业机会。企业家甚至可能根据自己的判断创造出全新的产业，由此给产业间的分工带来根本性的变革。其中有代表性的案例是软件产业的诞生。最初，软件的研发和生产并非一个独立产业，而只是作为硬件生产的一个附属而存在。正是比尔·盖茨以其敏锐的眼光发现了软件研发的价值，软件产业才可以最终成为一个独立的产业。从这个意义上看，企业家在产业间分工的塑造上所起到的作用是不可忽视的。二是看企业家产业内分工的导向作用。经济分工具有相当的复杂性，随着分工的加深，如果没有一种一体化的力量来对此进行组织，分工将会陷入无序和混乱。企业家正是一体化力量的人格化代表，他们通过企业这种组织形式，担负起对分工进行协调和管理的职责。可以看出，在这个层面，企业家对分工的引导作用表现得更为明显。

再次，创新是企业家行为的结果。创新是企业家的最根本特征之一。在商业活动中，企业家的创新主要体现在两个方面：技术创新和商业模式创新。一是企业家不断推动技术创新。为了在竞争中存活并寻找利润，企业家时时刻刻进行着创新活动。他们不断地开发新产品、采用新生产方式、开辟新市场、使用新的原材料、采用新的产业组织方式。这些措施都可以大大促进社会生产力的提升。尽管企业家可能并不直接参与研发，但他们担负着组织研发、传播研发结果的职责。二是企业家致力于不断推进商业模式的创新。和对生产力的创新相比，这种创新活动相对容易被忽视，但其对社会福利的影响则是不容忽视的。所谓商业模式的创新，指的是重新协调企业和产销过程中各个利益相关者之间的关系，以增加价值创造、减少价值损耗。在这个过程中，企业家需要对企业定位妥善思考，深入挖掘自身的资源能力，对盈利模式、业务系统、现金流结构等进行妥善的重构。尽管在商业模式的创新过程中，可能没有具体的实物成果产生，但其对社会福利的改进作用却是值得重视的。

最后，经济发展的成果需要由企业家来巩固。在亚当·斯密的增长模式中，经济发展是一次循环的终点，也是另一次循环的起点。在衔接两次循环的过程中，企业家发挥着重要的作用。通过市场的扩大、分工的深化和技术的进步，社会财富得到了增长。如果将这些财富完全用于消费，这种经济发展可以短暂提升居民的福利；

如果想让社会生产力和居民福利得到永久性的提升，就需要对财富进行积累，并将其重新用于投资。嗅觉敏锐的企业家可以发现来自未来的利润机会，在逐利动机的驱使下，他们会放弃当前的消费，而将其投资于生产的扩大。从这个意义上讲，正是忍欲的企业家使得扩大再生产得以完成，也令亚当·斯密的循环得以顺利进行。

此外，可以从全要素生产率的创造者角度分析企业家在经济发展中的作用。现代经济增长理论告诉我们，决定国富国穷的根本因素不在于要素的丰寡，而在于全要素生产率（Total Factor Productivity，TFP）的高低。全要素生产率的提升有两个来源：资源配置效率的提升和技术的改进。在这两个过程中，企业家都发挥了关键的作用。正如我们前文中所指出的，是企业家运用自己的天赋发现了市场中存在的不均衡，并通过套利对此进行纠正。与此同时，资源就被从对其估价较低的低效率使用者手中重新配置到了对其估价更高的高效率使用者手中。在这个过程中，全要素生产率获得了第一次提升。当市场上已无套利机会时，配置效率也无法再获得提升。这时，敏锐的企业家们就可以通过创新实现社会技术进步，整个经济的全要素生产率获得了第二次提升。

民营企业是市场经济中最为活跃的部分，民营经济在当前我国经济体系中也占据着重要的地位，做出了巨大的贡献。因此，有理由推断民营企业家健康成长对民营经济健康发展的影响很大，正如企业家对经济发展发挥着重要的驱动作用。

三、民营经济“两个健康”内在关系的逻辑概括

通过“两个健康”关系的经济学分析，以及政府相关文件的阐释，我们可以将两个健康的关系解释为，“两个健康”是有机联系、相互作用、辩证统一的整体，它们之间的关系可以表述为，民营企业家健康成长是民营经济健康发展的持久动力，民营经济健康发展是民营企业家健康成长的重要环境保障。

一方面，民营企业家健康成长是民营经济健康发展的前提和基础。民营企业家是民营企业产权所有者、企业管理者和实际经营者，是市场经济条件下经济活动的主体，是促进经济活动的中坚力量，是民营经济健康发展的持久动力。民营企业从一开始就活跃于市场经济体制之中，民营经济催生了民营企业家，民营企业家也成为民营经济组织的核心，他们的战略决策行为决定着民营经济组织的成长与发展方向。因此，民营企业家是否具备企业家精神，能否健康成长，直接影响着民营经济的健康发展。正如习近平总书记指出的“我们全面深化改革，就要激发市场蕴藏的活力。市场活力来自于人，特别是来自于企业家，来自于企业家精神”。

另一方面，民营经济健康发展是民营企业家健康成长的重要环境保障。这一关系不仅体现在经济层面，更深入到社会结构和文化环境等多个维度。首先，从经济

角度来看，随着民营经济在国民经济中的比重和影响力日益增强，它已经成为推动经济增长、促进就业、提升创新能力的重要力量。这种发展态势为民营企业家提供了前所未有的机遇。他们得以在更加广阔的舞台上施展才华，通过创新创业、市场拓展和技术革新等方式，为社会经济的繁荣做出重要贡献。其次，政府对民营经济的支持力度不断加大，为民营企业家提供了更多的政策支持和市场机会。这种支持不仅体现在资金、税收、土地等方面的优惠政策，更体现在对民营企业家精神的鼓励和引导。这种鼓励和引导有助于激发民营企业家的创新活力，提升他们的经营管理能力，进一步推动民营经济的健康发展。此外，从历史维度来看，民营经济的崛起是中国特色社会主义市场经济体制建立的重要成果。改革开放以来，我们党以巨大的理论勇气和实践智慧，逐步放宽了对民营经济的限制，使其从最初的边缘事物逐渐成长为国民经济的支柱。这一过程不仅改变了民营经济的命运，也为民营企业家的成长提供了历史性的机遇。

综上所述，非公有制经济健康发展与非公有制经济人士健康成长是相辅相成、相互促进的关系。两者之间的良性互动是推动非公经济持续、稳定、健康发展的重要保障，也是实现社会经济全面进步的关键所在。因此，我们应该高度重视并努力促进两者的共同发展。

本章小结

1. 根据所有制关系的不同划分方式，民营经济可以被划分为广义、内资和狭义三种不同的内涵。广义的民营经济是对除国有和国有控股企业以外的多种所有制经济的统称；内资民营经济是在广义民营经济的基础上，进一步排除了外商投资企业和港澳台投资企业后的经济成分，包括个体经济、私营经济和集体经济；狭义的民营经济是指在内资民营经济中除去集体企业后的经济成分，包括个体经济和私营经济。我们通常所说的民营经济一般指的是狭义的民营经济。

2. 改革开放以来，我国民营经济的发展经历了四个阶段，包括民营经济起步阶段（1978—1991 年）、民营经济的快速成长阶段（1992—2000 年）、民营经济的高速发展阶段（2001—2011 年）和民营经济的高质量发展阶段（2012 年至今）。

3. 新时代民营经济的贡献包括：民营经济是科技创新、发展新质生产力的重要主体；民营经济的发展壮大能够提升我国市场配置效率；民营经济的发展壮大为共同富裕奠定了坚实物质基础；民营企业是推动我国融入国际大循环的重要力量。

4. "两个健康"即非公有制经济健康发展和非公有制经济人士健康成长。"两个健康"不仅是重大的经济问题，也是重大的政治问题。在新时代民营经济高质量发展的背景下，“两个健康”可以理解为民营经济健康发展、民营企业家健康成长。

5. “两个健康”的内在逻辑关系可概括为：民营企业家健康成长是民营经济健康发展的前提和基础；民营经济健康发展是民营企业家健康成长的重要环境保障。民营经济健康发展与民营企业家健康成长是相辅相成、相互促进的关系，应促进两者的共同发展。

· 关键术语

民营经济；非公有制经济；民营企业家健康成长；民营经济健康发展

· 思考与练习

1. 改革开放以来民营经济发展经历了哪些阶段？各个阶段有哪些特征？
2. 根据所有制形式，解释民营经济的内涵。
3. 新时代民营经济发展壮大对社会经济发展的重要贡献是什么？
4. 为什么说民营经济健康发展的前提是民营企业家健康成长？
5. 通过互联网进入政府统计部门网站，查找民营经济的统计口径，观察改革开放以来民营经济数据的变动情况，并尝试分析其变动原因。

· 案例分析

民营经济发展的温州模式、苏南模式和珠三角模式

改革开放以来，中国民营经济发展出现以温台、苏南和珠三角三大区域为代表的三种典型模式，这些模式沿着不同路径解放生产力，既重塑了区域经济形态，也变成区域经济发展的名片。回顾这一历程，可以清晰地看到，在地理、经济、政治、文化等多种因素综合作用下，以浙江温台沿海地区、江苏苏南地区和广东珠三角地区为代表的中国民营经济从不同起点出发，各自形成了独具特色的区域发展模式，并通过“市场秩序”的扩展，对中国的区域经济发展产生巨大示范效应。

【温州模式】

费孝通 1986 年发表的《温州行》一文指出，温州的民营经济表现出“以商带工”和“小商品、大市场”的特点，这是对温州模式一种较为客观和准确的概括。温州地处浙江省东南部，三面环山一面朝海，到内地陆路交通不便，历史上一直较少受到内地重农轻商文化的影响，有冒险渔猎和出海经商的传统。以永嘉为发源地，温台地区在明清两代形成注重事功、讲求实利的永嘉学派。温州历来是一座以手工业为主导的城市。然而，在 20 世纪 50 年代，温州由于其特殊的地理位置，成为对台“前线”，这在一定程度上制约了城市建设和经济发展。此外，温州地区以山地为主，人多地少的矛盾异常尖锐，发展农业也非常困难。

随着十一届三中全会后家庭联产承包责任制的推行，温台地区的农民为了摆脱

贫困，开始发展以家庭经营为基础的非农产业，一些能工巧匠和众多小商小贩纷纷外出谋生。这一时期，全国各地对日用品需求巨大，但国有和集体企业以计划内生产任务为主，难以满足社会需求。面对这个市场空间，温台地区以家庭工业为基本单元的各类经济组织纷纷涌现，由小商小贩演变而来的10万购销员将全国各地千变万化的市场信息带回家乡，组织千家万户进行生产，成为温台地区民营经济的起点。为解决家庭工业不能向金融机构贷款的问题，温台地区出现几家（几户）集资投资、联合经营等股份合作制企业。随着党的十四大确立我国经济体制改革目标是建立社会主义市场经济体制，民营经济的法律地位得到明确，浙江温台地区以专业市场为基础，以全国市场为目标的“小商品、大市场”发展模式基本确立。

【苏南模式】

江苏的民营经济发源于苏南地区（主要指苏州、无锡和常州，有时也包括南京和镇江）的乡镇企业，起点与温州民营经济迥异。从地理位置看，苏南乡镇企业地处长三角中部，依托长江港航资源和沿途密布的铁路、公路，交通方便。苏南地区靠近上海，以及苏锡常等发达的大中工业城市，普遍较浙江更容易接触到工业城市提供的资金、技术和人才辐射。而且，在计划经济时代江苏就是我国的“副业大省”，尤其是苏南地区的农村工业有一定基础，多年来高积累、低分配的政策，使这一地区的村镇具有兴办工业的经济实力。从20世纪80年代开始，江苏的乡镇企业以工业的规模化和重型化为特征，走上“大商品、大市场、大政府”之路。

江苏民营经济源自乡镇企业，相比于浙江的民营经济，苏南地区的乡镇企业主要依靠村、乡自身积累投入发展，在一开始就具有浓厚的集体经济色彩。在当时，苏南地区县、乡（镇）两级政府的党政领导者们凭借自己对中央政策的理解，主动出面组织土地和劳动力等生产要素，并依靠“政府信用”从银行获取贷款，在冲破计划经济束缚时遇到的阻力比较小，打破了城市办工业、农村搞农业的传统二元经济格局，在当时具有相当的突破性，如果不看产权归属，仅就产供销而论，苏南地区的乡镇企业具有以市场为导向、按劳取酬的民营经济色彩。但是，从产权角度看，严格地说，从改革开放到1997年的20年间，还不能将江苏的乡镇企业归类于民营经济。从1996年开始，为了明确产权归属、厘清政企关系，江苏在全省范围启动集体乡镇企业大规模改制，按照“能私不股、能股不租、能聚不散”的原则，加快集体企业向现代企业过渡，苏南地区的乡镇企业逐渐摆脱政府“大包大揽”和“无限责任”，形成新的法人治理结构。

【珠三角模式】

20世纪80年代中期，国务院批准成立珠江三角洲经济开发区，香港、澳门地区的一些制造业企业纷纷转移到珠三角东部地区的东莞、宝安（现深圳宝安区）等地，不少乡镇企业很快发现，“三来一补”（“来料加工”“来件装配”“来样加工”和“补偿贸易”）是一种与国外资本和海外市场对接的便捷途径。很快，以这种形式成立的集体企业蓬勃发展，形成具有明显外向型特征的民营经济模式。

在改革开放初期，日本和亚洲“四小龙”已经完成工业化，既需要为产品开拓新的市场，也需要寻求建设新的低成本的厂房。在当时，中央为广东赋予了对外贸易、工资调整、物价调整等方面的特殊权限，为珠三角地区民营经济的外向型发展提供了优厚的政策环境。从地理位置看，珠三角面临南海，一直与港澳地区保持密切的经济社会联系。依托这种特殊政策和地缘优势，珠三角地区的乡镇企业大量吸收来自港澳的资本、技术、人才以及先进管理制度，由乡镇政府牵头选择经济项目，投入集体资本并向村民募集资本，同时组织招商引资，用土地招租实现空间换资本，并将“三来一补”作为农村工业发展的主要形式，从内地广泛吸引招募劳动力资源，生产劳动密集型产品。到80年代末，由政府组织和民间力量共同推动，原料、资金和技术来自港澳，产品大量外销，唯有土地、厂房和劳动力由本地提供的民营经济模式开始在珠三角地区形成。

资料来源：史晋川，郎金焕．中国的民营经济与区域经济发展［J］．山东大学学报（哲学社会科学版），2018（1）：7－17.

阅读上述资料，思考下列问题：

1. 从市场和企业自身角度分析三种模式的特点。

2. 三种模式下地方政府发挥了怎样的作用？

·进一步学习资料

1.《毫不动摇坚持我国基本经济制度 推动各种所有制经济健康发展》，2016年3月4日习近平总书记参加全国政协十二届四次会议民建、工商联界委员联组会时的讲话。

2. 习近平．《在民营企业座谈会上的讲话》，2018年11月1日。

3.《关于加强新时代民营经济统战工作的意见》，2020年9月15日。

4.《正确引导民营经济健康发展高质量发展》，2023年3月6日习近平总书记参加全国政协十四届一次会议民建、工商联界委员联组会时的讲话。

5.《中共中央 国务院关于促进民营经济发展壮大的意见》，2023年7月14日。

第二章

培育和弘扬新时代企业家精神

本章导入

市场活力来自人，特别是来自企业家，来自企业家精神。改革开放以来的发展历程告诉我们，弘扬优秀企业家精神，发挥企业家作用，经济社会发展就会有源源不竭的动力。

本章深入探讨了新时代企业家精神的内涵、重要性以及培育和弘扬这一精神的外部环境。首先，定义了企业家的角色，强调其承担风险、从事创新活动和追求利润的本质。其次，分析了新时代中国企业家精神的核心要素，包括爱国敬业、守法经营、创业创新、回报社会和国际视野。再次，讨论了营造良好社会舆论环境、加强知识产权保护制度以及建立个人破产制度对于企业家精神的重要性，并强调了知识产权保护和个人破产制度在激发创新活力和保障企业家权益方面的关键作用，以及这些制度在实际操作中的挑战和改进空间。最后，通过中国企业家典范张謇的案例，展示了企业家精神的实践价值。本章旨在全面理解新时代企业家精神，并为企业家的成长和发展提供支持性的外部条件。

学习目标

（1）知识目标：理解经典企业家理论和新时代企业家精神的关键内涵；辨识外部环境对企业家精神的影响；了解社会舆论环境、知识产权保护制度和个人破产制度的重要性。

（2）能力目标：能够理解并解释如何利用社会舆论塑造企业家形象，提出相应的公关策略；应用企业家精神的核心要素，通过案例分析和模拟实践，培养解决问题和创新的能力；在商业环境中，能够运用知识产权保护制度和个人破产制度的知识，维护企业和个人权益。

（3）综合目标：能够说明不同文化和时代背景下企业家精神的异同，以及企业家精神对经济发展的影响；通过案例研究，综合理论知识与实际案例，形成对企业家精神全面而深入的理解；评价企业家在商业活动中如何实践社会责任和道德规范，以及这些实践对企业和社会的影响。

第一节 企业家理论

一、什么是企业家

美国科技史学家内森·罗森堡在《西方致富之路》中说“企业家是这个社会最稀缺的资源”。尽管“企业家”这一社会角色常被提及，但要准确界定其概念却非易事，因此，我们需回溯经典的企业家文献，以探寻其科学内涵。

（一）企业家是承担风险和应对不确定性的人

企业家“entrepreneur”一词是从法语中借来的，最早出现于16世纪，其原意是指“感知和承担风险的人”。英语字典对企业家的含义描述为：Someone who organizes business venture and assumes the risk for it，即组织商业冒险并为此承担风险的人。

法国古典经济学家坎蒂隆被公认为最早提出“企业家”概念的经济学家。1755年，他在《商业性质概论》中将企业家定义为“通过承担风险进行生产和交易的群体”，并强调企业家的核心职能是承担风险。因此坎蒂隆认为，企业家与普通工资收入者的最大区别在于是否敢于承担风险。

随后，法国经济学家萨伊和英国经济学家马歇尔继承了坎蒂隆的观点，认为承担风险是企业家的关键职能。1800年左右，萨伊在《政治经济学概论》中指出，企业家能将经济资源从低效领域转向高效领域，为获取利润而冒险，承担经营中的亏本甚至破产风险。马歇尔则将利润视为企业家主动承担风险的回报，他指出，新技术的引入可能提高生产率，但也伴随着风险。企业家若因循守旧，只能维持较低利润；若敢于承担风险，则可能通过提高生产率获得更高利润。

1921年，美国经济学家奈特在《风险、不确定性与利润》中区分了“风险”与“不确定性”，并对风险进行了详细解释。他认为，企业家是不确定性的承担者。

风险是指可知概率分布的随机事件，可通过保险规避；不确定性则指无法估计概率的随机事件，难以通过保险防范。企业家的主要任务是应对不确定性，仅承担风险不足以在运作良好的市场中获得足够利润，只有应对不确定性才能获取超额利润。为此，企业家须具备超强的预测、判断和决策能力。

（二）企业家是从事创新活动的人

除了承担风险和不确定性，从事创新活动是企业家的另外一个重要特征。著名经济学家约瑟夫·熊彼特（Joseph Schumpeter）把企业家置于市场经济的中心位置，他们的职能就是引入新组合或实现创新。熊彼特在其著作《经济发展理论》中指出企业家最重要的职能是以创新为主线，不断在其经济结构内部进行"革命突变"，对旧的生产方式进行"创造性破坏"，实现经济要素的新组合。

熊彼特将这些创新活动归纳为五种类型：①开发新产品；②引进新技术或新的生产方式；③开辟新市场；④获得原材料的新供应来源；⑤组织变革。熊彼特认为，企业家要想在竞争激烈的市场中获得利润，就必须在上述一个或多个方面进行创新。这些创新活动不仅能够为企业带来竞争优势，还能够推动整个经济的进步和发展。

（三）企业家是追求利润的人

企业的任务就是创造财富。企业家作为企业经营活动的掌舵人，核心目标之一就是创造价值、追求利润，这不仅直接关系到企业的生存与发展，更与企业家个人的职业生涯息息相关。自古典经济学派出现以来，经济学界就把土地、资本和劳动看作对生产起积极作用的基本要素。经济学家马歇尔（Alfred Marshall）则对企业家作为企业组织的领导协调者、中间商、创新者和不确定性承担者等角色进行了研究，在古典经济学三个生产要素之外又提出了第四个要素"企业家才能"。在他的分配理论中把早期的"三位一体"公式扩大为"四位一体"公式，即：劳动—工资、土地—地租、资本—利息和企业家才能—利润，他把利润归结为企业家经营管理的收益。

相较于普通人，企业家内在的冒险精神和对财富的渴望激励他们去创造财富。企业家财富的积累，不仅是对他们商业才能的认可，更是对他们个人价值的肯定，使他们在社会各个领域中获得了更高的地位和更多的尊重。

企业家对利润的追求，也决定了企业家的创新活动与发明家的发明创造活动是有本质区别的。发明家发明创造的动力主要来自发明家本人的兴趣。在一般情况下，他们关心的主要是发明物本身，而不是其可能蕴含的经济利益，但企业家则不同，他们的创新动力源于对利润的追求和竞争的压力。当他们决定采取一项创新时，绝不是因为这项活动本身有何意义，而是因为他们能够为自己赢得竞争并且带来利润。

现实中，发明家或许能够洞悉生产函数的变革之道，提出提升生产效率的独到见解，但真正将这些创新理念转化为现实生产力，将发明家的智慧结晶有效应用于实践的，往往是那些具有敏锐商业嗅觉、以追求利润为目标的企业家。在此意义上，企业家在推动社会生产效率进步的征途中，所扮演的角色可能比纯粹的发明家更为关键，作用更为显著。他们不仅实现了技术与市场的桥梁搭建，更是通过不断创新与应用，促进了整个社会经济的繁荣与发展。

（四）企业家应当尊崇社会主流价值观

在引领企业向前发展的征途中，企业家必须深刻领悟并顺应社会主流的核心价值体系，精心塑造符合时代要求的伦理价值观。纵观企业发展史，中国、欧洲和日本等不同国家和地区的企业家在企业发展过程中无一不是尊崇社会主义核心价值观，通过一系列符合其社会价值观的举措，推动了经济社会和企业持续而稳定的发展。

儒家思想作为中国传统文化的瑰宝，其“义利合一”“兼济天下”“以天下为己任”的理念，不仅激发了企业家们追求更高远目标的雄心壮志，更塑造了他们崇高的道德人格，赋予了他们以商载道、回馈社会的精神力量。“仁义礼智信”这一儒家思想的核心要义，深深植根于中华伦理道德的沃土之中，构成了中国人民最质朴的仁爱观念与义利取向。它滋养了一代又一代的企业家，使他们在商业行为中始终秉持诚信、公正与仁爱，为企业的长远发展注入了不竭的动力。

正是在这些传统思想文化精华的熏陶与孕育下，中国古代涌现出了众多商业巨擘，如范蠡、子贡、白圭等，他们凭借卓越的商业智慧与高尚的道德情操，成为后世敬仰的典范。及至明清时期，随着商品经济的蓬勃发展，商品交换的广度与深度均达到了前所未有的水平，形成了以长江中下游、东南沿海及运河沿岸等经济发达地区为中心，辐射全国的区域商品市场网络，商业的繁荣景象令人叹为观止。

步入近代，面对国家危亡与民族振兴的历史重任，一批以实业救国、经世济民为己任的民族企业家崭露头角，如张謇、卢作孚、刘鸿生等。他们不仅致力于企业的壮大与发展，更将个人的命运与国家的兴衰紧密相连，以实际行动诠释了“家国情怀”的深刻内涵，为后世留下了宝贵的精神财富与物质遗产。

16 世纪，北欧、法国、英国及尼德兰等地兴起的宗教改革浪潮，对西方企业家阶层的崛起起到了至关重要的推动作用。作为新教理论的重要奠基人，加尔文极力倡导人们以最大的热忱追求财富并致力于物质成就。他提倡一种以勤劳、节俭、朴素、谦逊及高效为核心的苦行主义生活方式，强调财富的积累与增值，主张通过财富去创造更多的财富。在他看来，依赖继承的财富或遗产收入过活是一种不可饶恕的罪恶。同时，加尔文坚决反对任何形式的欺诈、投机以及利用特权进行的贸易活动，视这些行为为非理性且严重违背伦理道德的举动。这种对勤俭、诚信及道德原则的坚定信念，不仅为企业家个人赢得了良好的社会声誉，更为企业的可持续发展打下了牢固的基石。

在日本，企业家则深受武士精神的影响，对家族名誉抱有极高的尊重。这种精神渗透在他们的经营理念和行为准则中，促使他们在商业活动中始终坚守诚信和道义，以维护家族和企业的荣誉。日本近代著名思想家、教育家福泽谕吉号召日本民营企业将国家利益凌驾于公司利益和个人利益之上，高呼民族重于利润。他认为商业界需要武士道精神，需要忠义的武士而不是重利的商人。因此明治维新期间流行的日本企业家精神，是“勿问经济能为你做些什么，且问你能为经济做些什么”，这些企业家们无一不将所得利润毫无保留地再投入生产之中，对事业倾注了满腔的热情与执着。

综上所述，企业家是指尊崇特定社会核心价值，勇于承担风险和不确定性，并通过创新来追求利润的人。

二、企业家精神的经典研究

人们通常把创新作为企业家的最核心精神，对企业家的创新行为描述得最为深刻的，当属奥地利经济学家约瑟夫·熊彼特（Joseph Schumpeter），他指出企业家最重要的职能不是在现有条件下按部就班地组织经营生产，而是作为创新的主体，不断在经济结构内部进行“革命性突变”，对旧的生产方式进行“创造性毁灭”，实现经济要素的新组合。显然，将企业家精神仅仅归结为创新这一单一维度，显得过于单薄。因此，本书援引了诸多知名学者的研究成果，以更为全面地探讨和阐述企业家精神的丰富内涵。

（一）马克斯·韦伯的观点

马克斯·韦伯作为德国社会学家和经济学家，在其著作《新教伦理与资本主义精神》中，对企业家精神进行了深入的探讨和概括。根据韦伯的观点，企业家精神主要体现在以下几个方面：

（1）强烈的事业心。企业家将工作视为天职，这种观念促使企业家对事业充满热情和执着。

（2）理性地追求利润。企业家应理性地，而非贪婪地追求利润。

（3）禁欲主义的生活观。企业家应倡导禁欲主义的生活观，即勤劳、节俭、朴素。

（4）倡导劳动致富。企业家应以劳动致富为目标，不断努力和创新。

（5）主张诚实公平交易。韦伯强调“信用就是金钱”，诚实公平交易作为经济伦理的重要组成部分，对于维护市场秩序、促进公平竞争具有重要意义。

（二）彼得·德鲁克的观点

彼得·德鲁克在《创新与企业家精神》一书中，指出企业家精神是一种行动，而不是人格特征，企业家从事创新活动是企业家展现企业家精神的特殊手段。德鲁克认为，系统的创新存在于有目的、有组织地寻找变化中，存在于对这些变化本身可能提供的经济或社会创新的机遇进行系统化的分析中。大多数成功的创新都很平凡，它们只是利用了变化而已。进而德鲁克提出系统化的创新需要关注创新机遇的七大来源。

前四大来源存在于机构内部，不论它是商业性机构还是公共服务机构，或是存在于某个产业或服务领域内部。这四个来源是：

· 意料之外的事件——意外的成功、意外的失败、意外的外部事件；

· 不协调的事件——现实状况与设想或推测的状况不一致的事件；

· 基于程序需要的创新；

· 每个人都未曾注意到的产业结构或市场结构的变化。

后三个来源主要是机构或产业以外的变化：

· 人口统计数据（人口变化）；

· 认知、意义及情绪上的变化；

· 新知识，包括科学和非科学的新知识。

（三）中国学者张维迎的观点

张维迎在《重新理解企业家精神》一书中指出，企业家精神包括四点：

（1）对盈利机会的警觉性，即别人看不到的机会，企业家能够看到，这是企业家的与众不同之处。

（2）简单化，即企业家把问题看得更简单。例如，李书福为什么敢造汽车？就是因为他把造汽车想得很简单。他有两个著名的比喻：一是汽车有什么难的，不就是两辆摩托车并排起来吗？二是汽车不就是把一个沙发放在四个轮子上吗？

（3）想象力，即企业家拥有一种组合的能力，它可以采用新颖的、独特的、无限的、不断变化的方式将事物、事件、思想和概念组合起来。

（4）毅力和耐心，即企业家需要有坚强的毅力和很大的耐心。例如，弗雷德里克·图德因还不上欠款而坐牢，亨利·福特创业三次，前两次都失败了。

另外，张维迎还指出要真正理解企业家精神是什么，必须先理解企业家精神不是什么。

（1）企业家决策不是科学决策，企业家决策是基于直觉、想象力和判断；

（2）企业家决策不是在给定约束条件下求解，而是改变约束条件本身；

（3）企业家有梦想，企业家追求的不只是利润，更多的是事业的成功、梦想的实现；

（4）企业家不能完全听命于投资人；

（5）企业家不是"好员工"，具有企业家精神的人不仅有自己的想法，而且固执己见，不愿意服从权威，经常不守规矩。

（四）企业家精神的多维度探讨与评述

企业家精神作为推动经济社会发展的重要力量，其内涵丰富且复杂。通过回顾和梳理约瑟夫·熊彼特、马克斯·韦伯、彼得·德鲁克以及张维迎等知名学者对企业家精神的研究，我们可以对企业家精神有一个更为全面和深入的理解。

约瑟夫·熊彼特将创新视为企业家的最核心精神，强调企业家应是创新的主体，通过"革命性突变"和"创造性毁灭"实现经济要素的新组合。这一观点揭示了企业家在推动经济进步中的关键，即不断打破常规，寻求新的增长点。然而，将企业家精神仅仅归结为创新显然过于片面。

马克斯·韦伯从社会学的角度对企业家精神进行了深入的剖析。他强调了企业家的事业心、理性追求利润、禁欲主义生活观、劳动致富以及诚实公平交易等多个方面的特征。这些观点不仅揭示了企业家在精神层面的追求，也体现了他们在经济活动中的道德和行为准则。马克斯·韦伯的研究为我们理解企业家精神的社会文化基础提供了重要的视角。

彼得·德鲁克进一步将企业家精神视为一种行动而非人格特征，并指出创新是企业家展现其精神的一种特殊手段。他提出了系统化的创新需要关注的七大来源，这些来源既包括机构内部的变化，也涉及机构或产业以外的变化。彼得·德鲁克的研究为我们理解企业家如何识别和利用创新机遇提供了有益的框架体系。

张维迎则从更具体的角度阐述了企业家精神的四个方面：对盈利机会的警觉性、简单化、想象力和毅力与耐心。他还强调了企业家决策与科学决策的区别，以及企业家在追求事业成功和梦想实现过程中的独特性和固执性。张维迎的研究为我们理解企业家在决策过程中的直觉、想象力和判断力提供了深刻的见解。

综合以上学者的观点，我们可以看出企业家精神是一个多维度、多层次的概念。它既包括创新精神，也涵盖事业心、理性追求、道德准则、行动能力等多个方面。企业家精神不仅体现在企业家的个人品质和行为上，也与他们所处的社会文化环境、经济制度以及市场机遇等密切相关。

因此，在理解和培养企业家精神时，我们应注重从多个角度进行考察和培养。既要鼓励企业家的创新精神，也要引导他们树立正确的事业观和道德观；既要提升他们的行动能力和决策水平，也要关注他们所处的社会环境和市场机遇。只有这样，我们才能更好地激发和培育企业家精神，推动经济社会的持续健康发展。

第二节 新时代中国企业家精神

习近平总书记高度重视培育和弘扬企业家精神。进入新时代以来，习近平总书记系列重要讲话中多次出现“企业家精神”，尤其在几次与企业家交流的重要场合，都发表了关于弘扬企业家精神的重要讲话。

2014 年 11 月，习近平主席在亚太经合组织工商领导人峰会上提出：“市场活力来自于人，特别是来自于企业家，来自于企业家精神。”2017 年 9 月，《中共中央国务院关于营造企业家健康成长环境弘扬优秀企业家精神更好发挥企业家作用的意见》出台，这是新中国成立 60 多年来，中央首次以专门文件、党的代表大会报告形式，明确企业家精神的地位和价值。党的十九大报告提出：“激发和保护企业家精神，鼓励更多社会主体投身创新创业。”党的二十大报告提出：“弘扬企业家精神，加快建设世界一流企业。”推进中国式现代化，需要大力培育和弘扬优秀企业家精神。党的二十届三中全会通过的《中共中央关于进一步全面深化改革、推进中国式现代化的决定》进一步指出，要“完善中国特色现代企业制度，弘扬企业家精神，支持和引导各类企业提高资源要素利用效率和经营管理水平，积极履行社会责任，以加快建设更多具备全球竞争力的世界一流企业”。

习近平总书记关于民营经济的相关重要论述及以上文件制度的出台不仅肯定了民营经济在国家发展中的重要地位，也凸显了企业家精神在民营经济高质量发展中的引领作用。全面准确地理解新时代企业家精神，对于培育和弘扬这一精神，推动民营经济持续健康发展，进而实现中国式现代化具有重要意义。

一、习近平总书记关于新时代企业家精神的重要论述

在新时代新征程中，企业家作为推动经济社会发展的重要力量，其精神风貌和价值取向对于国家的发展具有举足轻重的意义。习近平总书记关于新时代企业家精神的重要论述，为新时代企业家指明了前进方向、提供了根本遵循。以下是对习近平总书记关于新时代企业家精神重要论述的梳理与总结。

（一）2015 年 5 月 20 日，习近平总书记在中央统战工作会议上的讲话

促进非公有制经济健康发展和引导非公有制经济人士健康成长，要坚持团结、服务、引导、教育的方针，一手抓鼓励支持，一手抓教育引导，关注他们的思想，

关注他们的困难，有针对性地进行帮助引导，引导非公有制经济人士特别是年轻一代致富思源、富而思进，做到爱国、敬业、创新、守法、诚信、贡献。

（二）2016 年 3 月 4 日，习近平总书记在参加全国政协十二届四次会议民建、工商联界委员联组会时的讲话

要深入开展以"守法诚信、坚定信心"为重点的理想信念教育实践活动，始终热爱祖国、热爱人民、热爱中国共产党，积极践行社会主义核心价值观，做爱国敬业、守法经营、创业创新、回报社会的典范，在推动实现中华民族伟大复兴中国梦的实践中谱写人生事业的华彩篇章。要注重对年轻一代非公有制经济人士的教育培养，引导他们继承发扬老一代企业家的创业精神和听党话、跟党走的光荣传统。广大民营企业要积极投身光彩事业和公益慈善事业，致富思源，义利兼顾，自觉履行社会责任。

（三）2018 年 11 月 1 日，习近平总书记在民营企业座谈会上的讲话

希望广大民营经济人士加强自我学习、自我教育、自我提升。民营企业家要珍视自身的社会形象，热爱祖国、热爱人民、热爱中国共产党，践行社会主义核心价值观，弘扬企业家精神，做爱国敬业、守法经营、创业创新、回报社会的典范。民营企业家要讲正气、走正道，做到聚精会神办企业、遵纪守法搞经营，在合法合规中提高企业竞争能力。守法经营，这是任何企业都必须遵守的原则，也是长远发展之道。要练好企业内功，特别是要提高经营能力、管理水平，完善法人治理结构，鼓励有条件的民营企业建立现代企业制度。新一代民营企业家要继承和发扬老一辈人艰苦奋斗、敢闯敢干、聚焦实业、做精主业的精神，努力把企业做强做优。民营企业还要拓展国际视野，增强创新能力和核心竞争力，形成更多具有全球竞争力的世界一流企业。

（四）2020 年 7 月 21 日，习近平总书记在企业家座谈会上的讲话

改革开放以来，一大批有胆识、勇创新的企业家茁壮成长，形成了具有鲜明时代特征、民族特色、世界水准的中国企业家队伍。企业家要带领企业战胜当前的困难，走向更辉煌的未来，就要在爱国、创新、诚信、社会责任和国际视野等方面不断提升自己，努力成为新时代构建新发展格局、建设现代化经济体系、推动高质量发展的生力军。

（五）2023 年 3 月 6 日，习近平总书记看望参加全国政协十四届一次会议的民建、工商联界委员并参加联组会时的讲话

无论是国有企业还是民营企业，都是促进共同富裕的重要力量，都必须担负促进共同富裕的社会责任。民营企业家要增强家国情怀，自觉践行以人民为中心的发

展思想，增强先富带后富、促进共同富裕的责任感和使命感。民营企业要在企业内部积极构建和谐劳动关系，推动构建全体员工利益共同体，让企业发展成果更公平惠及全体员工。民营企业和民营企业家要筑牢依法合规经营底线，弘扬优秀企业家精神，做爱国敬业、守法经营、创业创新、回报社会的典范。要继承和弘扬中华民族传统美德，积极参与和兴办社会公益慈善事业，做到富而有责、富而有义、富而有爱。

习近平总书记关于新时代企业家精神的重要论述，体现了对新时代企业家角色的深刻理解和期望，为我们研究和学习新时代企业家精神提供了宝贵的思想财富和实践指导。

二、新时代企业家精神的重要内涵

（一）爱国敬业

爱国敬业是新时代企业家精神的重要组成部分。在中华民族的优良传统中，爱国主义占据着举足轻重的地位，它构成了伟大民族精神的核心要素，是历经数百年岁月洗礼，深深植根于中华儿女血脉中的精神遗产。

企业营销无国界，企业家有祖国。对于企业家这一群体而言，他们必须树立并坚守正确的历史观、民族观、国家观和文化观，对国家与民族怀有崇高的使命感和强烈的责任感，将企业的发展与国家的繁荣、民族的兴盛以及人民的幸福紧密相连，主动承担起为国分忧、为国担当的重任。

在改革开放这一宏伟实践的滋养下成长起来的中国企业家群体，不仅继承了爱国主义精神的光辉传统，更将其发扬光大，使之深深融入独特的企业家精神风貌，爱国情怀因此成了企业家精神中不可或缺且最为核心的灵魂构成部分。缺乏爱国情怀的企业家，其领导的企业在生存与发展的道路上容易陷入迷茫；相反，对国家与民族怀抱崇高使命感及深厚责任感的企业家，能够为企业注入强大的精神动力，引领企业蓬勃发展。

爱国，是近代以来我国众多优秀企业家所传承的光荣传统。从清末民初的张謇，到抗战时期的卢作孚、陈嘉庚，再到新中国成立后的荣毅仁、王光英等，他们都是爱国企业家的杰出代表。改革开放以来，我国更是涌现出了一大批具有爱国情怀的企业家，他们纷纷将企业的前途命运与国家的繁荣、民族的昌盛以及人民的福祉紧密相连，积极承担国家重任，主动为国家的进步贡献智慧与力量，正是这样的精神与实践，铸就了一个又一个企业的辉煌成就。

步入新时代，企业家获得更为坚实的创业和发展支撑，将个人的职业追求、企业的发展愿景与党和国家的宏伟事业深度融合，致力于打造行业领先的优质企业。

企业家秉持爱国情怀引领企业勇往直前，力求在质量提升、效益优化、竞争力增强及影响力扩大等方面取得显著成效，从而为实现民族复兴积极贡献力量。

敬业，这一品质自古以来便备受人们的赞誉与推崇。作为社会主义核心价值观的重要组成部分，"敬业"要求每一位劳动者，无论身处何种战线、行业、领域或岗位，都能对自己的工作保持高度的热忱与激情，将职业视为事业，做到忠于职守、勤勉爱岗、精益求精、一丝不苟、吃苦耐劳。对于广大的企业家而言，敬业精神更体现在他们致力于打造一流企业，带领团队奋力拼搏、追求卓越，推动企业实现更高质量、更高效益、更强竞争力和更大影响力的发展。这也精准诠释了企业家爱国精神与敬业精神的内在统一性。

党的二十大报告明确指出："要弘扬企业家精神，加快建设世界一流企业。"这一要求深刻揭示了企业家精神在推进中国式现代化进程中的重要地位与作用。党的二十届三中全会通过的《中共中央关于进一步全面深化改革、推进中国式现代化的决定》进一步强调，要"弘扬企业家精神，支持和引导各类企业提高资源要素利用效率和经营管理水平，积极履行社会责任，以加快建设更多具备全球竞争力的世界一流企业"。这一系列重要论述不仅强调了企业家在构建一流企业过程中的专业敬业精神，更是将个人发展与国家兴盛紧密相连，促使其立志成为具有深厚爱国情怀的企业家。

（二）守法经营

守法经营是企业家精神的底线红线。在现代社会中，诚信构成了道德基石与法律准则的基础要素。人们将诚信视作为人之本、立人之道，强调"人而无信，不知其可也"（《论语·为政》），"诚，五常之本，百行之源也"（《周子全书·通书·诚下》），"诚者，天之道也；思诚者，人之道也"（《孟子·离娄章句上》）。

一个缺乏诚信的人，无法赢得他人的信任，既丧失了自己德性发展的基础，也割断了自己与他人相知相助的通道。个体的信誉缺失将导致立身困难，企业的信誉缺失会阻碍其发展壮大，而国家的信誉缺失则预示着走向衰败。诚信不仅是个人品德的体现，也是企业持续进步不可或缺的基石。在经济活动中，法治意识、契约精神、守约观念构成了重要意识形态规范，不仅是信用经济与法治经济的重要要求，也是推动经济健康发展的重要保障。习近平总书记指出："企业家要做诚信守法的表率，带动全社会道德素质和文明程度提升。"

众多企业家在实践中始终坚守诚信底线，通过合法劳动与合规经营，赢得了社会的广泛赞誉，从而促使一批接一批的企业不断发展壮大。诚实守信作为企业发展的根本准则，为企业家的创新奋斗提供了坚实的支撑，已成为中国企业家精神中不可或缺的构成要素。面对新时代市场经济健康发展的要求，为满足人民群众对高品质产品与优质服务的多样化需求，企业家们进一步规范自身行为，积极树立诚信守法的典范，自觉成为诚信守法经营理念的践行者与构建清廉、公正、透明的新型政商关系的主动推动者，确保企业在诚信与法治的轨道上稳健前行，助推实现稳健经营与长远可持续的发展，从而以诚信守法引领社会文明进步。

扩展阅读

鲁冠球把三万多套次品当废品卖掉

1978 年 12 月，党的十一届三中全会拉开了改革开放的帷幕。鲁冠球敏锐地意识到今后的市场将充满竞争。1979 年，他经调查分析，果断舍弃“多角经营”，集中力量发展万向节，走上专业化生产之路。

那时，人们刚从物资匮乏的年代走出来，大部分商品都供不应求，一些企业选择了赚快钱，鲁冠球则选择了诚信经营，品质为先。

1980 年，安徽芜湖一个客户来信说万向的产品质量有问题，要求派人去处理。鲁冠球立即搞清了情况，产品确实存在质量问题。对此，他不仅按客户的要求全部退货、调换，还立刻组织了 30 多人去全国各地进行产品质量排查，结果背回了 3 万多套不合格的万向节。

如何处理这些万向节在企业内部曾一度引起分歧，最终鲁冠球力排众议，召集职工在背回的 3 万多套产品前召开现场会，他对大家说：这样的产品是搬起石头砸自己的脚啊，不仅是砸“钱潮”牌这块牌子，更是砸自己的饭碗！开完会，他下令将这 3 万多套产品送到了废品收购站，6 分钱一斤当废铁卖掉。一算账，损失了 43 万元。许多职工喊“肉痛”。鲁冠球却认为，只有痛到肉里，才能印在心里，质量第一的思想才能牢固地树立起来。

在那个年代，鲁冠球就看到了质量与品牌的推动力。同时，鲁冠球还提出“先生产后生活”的技术路线，规定每年税后利润的 80% 必须用于技术投入，设备折旧淘汰从 20 年降为 15 年，再从 15 年改为 7 年，同时集中技术力量搞创新，保证了生产手段的先进性。

很快，万向的产品就成为物美价廉的代名词，作为一个乡镇企业，不靠身份靠口碑，闯出了自己的一片天地。

资料来源：鲁冠球：新时代民营企业家的榜样［N］. 中华工商时报，2021 - 11 - 09.

在所有的社会制度中，法律被认为是最具有正式执行力的规则体系和人际关系的黄金纽带，是最正式、最普遍和最具有强制效力的一种制度。法律类似竞技场上的竞争规则，遵守这种规则是每一个参加比赛的人的义务。法律面前人人平等，任何人不能超越法律之上。从历史上看，不存在脱离具体社会制度的企业家，也不存在脱离法律、社会规范和市场规则的企业家创新。

"社会主义市场经济本质上是法治经济"。市场经济条件下，要素依据价格信号变化和供求关系调整，实现自由流动和有效配置。这个过程有赖于交易规则、竞争规则、权利救济规则等法律规则的不断完善和严格执行。如果市场交易没有规则依据、交易成果没有规则保障，交易过程混乱无序、充满不确定性和风险，以致经营主体难以形成稳定预期，市场的资源配置作用就难以发挥。作为市场的主体，每个企业都做到自觉履行契约、公平交易、维护市场信用、尊重他人产权，是所有企业敢于创新、敢于投资和扩大再生产的重要保障。

具体来说，在社会主义市场经济体制下，企业家的守法经营可以体现在遵守劳动用工、安全生产、职业卫生、社会保障、生态环境、质量标准、知识产权、网络安全、财政税收、金融等方面的法律法规，不得妨害市场和金融秩序、使用贿赂和欺诈等手段牟利、破坏生态环境、损害劳动者合法权益和社会公共利益。唯有如此，才能共同构建一个健康、稳定、可持续发展的社会主义市场经济体系。

（三）创业创新

创新应该是唯一能够得到所有学者和业界认可的，最能代表企业家精神的核心要素，说企业家精神的核心是创新精神一点也不为过。虽然古典经济学的著作没有明确地将创新作为企业家的特征，但一些作者的论述中，也包含了类似的含义。例如，萨伊就强调企业家对生产要素的组合和利用，他指出："企业家能够把经济资源从生产率较低和产量较小的领域，转移到生产率较高和产量较大的领域。"

对企业家的创新精神论述得最为深刻、影响力最大的研究当属奥地利经济学家约瑟夫·熊彼特。在其名著《经济发展理论》中，熊彼特提出了基于创新的企业家理论。他指出，企业家最重要的职能不是在现有条件下按部就班地组织生产经营，而是作为创新的主体，不断在经济结构内部进行"革命性突变"，对旧的生产方式进行"毁灭性创造"，实现经济要素的新组合，这种毁灭性创造必然是一种创新活动。显然，按照熊彼特关于创新的论述，这种对要素的重新组合和利用行为本质上就是创新活动。

熊彼特将这些创新活动归纳为五种主要类型：①开发新产品，即创造并推出全新的产品或改进现有产品，以满足市场需求或创造新的市场需求。②引进新技术或新的生产方式，即在生产过程中采用新的技术、工艺或方法，以提高生产效率、降低成本或提升产品质量。③开辟新市场，即进入新的地理市场或细分市场，通过拓展销售范围来增加企业的市场份额。④获得原材料的新供应来源，即寻找和开发新的原材料来源，以确保生产的持续性和稳定性。新的供应来源可能包括新的供应商、新的采购渠道或新的资源发现。⑤组织变革，即在企业内部进行组织结构和管理方式的创新，以提高企业的运营效率和适应能力。组织变革可能包括优化工作流程、改进管理方法、实施新的组织形式等。

实际上，众多学者所论述的企业家所具备的冒险精神、坚韧不拔的毅力以及积极进取的态度，均可视为创新精神的重要组成部分。一位真正具有创新精神的企业家，必然会持续不断地追求进步，凭借非凡的毅力投身于充满风险的事业之中。马克思在《资本论》中写道："商品到货币是一次惊险的跳跃。如果掉下去，那么摔碎的不仅是商品，而是商品的所有者。"从技术转换为成熟的生产线，然后在市场上实现价值的过程也是多次"惊险的跳跃"。这个过程事实上要把多样化的生产要素（包括劳动力、技术、资本、土地、数字等）组织起来，在不确定下，将创新活动贯穿生产、分配、交换、消费全过程。那么，谁来组织生产呢？穿透生产要素的不仅是所有者，更是他身上具有的特定品质——创新精神。因此，创新精神无疑是衡量企业家精神的核心标准。一旦企业家丧失了这种创新精神，思维变得僵化，便意味着其企业家生涯的终结。

扩展阅读

如何看待亨利·福特的创新精神

亨利·福特是美国福特汽车公司的缔造者，也是世界上第一个使用流水线大批量生产汽车的人，他创造性的改革改变了人们的出行和生活方式。他不仅是当时世界上最富有的人之一，其对汽车产业的发展做出的贡献和商业上的成功也无愧于"汽车大王"这一称号。

1908 年 10 月，福特和他的团队推出了以字母表命名的"T 型车"。此次推出的 T 型车，有四个汽缸，20 匹马力引擎，一个大大改进的传输系统，和一个能为点火系统和车灯提供电力的天才电磁发电机。汽车是敞篷的，并且带有可选装置。T 型车可以在平坦的直路上以每小时 40 英里速度行驶，并且非常耐用、易于修理。

更重要的是，当时一辆车的平均售价超过 2000 美金，而 T 型车只卖 840 美元，这个价格在继续改良后又降低了。正是 T 型车的问世，使得汽车不再是有钱人或者贵族的专利，医生、商人、工人、农民……普通人都可以拥有一辆汽车。T 型车改变了普通人的出行方式，你可以驾驶汽车到任何想去的地方，汽车成了休闲和娱乐

的工具。T 型车不仅大卖，也使得亨利·福特的事业达到了一个高峰。

然而 20 世纪 40 年代，为汽车工业立下汗马功劳的亨利·福特却开始故步自封、思想僵化，不肯创新，公司一度处于倒闭的边缘，最终不得不忍痛让位。

资料来源：张维迎．重新理解企业家精神［M］．海南出版社，2022.

与创新紧密相连的一个词语便是创业。英文术语"entrepreneur"蕴含双重核心意涵：一方面，它指代企业创办人，通常特指那些正筹谋创立企业的人或新企业的引领者；另一方面，它也指企业家，即那些在成熟企业中肩负经营与决策重任的领航者。值得注意的是，创办人本质上即为创业者，而企业家同样具备创业者的核心特质。

首先，创业精神表现为一种冒险精神。选择创业之路的人深知，创业必然伴随着风险，这些风险或大或小，是客观存在的现实。理查德·坎蒂隆与奈特将企业家精神与风险紧密相连，他们认为，缺乏冒险的胆识，便无法成就企业家之名。企业家若欲取得成功，获取丰厚的利润回报，必须具备勇于冒险的精神。企业家不仅在企业战略的规划与执行中需要敢于冒险，在新技术的采纳、产品的创新与迭代、新市场的开拓等方面同样需要展现出冒险的勇气。在动态多变的环境中，风险无处不在，即便选择不作为，也无法完全规避风险的存在。

其次，创业精神还表现为一种坚韧不拔的奋斗精神。创业之路绝非坦途，过程中充满了各式各样的挑战与挫折。若缺乏顽强不屈、迎难而上、百折不挠的奋斗精神，成功便无从谈起。成功的企业家一定会竭尽所能去克服这些困难与挑战，并积极寻求解决方案以实现既定的目标。当今世界正经历着前所未有的变革，这些变革对我国的现代化建设和民营经济提出了新的课题与挑战，同时也直接考验着民营企业家的应变能力与素养。企业家需做好与风险挑战长期共存的准备，以积极的态度迎接各种困难，不怨天尤人、不消极怠工、不放弃希望，在逆境中寻求发展的契机。

最后，创业精神包含着一种传承精神。企业的健康可持续发展并非简单的权力交接所能实现，其核心在于创业精神的代代相传。在中国改革开放40年的历程中茁壮成长的中国家族企业，当前正普遍面临着创始人逐渐老去、亟须传承家业的重大挑战。在民营经济蓬勃发展的浙江省，家族企业的传承问题历来备受企业家们的关注，它犹如一道必须跨越的鸿沟，横亘在两代企业家之间。“企二代”能否顺利接班，以及他们是否具备接班的能力，已成为关乎企业能否持续繁荣、财富能否平稳过渡的现实问题。年青一代尚显稚嫩的肩膀能否肩负起这份重任，他们应如何接过父辈手中那闪耀着创业光芒的“接力棒”，两代人在理念上的差异与冲突应如何调和，如何在传承与创新之间找到平衡点，拥抱属于自己的创业时代，这些都是关乎家族企业兴衰存亡、无法回避的关键议题。

美国麦肯锡咨询公司的研究数据显示，全球范围内家族企业的平均寿命仅为24年，其中仅有约30%的企业能够成功传承至第二代，而能够延续至第三代的企业比例更是不足总数的13%，仅有5%的家族企业能在三代之后依然为股东创造持续的价值。企业的成长之路，从微小至壮大，从弱小到强盛，往往需要几代企业家前赴后继、不懈奋斗，才能为企业的宏伟基业奠定坚实的物质与精神基础。因此，企业传承的成功与否，不仅关乎家族企业的生存与发展，更对其长远未来具有举足轻重的意义。

（四）回报社会

任何企业存在于社会之中，都是社会的企业。社会是企业家施展才华的舞台。企业的生存发展离不开对各种社会关系的妥善处理，特别是在谋求自身权益及拓展发展空间时，更需主动肩负起相应的社会责任，以回报社会。企业不仅承载着经济职责与法定义务，同时也背负着社会职责与道德担当。任何企业在寻求经济利益增长的同时，都必须兼顾社会效益的维护与责任的履行。唯有真诚回馈社会、切实践行社会责任的企业家，方能真正赢得社会的广泛认可，成为顺应时代潮流、符合时代标准的企业家典范。

时任浙江省委书记的习近平在《之江新语》发表的《推进企业社会责任建设》一文中说：“企业在自身发展的同时，应该当好‘企业公民’，饮水思源，回报社会，这是企业不可推卸的社会责任。”在《在慈善中积累道德》一文中强调：“浙江的企业家特别是民营企业家，应以‘兼济天下’的精神，更加主动、勇敢地承担起相应的社会责任和义务。”2020年，习近平总书记在江苏南通考察时指出：“民营企业家富起来以后，要见贤思齐，增强家国情怀、担当社会责任。"在新时代，我国广大企业家应当带头贯彻落实共同富裕的战略部署，带动大家共同致富，成为为社会做贡献的能人志士。

早在改革开放初期，邓小平就提出了要"先富带动后富"。企业家作为率先富起来的群体，要主动担当，积极参与和兴办社会公益事业，发挥好"带动后富"的作用。因而，具有责任担当精神的企业家和企业，既要参与做大蛋糕，也要配合政府分好蛋糕，处理好国家利益、企业利益、职工利益和个人利益之间的关系，在企业内部构建和谐的劳动关系，主动为企业职工提供足够的福利保障，让企业发展成果更多、更公平惠及全体职工。近年来，越来越多的企业家在公益事业中用心用力，在抗疫斗争中捐款捐物，在回报社会中获得社会认可。

鉴于当前经济社会发展所面临的多维度复杂态势，企业家在积极投身于社会公益慈善事业的同时，致力于稳固就业岗位，深切关怀企业员工的职业发展及其家庭福祉，构建一个公正且有利于员工成长的工作环境，助推社会迈向共同富裕。可以说，在此过程中，企业家们勇于担当，为促进各类社会问题的有效解决、推动社会的公平正义与全面发展贡献着积极力量。

（五）国际视野

国际视野是企业家精神的时代要求。有多大的视野，就有多大的胸怀。放眼世界，企业只有在技术路线、制度模式、资本结构等方方面面国际化，才能在经济全球化中占得优势。不论是一个行业还是一个企业，不管哪个国家、哪个地区，都必须具有世界眼光，都必须在全球范围内谋划其发展。习近平总书记指出："企业家要立足中国，放眼世界，提高把握国际市场动向和需求特点的能力，提高把握国际规则能力，提高国际市场开拓能力，提高防范国际市场风险能力。"

改革开放以来，我国众多中小企业及个体工商户展现出非凡的活力与适应性，它们积极投身于国际经济大循环之中，通过深度融入全球产业链与价值链，有效地汲取并内化了国外企业的先进科技成果与管理智慧。如今，我国一批大型企业进入各领域全球领先行列，在全球价值链中的地位不断攀升。近年来，面对共建"一带一路"带来的新机遇，我国企业"走出去"的步伐明显加快，这背后离不开企业家们对国际市场的深刻理解和精准把握。他们不仅在国内市场深耕细作，更在全球范围内进行资源配置和产业布局，形成了一批具有国际影响力的跨国企业。这些企业的成功，不仅提升了中国品牌的国际知名度，更为中国经济的高质量发展注入了强劲动力。

在新时代背景下，国际市场的复杂性和不确定性也对企业家提出了更高的要求，企业家要拓展国际视野，立足中国，放眼世界，提高把握国际市场动向和需求特点的能力，提高把握国际规则能力，提高国际市场开拓能力，提高防范国际市场风险能力，带动企业在更高水平的对外开放中实现更好发展。

三、浙商“四千”精神

1985 年 5 月 12 日，《解放日报》头版头条刊登了《温州三十三万人从事家庭工业》报道，并配发评论文章《温州的启示》。“温州模式”正式在全国首次见诸报端的同时，著名的“四千精神”首次被精准概括，即走遍千山万水、说尽千言万语、想尽千方百计、吃尽千辛万苦。“四千精神”虽最早以描绘温州人艰苦创业历程见诸报端，但它却是改革开放之初中国所有企业家奋发向前、艰辛探索、不断创新优秀品质的集中体现，更是新时代中国民营企业家再踏新征程的宝贵财富。

2005 年 6 月 20 日，时任浙江省委书记习近平在《之江新语》发表《不畏艰难向前走》，文中写道：“浙江之所以能够由一个陆域资源小省发展成为经济大省，正是由于以浙商为代表的浙江人民走遍千山万水、说尽千言万语、想尽千方百计、吃尽千辛万苦。”正是在“四千精神”的激励下，浙江农村“草根”们从一个个小生意做起，凭着对市场的灵敏嗅觉，敏锐发现商机、善于把握时机、主动捕捉契机，将“小生意”谈成了“大买卖”、“小商品”汇成了“大市场”、“小作坊”变成了“大企业”，赢得了把生意做遍天下的美名。也正是在“四千精神”的激励下，出现了鲁冠球、步鑫生、宗庆后、徐冠巨、南存辉、李书福等一大批叱咤商海的风云人物，书写了浙江民营经济发展的传奇。

（一）走遍千山万水——创业之源

管理学家彼得·德鲁克认为，成功的企业家不会坐等“缪斯之吻”而获得灵感，他们通常勤奋实干。那些成功的企业家并非一开始就想要做出惊天动地的成就，诸如那些能够引起产业变革、高达上亿元的业务或能够一夜暴富的创新。而那些急于成就一番大事业的创业者往往会做错事、走错路，最终创业失败。企业家的成功在于能够从事物内部和外部变化之中，发现创新机会，包括社会环境变化、认知变化、新知识和新技术的变化等。

改革开放以来，一批批浙江人从家乡出发，走遍千山万水，走遍全国，走向世界。在信息网络尚不发达的年代，浙江人通过行万里路比其他人更早地感知了社会经济发展的变化，并敏锐地将其转换为投资契机。根据老一辈供销员口述，20 世纪 70 年代开始，他们就开始跋山涉水，走遍全国去跑业务。有的供销员拿着地图选择目的地，哪个城市大、人口多、交通方便就去哪里，如北京、上海、武汉、西安等；有的人首选那些改革开放前工业基础较好的黑龙江、辽宁、河北，因为那里“大米饭、馒头随便吃”；有的人选择贵州、新疆那些偏远的地方，因为那里缺少竞争。

进入新发展格局，众多民营企业家又成为最早响应国家共建"一带一路"倡议的践行者，他们踏遍"一带一路"的千山万水，抢占商机，开拓潜力巨大的国际市场。如位于柬埔寨西哈努克港经济特区的红豆工业园，成为中国"一带一路"沿线地区民营企业"走出去"的金名片。经过十年深耕，江苏红豆集团把柬埔寨西哈努克港经济特区建设成了拥有170多家各国企业、创造近3万个就业岗位的国际工业园区。目前中国已在"一带一路"沿线国家和地区建设100多个境外经贸合作区，形成3000多个合作项目，涵盖加工制造、科技研发、商贸物流、农业、资源利用等类型，为国内中小企业"走出去"提供了重要的国际平台。

（二）想尽千方百计——创新之本

创新是引领发展的第一动力，而企业家的创新活动是推动企业创新发展的关键。经济学家约瑟夫·熊彼特认为企业家的职能就是创新，要成为一个合格的企业家，就需要一种"勇于探索精神"，探索一种之前从未有过的生产要素"新组合"，并把这种"新组合"引入生产体系中去。企业家作为创新的主体，他们的"千方百计"无论落实到组织变革、企业经营、生产模式、产品功能上，还是落实到市场开发上，都将转化为企业的创新。

"千方百计"暗含的恰恰就是民营企业家勇于探索、敢为天下先的创新精神，正如吉利集团董事长李书福所说："我每天甚至连睡觉都在想着自主创新，否则就会被淘汰。"市场创新方面，浙江率先推进市场取向改革，创造全国第一批专业市场（例如，永嘉的桥头纽扣市场和义乌的小商品批发市场），带动了区域经济快速发展；经营模式创新方面，美特斯邦威集团率先在国内引入虚拟经营模式，将生产业务外包给实力雄厚的协作厂家，将有限的资源集中到产品设计、品牌经营和渠道控制等价值链高端环节；管理创新方面，万向集团首创浮动工资制，极大提高员工生产积极性；技术和产品创新方面，浙江、江苏等省份提前布局培育专精特新小巨人企业，目前不管在数量上还是质量上，都位居全国前列。

进入新发展阶段，企业家纷纷把握数字经济发展新趋势新机遇，创新性地将大数据、5G、云计算等技术嵌入企业经营全产业链条，赋能传统产业转型升级。如正泰集团构建的端到端智能制造体系，打造了产业链生态圈，推动上下游企业的融合发展。一方面，通过机器换人和智能装备不断升级，提升生产效率和抗风险能力；另一方面，通过互联网与产业链上下游在线业务开展，结合大数据平台和人工智能等新技术，提升企业决策效率，缩短技术创新周期，实现智能化生产、个性化定制、网络化协同以及服务延伸。如野马电池公司通过引入数字技术，打通"供应商—原料车间—半成品车间—包装车间—仓库物流"的内部生产运营环节，重塑"顾客—企业—供应商—企业—顾客"信息链，实现电池全生命周期协同制造和质量追溯。

（三）说尽千言万语——合作共赢

“一花独放不是春，百花齐放春满园”，民营经济健康发展，不可能只依靠几家头部企业做大做强。管理学教授拜瑞·内勒巴夫和亚当·布兰登勃格认为企业经营活动是一种可以实现双赢的非零和博弈，企业间应建立起公平合理的合作竞争关系。1980 年，我国发出第一张正式个体工商户营业执照，我国个私经济结束“0”的时代，到 2024 年，我国民营企业达到了 5700 多万户，呈现出“56789”的发展态势。之所以呈现当前民营企业蓬勃发展的态势，一方面得益于党中央始终坚持“两个毫不动摇”“三个没有变”，始终把民营企业和民营企业家当作自己人；另一方面也离不开众多企业家、创业者先富带动后富，无私分享商业信息、共享商业机遇、结成商业伙伴，实现了民营企业的裂变式发展。

“说尽千言万语”暗含的就是企业家、创业者合作共赢的精神。20 世纪 80 年代，江浙一带几十万供销员奔波于全国各地，“说尽千言万语”，真诚地与产业链上下游企业谈合作，分享利润，以期达到长期合作共赢。进入 90 年代，基于民营企业发展的群体需求，东南沿海民营经济发达地区涌现出一大批民间商会和行业协会。这些商会发展出了一套基于群体自愿遵守的合作共赢机制，通过“千言万语”化解行业内部纠纷，组团参加国内外博览会，宣传和提高本土产品的知名度，开拓国内外市场，协调和沟通政企关系。

当前世界正面临前所未有的大变局、大变革、大事件，共建“一带一路”倡议已不仅仅是经济合作，而是构建人类命运共同体的重要实践平台。“一带一路”为民营企业“走出去”搭建了广阔舞台，与此同时，“走出去”的过程中也面临风险与挑战。新发展格局下，大批民营企业家继续践行了合作共赢的精神，抱团出海投资建设产业园、抱团出海抢订单、建立“走出去”联盟……为中国企业“走出去”树立了典范。

（四）吃尽千辛万苦——奋斗精神

“天行健，君子以自强不息”，中华民族是最具奋斗精神的伟大民族。正是因为这种奋斗精神，中华民族在历史长河中，面对内忧外患，度过了一次次重大危难，创造了一个个伟大奇迹，不断开启新的伟大征程。进入新时代，以习近平同志为核心的党中央传承发扬奋斗精神，团结带领全国人民撸起袖子加油干、风雨无阻向前进，在“压力测试”中强体魄，在“大战大考”中谱新篇，在稳步向前中显韧性，为实现高质量发展奠定了坚实基础，确保中华民族伟大复兴进入了不可逆转的历史进程。

改革开放后，老一辈企业家同样以“吃尽千辛万苦”践行着奋斗精神，他们在创业的征程中摸爬滚打，拼搏出一个个白手起家、逆境求生的奋斗传奇，顽强拼搏的"奋斗基因"已经刻在老一辈民营企业家的骨子里。位于浙江最南端的温州，虽然交通条件极为不便，又由于特定时期国家发展战略安排，缺少必要的建设投入，但温州人依靠无所畏惧、攻坚克难的奋斗精神，"逢山开路、遇水架桥"，白手起家创业。为了改善民营经济创业环境，温州人踔厉奋发，建成了第一座集资建造的机场——龙湾国际机场、第一条集资修建的中国超长公路桥——温州大桥、第一条集资修建的中国股份合资铁路——金温铁路。今天人们称赞温州人的"两板精神"（白天当老板，晚上睡地板），正是温州人吃苦耐劳"奋斗精神"的直观写照。

在新征程上，一批批民营企业家心怀"国之大者"，继续坚持奋斗精神，攻坚克难，勇于打破国外技术封锁，把突破"卡脖子"难题作为企业发展的重要使命。如江苏亨通集团自主研发和掌握了光通信领域的核心技术——光纤预制棒，让中国摆脱光通信发展困局，结束国外垄断。在察觉国外正在研发更新一代的绿色光棒时，亨通集团再次踏上新的研发征途，通过上千个日夜的奋力拼搏，再次站在行业科技制高点，成为全球第二、中国第一家拥有绿色光纤材料技术的企业，进入全球光通信行业领跑行列。如今，越来越多的专利技术、自主知识产权出现在富有创新生机和活力的民营企业，向世界展示着中国智慧。

第三节 培育和弘扬企业家精神的外部环境

一、社会舆论环境

良好的社会舆论环境是企业家精神健康发展的必要条件。民营企业家非常注重自己的声誉，他们的声誉受损不仅关乎其个人尊严，也在很大程度上影响企业的生产经营和长期发展。如果处理不当，不仅会损害企业或企业家的社会形象，还可能会动摇民营企业发展信心。

（一）传统社会对企业家的偏见

1. 传统思想的制约

过去，人们对商业活动的仇视、对企业家（商人）的偏见，在全球范围内是一个普遍现象。

众所周知，在我国封建王朝时期是以农业经济立国，在这样的情况下历朝历代的君王对商人的限制力度非常大，而且这样的思想从秦朝一直延续到明清时期。从文化传统看，"轻商"源于"重义轻利"的价值取向，生命是人之至宝，是"利"

之最大，生命尚可以舍弃，身外之物就不足论了。

孔子曰："君子喻于义，小人喻于利。"弃仁义而求私利者，被称为"小人"，即只顾一己之私的"小心量之人"。在士（学者）、农、工、商四民中，商人在最底层，无权、无财，行圣贤之道、传圣贤之教的清寒之"士"，成为最受尊重的对象，因为士人"重义轻利"，能够带动社会道德的正气。

在中国文化中，"师道"的重要性几乎堪与"孝道"比肩，由此形成了"孝亲尊师""尊师重道"的传统。而商人以逐利为目的，在有利可图之时则会见利忘义，在以仁义道德作为国家价值标准的古代，商人自然不会受到大众的"待见"。

在罗马时代和中世纪的西方社会，人们对商业活动的偏见一点也不比中国古代逊色。西方《圣经》说"富人进入天堂，比骆驼穿过针眼还要艰难"。商人不能从政，也不能被封为贵族。

这种传统的封建思想对商业的偏见，在现代社会中虽然已不再是主流观念，但其影响仍然根深蒂固，以多种方式潜移默化地影响着人们的思维和行为。在商业环境中，这种偏见可能导致对商人的不公正评价。一些人仍然倾向于将商人视为只追求个人利益、不顾道德底线的群体，而忽视了商业活动在推动经济发展、创造就业机会、提高生活水平等方面所起到的积极作用。这种偏见不仅不公平，也阻碍了商业环境的健康发展，使得一些商人可能在面临道德抉择时感到困惑和压力。此外，这种偏见还可能影响政策制定和执行。在制定商业政策时，如果决策者受到传统偏见的影响，可能会倾向于对商业活动进行过多的限制和干预，从而抑制市场的活力和创新力。在执行政策时，也可能出现对商人群体的不公正对待，如执法不公、审批不公等，进一步加剧商业环境的恶化。

2. 贫富差距

一个人看到别人有但自己没有并且渴望有的某种东西时，会产生一种不舒服的感觉，甚至心生怨恨，即妒忌心理。财富、名声、社会地位、美貌、才能、考试成绩等均可引起嫉妒。

贫富差距，作为社会结构中的一个显著特征，无疑加剧了这种妒忌心理的产生与蔓延，特别是在对企业家这一群体的看法上。当一部分人通过创业、投资或其他经济活动积累了巨额财富，而另一部分人仍在为生计奔波时，这种鲜明的对比很容易引发社会成员间的心理失衡。

企业家作为经济活动的引领者和财富的创造者，往往成了这种妒忌情绪的集中对象。他们的成功被一些人视为不公平，忽略了其背后付出的努力、承担的风险以及创新的智慧。在公众舆论中，有时会出现对企业家"为富不仁""剥削工人"等片面和负面的评价，这些评价往往源于对社会财富分配不均的不满和对个人成功路径的误解。

3. 对企业家能力与贡献缺乏认知

社会对企业家的偏见，除了受传统思想和贫富差距的影响外，还源于对企业家能力与贡献的普遍不了解。一般人搞不明白企业家为什么能赚钱。企业家既不像农民那样下地干活，也不像工人那样出力流汗，凭什么腰缠万贯？特别是从事贸易活动的商人，对物质形态的产品没有做任何改变，为什么就能赚钱？唯一的答案是，他们靠贱买贵卖赚钱，既"欺骗"卖者，又"欺骗"买者。

古今中外，知识分子、有学问的人、读书人都受尊重。中国人的说法是"万般皆下品，唯有读书高"。但在市场经济下，知识分子有了竞争对手——"商界精英"。商界精英读书没他们多，但赚的钱比他们多，所以知识精英对商界精英有一种本能的嫉妒、反感和怨恨。许多知识分子对企业家的偏见是把心理上的嫉妒和认识论上的无知结合起来的，他们只看到了企业家表面的光鲜亮丽和巨额的财富积累，却忽视了他们背后的艰辛付出、卓越才能和对社会的巨大贡献。这种偏见不仅是对企业家个人的不公平评价，也影响了社会对企业家群体的整体认知。

（二）营造良好的社会舆论环境

企业家作为社会经济发展中的稀缺资源，其重要性不言而喻。为了充分发挥企业家在推动社会进步中的关键作用，全社会应当共同努力，营造一个尊重、理解、关怀与支持企业家的良好氛围，深刻认识企业家的独特贡献与社会价值，并对其为中国经济社会发展所做出的杰出贡献给予高度评价。

首先，要积极倡导企业家践行"四个典范"。打铁必须自身硬。社会对企业家的认可，还需企业家不断加强自身修养，赢得社会尊重。广大企业家，要牢记习近平总书记的嘱托，大力弘扬企业家精神，争做爱国敬业、守法经营、创业创新、回报社会的典范，贯彻新发展理念，助力高质量发展，在全面推进强国建设、民族复兴伟业中奋勇担当。

其次，要开展提升企业家社会形象的活动。政府和社会组织可以设计并实施一系列旨在提升企业家社会形象与影响力的品牌活动，如企业家参与公益慈善、教育支持、环境保护等社会活动。这些活动不仅能够帮助企业家展现其积极履行社会责任的一面，还能增强公众对企业家群体的正面认知，树立企业家作为社会领袖的良好形象。

再次，要积极营造企业家的正面舆论环境。面对社会对民营企业家的误解与偏见，需加强正面宣传和引导，通过真实案例展示企业家群体的奋斗历程与贡献，如温州人"四千精神"的生动实践，以此矫正公众认知，弘扬诚实劳动、合法经营的正确价值观。同时，建立健全舆论监督机制，严厉打击恶意抹黑、造谣传谣、歪曲事实等行为，包括但不限于捏造不实信息、主观臆断评价、歪曲事实解读、恶意关联炒作、蓄意翻炒旧闻等，维护企业家群体的合法权益与良好声誉。

最后，要加强企业家政治和社会参与。一是政府可以邀请企业家代表参与政府相关政策的研究、讨论和制定，确保政策更加贴近市场实际，反映企业需求，增强政策的针对性和有效性。二是可以安排企业家到政府挂职，让他们深入了解政府运作机制，促进政企之间的深度交流与合作，增强双方的理解和信任。三是鼓励和支持企业家在政协、行业协会、商会、公益组织等社会团体中担任社会职务，增强其社会责任感和树立其积极的公众形象。四是建立常态化政企沟通机制，定期或不定期召开政企交流会、座谈会、专题研讨会等，为政府和企业提供一个面对面交流的平台，及时沟通企业发展中的困难和问题，听取企业家的意见和建议，解决企业发展的实际问题。

二、知识产权保护制度

创新是企业家精神的最核心内容，保护知识产权就是保护创新。知识产权是指人们对其智力劳动成果所享有的专有权利，包括专利权、商标权、著作权、商业秘密等。知识产权保护是对创新成果的保护，是鼓励创新和激励创造力的重要手段。

（一）知识产权保护与创新之间的关系

首先，知识产权制度用权利激励创新。通过赋予创造性实践的行为人知识产权，使其在一定期限内通过垄断收回成本并获取收益，为权利人提供了最经济、有效和持久的创新激励，从根本上调动科技人员发明创造的积极性。

其次，知识产权制度用限制确保创新。知识产权法律制度的价值目标是在保护权利人的前提下，最终实现社会科学技术和文学艺术的进步。不可否认的是，人类取得的成就都是站在“巨人肩膀”上的成果，因此通过“合理使用”“强制许可”“权利用尽”“保护期限”等原则和制度的设置，在限制知识产权人的同时，也给予其他社会公众更多接触知识产品的空间，确保整个社会创新的可持续性，满足社会开展新的创新活动的需求。

最后，知识产权制度用法律保障创新。知识产品的“公共性”“非物质性”极易带来“搭便车”行为，除了侵权外，还破坏了正常的市场竞争秩序，给社会创新文化和创新成果带来消极影响。所以知识产权法律制度通过民事责任、行政责任、刑事责任给予创新全方位的保障，甚至增加惩罚性赔偿制度来震慑侵权行为，对创新提供严格的保护。

此外，发达国家用知识产权制度带来创新成果的经验，也显示出知识产权保护对企业家创新行为的促进作用。知识产权制度发端于西方国家，有 300 多年的历史。20 世纪美国的经济发展很大程度上依赖于以知识为基础的经济形式，尤其是知识产权密集型产业形态；日本、韩国主要通过知识产权运用效益的提升促进创造水平的提高；瑞士、新加坡等国则用较高的知识产权保护水平反过来促进创新和贸易发展；英国作为第一次工业革命和现代知识产权制度的发源地，运用较强的知识产权创造能力带动知识产权综合实力的提升。

（二）我国知识产权保护历程

早在 1950 年新中国成立之初，面临国内艰巨繁重的恢复重建和国际封锁，我国依然制定颁布了《保障发明权与专利权暂行条例》《商标注册暂行条例》等知识产权法规，对实施专利、商标制度作出了初步的探索。不过，在此后近 30 年的计划经济时代里，我国的知识产权制度体系建设基本处于空白。

1980 年，国家知识产权局的前身中国专利局成立，我国也在这一年正式加入世界知识产权组织。1982 年，第五届全国人民代表大会常务委员会第二十四次会议审议并通过了商标法，开创了我国知识产权立法之先河，标志着我国知识产权法治建设步入崭新阶段。

1984 年 3 月 12 日，第六届全国人大常委会第四次会议表决通过了专利法，并于 1985 年 4 月 1 日起实施。自此，作为知识产权事业发展的根基，知识产权制度体系的建设驶入了“快车道”。改革开放后，我国相继加入了专利、商标、版权等领域的多个知识产权国际公约，在较短的时间内实现了知识产权制度与国际接轨。

党的十八大以来，党中央把知识产权保护工作摆在更加突出的位置，出台了《深入实施国家知识产权战略行动计划（2014—2020 年）》《国务院关于新形势下加快知识产权强国建设的若干意见》《“十三五”国家知识产权保护和运用规划》等系列决策部署。2018 年党和国家机构改革中，组建了国家市场监管总局，重新组建了国家知识产权局，实现了专利、商标、原产地地理标志等知识产权类别的集中统一管理。2021 年 2 月 1 日，习近平总书记在《求是》杂志发表重要文章《全面加强知识产权保护工作 激发创新活力推动构建新发展格局》，将知识产权保护的重要意义上升到前所未有的高度。

总体来看，我国知识产权事业持续进步，已经探索出一条符合中国国情的知识产权发展路径。在知识产权保护方面，我们取得了具有里程碑意义的成就。这些进步为维护市场秩序、激发创新活力，以及促进企业家队伍的快速成长提供了坚实的支撑和保障。

但是，当前我国在知识产权保护方面还存在一些不足，具体包括：全社会对知识产权保护的重要性认识需要进一步提高；随着新技术新业态蓬勃发展，知识产权保护法治化仍然跟不上；知识产权整体质量效益还不够高，高质量高价值知识产权偏少；行政执法机关和司法机关的协调有待加强；知识产权领域仍存在侵权易发多发和侵权易、维权难的现象，知识产权侵权违法行为呈现新型化、复杂化、高技术化等特点；有的企业利用制度漏洞，滥用知识产权保护；市场主体应对海外知识产权纠纷能力明显不足，我国企业在海外的知识产权保护不到位；等等。

改革开放以来，民营企业家群体掌握种类较多的产权，并将之投入社会关系复杂、风险收益交织的经济过程中，同时，民营经济及其企业家群体为积累社会财富、创造就业岗位、促进经济社会发展、增强综合国力做出了重要贡献。全面依法平等保护民营经济产权，包括民营企业及其企业家群体的合法权益，尤其是妥善处理涉及民营经济的具有较大社会关注度的产权保护案件，不仅有利于营造民营经济健康发展环境、更好发挥民营经济的作用，而且有利于增强全社会对法治环境的普遍信任。因此，一方面，政府应进一步推动以知识产权司法保护为代表的一系列制度体系建立与完善，以强化追求高质量创新者权益的保护效果，构建真正适合企业创新的氛围与环境。另一方面，政府应持续深化知识产权司法审判体制改革，通过提高法律执行效率，强化司法对企业家创新权益的保护效果。

三、个人破产制度

个人破产是指作为债务人的个人在其全部资产不能清偿到期债务时，由法院依法宣告其破产并对其财产进行清算和分配，对其债务进行豁免以及确定当事人在破产过程中权利义务关系的法律制度。

在现代社会中，我们每个人随时随地都在扮演着债务人的角色。传统的亲友间的借款以及向银行贷款买房买车，信用卡消费、股东为公司借款提供担保，甚至一次交通事故、一次巨灾、一次过失造成他人人身财产损害，等等，都会产生债务关系。在我国，欠债还钱、父债子还的观念根深蒂固，在老百姓的心目中败家意味着耻辱，但是破产只是不幸的代名词，而不应当成为耻辱的同义词。在个人破产制度框架下，对债务人而言，通过法定程序完全透明地清理资产清偿债务后，经过一段法定的免责考察期，债务人得以免除余债。

虽然中国的风险投资发展很快，但是，创业企业缺乏长期稳定的现金流，无法向金融机构证明其有还款能力，企业的融资行为往往实质上变成创业者的个人贷款，创业者不但需要提供个人房产等资产作为担保，还需要承担无限连带责任，甚至抵押上整个家庭。数千万个体工商户、合伙企业等非法人组织也面临无限责任的偿付风险，由此衍生的偿债问题日趋严重。个人破产制度的建立，无疑给创业者提供了一重保障：即便最坏的情况发生，在度过艰难的破产期后，一切都还可以重来。

个人破产制度正是通过为企业家的创业、创新与发展提供制度支撑与风险控制，达到焕发市场经济竞争活力的目的。个人破产以“重新开始”为理念，为企业家提供“社会保险”，改变市场主体对创业失败的畏惧观念。由此，企业家不会因经营失败而逃债跑路，因一招不慎陷入债务危机而背负终身骂名，被列入“老赖”行列而生活受限。企业家得以光明正大地退出市场，以全新姿态直面投资创业的挑战。此外，个人破产制度因其特有的免责机制，为创新中的“失败者”提供盾牌保护，使得债务人的失误风险变得可预期。个人破产制度能够包容企业家的经营失败，激励企业家奋发创新，助推产业跨越升级。

救济是个人破产制度最本质的意义和属性，并不是所有的债务人都能获得破产保护的救济。个人破产制度保护的是诚实而不幸的债务人，为他们提供一种可以期待、值得信赖的保障。也就是说，只要经营者诚实守信，在不幸陷入债务危机时，个人破产制度是可以保障其生存权和发展权的，并能够帮助债务人尽快地从债务危机中解脱出来。而那些恶意逃债或者实施破产欺诈的债务人，不能通过破产逃避债务，而且，个人破产制度专门针对债务人的逃债行为，设定了严格的法律责任。

扩展阅读

全国“个人破产”首案深圳诞生

梁某是一名80后产品结构工程师，拥有2项专利。2018年6月，梁某开始创业，然而事与愿违，2019年，梁某带着开发好的产品参展，却没有获得客户资源，后虽重新改善、研发产品，却不幸遭遇疫情，导致资金枯竭，最终无法清偿借款，陷入债务困境。绝望之时，梁某从新闻中得知深圳于2021年3月1日起实施个人破产法，于是在3月10日向深圳中院申请个人破产重整。7月19日中午，拿着深圳中院送达的个人破产重整申请民事裁定书，全国“个人破产”首案当事人梁某松下一口气：“今后将努力工作挣钱并节流，如期还债。”至此，深圳圆满审结全国“个人破产”首案，亦标志着深圳在探索个人破产领域迈出具有里程碑意义的一步。

资料来源：全国“个人破产”首案深圳诞生［N］. 深圳特区报，2021－07－19.

本章小结

1. 企业家精神的核心：本章明确了企业家是指那些尊崇特定社会核心价值、勇于承担风险和不确定性，并通过创新活动追求利润的个体。企业家精神不仅关乎个人特质，也是推动经济社会发展的重要动力。

2. 新时代中国企业家精神的内涵：新时代中国企业家精神被赋予了更丰富的内涵，包括爱国敬业、守法经营、创业创新、回报社会和国际视野。这些要素共同构成了新时代企业家精神的核心框架，指导着企业家的行为和努力方向。

3. 社会舆论环境的重要性：良好的社会舆论环境对于企业家精神的培育和弘扬至关重要。全社会应当共同努力，营造尊重、理解、关怀与支持企业家的社会氛围，这对于激发企业家的创新活力和社会责任感具有重要作用。

4. 知识产权保护的作用：保护知识产权被视为保护创新的关键。知识产权包括专利权、商标权、著作权和商业秘密等，它们是激励企业家创新、保护创新成果的重要法律工具，对于维护市场秩序和激发创新活力具有不可替代的作用。

5. 个人破产制度的意义：个人破产制度为企业家提供了一种风险控制机制，允许他们在创业失败后重新开始。这一制度不仅保护了诚实而不幸的债务人，也为市场经济的竞争活力提供了支持，鼓励企业家勇于创新和承担风险。

·关键术语

企业家精神；四个典范；舆论环境；知识产权保护；个人破产制度

·思考与练习

1. 概述西方经典企业家理论是如何界定企业家精神内涵的，并提炼其核心要素。

2. 阐述新时代中国企业家精神的主要内涵，并比较其与传统企业家精神的区别。

3. 分析社会上对企业家存在偏见的原因，并提出解决这些社会问题的主要思路和举措。

4. 探讨知识产权保护制度对培育和弘扬企业家精神的影响，并解释其重要性。

5. 分析个人破产制度对弘扬企业家精神的重要作用，并讨论其对市场经济和企业家创新精神的促进效应。

·案例分析

张謇的企业家精神

2020 年 11 月 12 日，正在江苏考察调研的习近平总书记来到南通博物苑，参观张謇生平展陈。3 个多月前，总书记在企业家座谈会上，也曾称赞清末民初的张謇是爱国企业家的典范。总书记如此关注的张謇，究竟是一位怎样的人物？让我们一起来了解。

张謇，我国近代著名的企业家、政治家、教育家，1853 年出生于江苏通州（今南通）海门常乐镇，祖上几代都是以农商为生。为了改变家庭命运，张謇从小被送入私塾学习，父亲希望他走出一条由读书进入仕途的道路。

1894年，41岁的张謇终于高中状元，被授予翰林院修撰。正是在这一年，中日甲午战争爆发。后来，清政府与日本签订了丧权辱国的《马关条约》。张謇在日记中沉痛写道："几罄中国之膏血，国体之得失无论矣！"

面对落后就要挨打的现实，张謇认为，只有发展民族工业，才能抵制帝国主义的侵略、抵制外国资本的侵入。中国士大夫一向耻于经商，"状元办厂"在当时更是新鲜事。但张謇毅然放弃功名仕途，回到家乡创办了大生纱厂。他这样表明心志："愿成一分一毫有用之事，不愿居八命九命可耻之官。"

爱国、救国、报国是张謇一生的追求，此后的兴实业、办教育、做公益，都是根源于此。

在立志从商之后，张謇仔细研究了光绪、宣统两朝各年海关贸易册。他发现，中国输入的最大宗商品是棉纺织品和钢铁。他意识到，棉纺织业关系人民生活，制铁事业关系国家生存，发展棉、铁两业，"可以操经济界之全权"，于是他大力倡导并践行"棉铁主义"。

1895年，张謇依靠南通手工棉纺织业较为发达的基础，选址唐家闸创办了大生纱厂。"大生"二字源自《易经》"天地之大德曰生"，这寄托了张謇的理想——天地间最大的政治是国计民生。

白手起家的张謇创造性地使用股份制方法筹募社会资本。开工一年后，大生纱厂就获得2.6万两白银的净利润。此后，大生的规模不断扩大，先后建成四个纱厂，成为当时全国最大的纺织企业系统。张謇还投资或参股设立了榨油厂、肥皂厂、冶铁厂、造纸厂、印刷厂等，构建了以棉纺织业为核心的产业链条，并进一步发展了运输、仓储、电力、通信、食品、金融、地产等产业，不仅将南通建成"中国近代第一城"，也推动了中华民族工业的发展进程。

张謇曾被人们称为南通首富，可他却自号"啬翁"——取"吝啬"之意。他始终保持俭朴的生活习惯，并要求家人勤俭持家。他回老家常乐或去公司，大多是步行或坐独轮车。他在家书中说道："凡人家用度，若但出入相当，已不足以预备非常之急。若复过度，则更不合处家之道。"以此告诉家人居家勤俭的道理。

张謇进军工商领域并取得成功，但他始终没有摆脱儒家知识分子的烙印。他言商仍向儒，提出"父教育而母实业"的理念，认为"实业与教育迭相为用"，他倡导通过实业壮大国力，又通过教育来为国育才。

在发展实业初见成效后，张謇运用积累的资金着手创办新式学校。1903年，中国第一所民办师范——通州师范学校开始招生。1905年，张謇还办起了中国第一所公共博物馆——南通博物苑，博物苑隶属通州师范学校。张謇专门作了一副楹联，介绍办博物苑的初衷——“设为庠序学校以教，多识鸟兽草木之名”。这副对联至今仍然悬挂在博物苑南馆的月台上。

张謇为南通教育总计投资257万两白银，独自创办或参与创办师范、纺织、医学、农业等高等学校和职业、专科学校近400所，形成了较为完整的近代教育体系。不少南通人的小学、中学，甚至大学生涯都是在张謇创办的学校里度过的。

先是兴办实业，而后倾资兴学、以商养学，张謇把他从商的红利捐作教育、慈善和地方公益经费。有人总结说，张謇一生所获财富，皆为社会服务。

阅读上述资料，思考下列问题：

1. 分析张謇如何将爱国精神融入其商业实践，并讨论这对于现代企业家承担社会责任有何启示。

2. 探讨张謇在大生纱厂和其他企业中的创新举措，以及这些举措如何体现企业家精神的实质。

3. 评估张謇对教育的重视和投资如何反映其对人才培养的远见，以及这对现代企业家培养人才的策略有何借鉴意义。

· 进一步学习资料

1. 彼得·德鲁克．创新与企业家精神［M］．北京：机械工业出版社，2009.

2. 张维迎．重新理解企业家精神［M］．海南：海南出版社，2022.

第三章 新生代民营企业家成长

本章导入

新生代民营企业家是民营经济的接班人，是我国民营经济活力的重要来源，能否健康成长，对企业发展和经济发展具有重要影响。但是，新生代企业家（指“新生代民营企业家”，本章下同）健康成长面临一系列来自宏观环境、自身素养和代际传承机制等方面的挑战，为了促进新生代企业家的健康成长和企业的持续发展，需要政府、社会和企业共同努力，为他们提供更多的支持和帮助。

本章深入探讨了新生代的内涵、特征以及新生代企业家成长面临的挑战、成长路径与支持体系。首先，总结了新生代的内涵与共性特征，在此基础上，进一步分析了新生代企业家具备的特征。其次，从外部环境、企业家自身以及代际传承三个层面分析了新生代企业家成长面临的系列挑战。最后，针对新生代企业家的特征及其健康成长面临的挑战，提出新生代企业家健康成长的路径和支持体系。本章旨在全面理解新生代企业家的内涵、特征，针对其健康成长面临的挑战，提出系统化的培养路径和支持方案。

学习目标

（1）知识目标：认识新生代的内涵与共性特征；理解新生代企业家的接班现状和特征；了解新生代企业家的责任使命。

（2）能力目标：能够理解新生代企业家成长面临的挑战，并利用所学专业知识提出解决方案；能够从不同角度分析新生代企业家如何实现健康成长；能够制定新生代企业家的培养和传承计划；能够提出新生代企业家成长的政策支持体系。

（3）综合目标：通过分析新生代企业家与老一辈企业家在教育背景、生活态度和价值观、科技意识和应用能力、社会责任感和公益意识、消费观念和行为、职业观念和工作态度等方面的差异，形成对新生代企业家的全面理解；在新时代背景下，分析新生代企业家的责任使命及面临的困难挑战，提出系统性的培育赋能方案，促进新生代企业家健康成长和我国经济健康发展。

第一节 新生代民营企业家成长现状

一、新生代的内涵与特征

（一）新生代的概念

在社会学领域，社会学家卡尔·曼海姆首次提出了“代”的概念。卡尔·曼海姆认为，“代”是指在同一历史时期出生并形成共有的世界经验、组织信念、目标系统和生活方式的所有个体。不同时代的人，由于历史经验和发展途径不同，人格特征也会有所不同；而同一时代的人的人格都会受到发生在这一时代的重要社会、历史事件的影响，特别在青少年晚期和成人早期，即人格形成的关键期，这些社会和历史事件会对个体未来人格产生重大影响。

在社会学领域，“新生代”这一术语通常用来描述某一特定时间段内出生的人群，这些人群通常具有相似的社会背景、文化特征和价值取向。我国出生于20世纪80年代至21世纪初的群体，因与传统社会的理念、意识和个性不同而被称为“新生代”。

（二）新生代的特征

新生代成长的环境和以往几代人都是不同的，首先，政治上比较稳定，党和政府为新生代提供了良好的政治环境，生活比较优越；其次，他们所处的家庭环境也因独生子女政策而有很大的改变；最后，计算机和互联网改变了他们的生活方式。因此，新生代个性特质比较多元化，自我意识比较强烈，创新意识较强，崇尚民主和自由。他们成长于一个快速变化、技术革新和全球化加速的时代，这些外部因素深刻地影响了他们的价值观、生活方式和思维方式。新生代通常呈现以下几方面特征：

第一，新生代群体享受到更丰富的教育资源。随着经济的发展和教育投入的增加，新生代能够享受到更丰富的教育资源。与之前的应试教育相比，新生代所接受的教育更加注重素质教育，包括创新思维、团队合作、沟通表达等能力的培养。他们生活在一个信息化、网络化的社会，互联网的普及使他们能够接触到更多的知识和信息，这种环境的熏陶使他们更具开放性和包容性，愿意接受和尝试新事物。

第二，新生代群体对生活品质有较高的要求。新生代群体更加注重生活品质，注重健康、环保、文化和娱乐等方面的体验和享受。他们更倾向于追求自由、独立的生活方式，注重个人空间和自我表达，不愿意受到传统观念和规范的束缚。他们愿意为美好的瞬间和体验付费，如旅游、美食、娱乐等。他们更倾向于享受当下，而不是过分担心未来或沉溺于过去。新生代对多元文化、不同观念和生活方式持开放和包容的态度。他们愿意尝试新事物，接受不同的文化和价值观，这使得他们更加多元和开放。他们喜欢独立思考和决策，尊重个人的选择和价值观，忠实于自己的生活方式，具有更加开放、透明的心态。

第三，新生代群体科技意识与应用科技能力更强。新生代群体对互联网、智能手机、社交媒体等新兴科技具有较高的接受度和使用频率。他们对科技的认知程度较高，从小就生活在数字化、信息化的环境中，对新兴科技有着天然的亲近感和敏锐度。他们乐于接受并尝试新技术、新产品，对科技产品的更新迭代保持高度关注，并愿意为之付出时间和金钱。他们享受在工作中利用高科技设施带来的便利，而且通常对自己的工作表现和技能比较自信。新生代对智能手机、电脑等科技产品的操作非常熟练，他们能够快速掌握并应用各种科技产品和服务。他们不满足于科技产品的基本功能，善于挖掘和创造新的应用场景和方式，如利用社交媒体进行营销推广、利用在线平台进行创业等。

第四，新生代群体具有更强的社会责任感。新生代群体社会责任感强，他们热心公益事业，具有更专业的公共服务意识，注重社会公平、环保、扶贫等方面的问题。他们积极参与各类公益活动，如志愿服务、社区建设、环保行动等，他们愿意将自己的知识和技能用于解决社会问题，推动社会的进步。新生代群体展现出了强烈的国家责任感、集体责任感、家庭责任感以及公益意识的觉醒和持续性等特点。这些特性不仅体现了他们对社会的深刻理解和积极参与，也预示着他们在未来社会中将发挥更加重要的作用。

第五，新生代群体更注重个性化消费。新生代群体的消费能力较强，他们更注重个性化和差异化，喜欢追求独特的消费体验和产品，更加倾向于选择定制化服务和个性定制产品。他们喜欢独特、与众不同的产品或服务，愿意为个性化的商品支付溢价。他们更加注重产品的品质和质量，追求高品质的生活体验。在选择商品时，他们会关注产品的材质、工艺、设计等方面，以确保购买的商品符合自己的品位和需求。新生代对科技产品和科技服务的消费需求较高，特别是对智能手机、电脑、智能家居等科技产品的依赖程度很高。他们是互联网的“原住民”，更加习惯于线上消费。通过电商平台、社交媒体等渠道，他们可以轻松购买到各种商品和服务，享受便捷的购物体验。

第六，新生代群体更期待个人价值的实现。新生代渴望尝试不同的职业领域，渴望有所成就，强烈期望得到社会的认可，更热衷于具有挑战性的工作。他们在职业选择上更加多元化，不再局限于传统的“铁饭碗”或热门行业。他们更愿意尝试新兴行业、创业项目或自由职业，寻求更多的发展机会和可能性。他们对于工作的灵活性也有更高的要求，希望能够在工作与生活之间找到更好的平衡。他们更加注重自我价值的实现，希望在工作中能够发挥自己的才能和潜力，实现个人目标和梦想。他们对于工作的选择也更加注重个人价值观和理念的契合度，希望能够在工作中找到归属感和成就感。

二、新生代民营企业家的接班现状与特点

（一）新生代民营企业家接班现状

中国民营经济研究会发布的数据显示，中国民营企业中 80% 以上为家族企业。2017 年至今，约 3/4 以上的家族企业面临交接问题。这不仅是中国规模较大的一波家族企业传承，也是全球商业史上少见的大批企业集中面临传承的挑战。2023 年发布的《新财富 500 富人榜》数据显示，我国 50 岁以上具备一定规模的头部民营企业的领导者占比已经超过 80%，超过八成的民营企业正在面临接班人的选择问题。未来 10 年，这些企业将逐步经历企业掌权者传承。

据不完全统计，截至 2024 年 12 月，在 A 股中由“80 后”“90 后”担任董事长的公司已经超过 200 家，不少上市公司的管理层如今都是“80 后”，而“90 后”也作为新生代力量逐步登场。这些“80 后”“90 后”董事长中，有不少是家族企业的继承者，他们接过父辈的接力棒，成了新一代的企业领导者。同时，也有一些是职业经理人出身，他们凭借自己的才华和努力，在企业中崭露头角成了董事长。

随着中国 A 股“80 后”“90 后”董事长的数量不断增加，他们成了中国民营企业交接班的重要力量。未来，随着更多年轻企业家的涌现和成长，中国民营企业的领导层将更加年轻化、专业化和国际化。

（二）新生代民营企业家的特点

新生代民营企业家除了具备新生代群体的特征以外，还呈现出与传统民营企业家的一些不同特点。新生代民营企业家凸显年纪轻、学历高、理念新、成长快等特征，他们大多是“富二代”，成长环境优于同龄人，所掌握的知识结构较为专业，

学历也大多比较高。除此之外，他们大多具有出国学习国外先进管理知识的经历，因此，新生代企业家的思维更活跃、国际视野更宽广，创新意识也更强。另外，伴随着激烈的市场竞争，新生代民营企业家更加注重培养企业不可模仿的竞争力以及推动企业走向国际化，“娃哈哈”掌门人宗庆后的女儿宗馥莉接手企业后就提出希望将自己的企业打造为国内行业“旗舰”，并进一步在更高层次上参与国际竞争，打造国际品牌。

具体来看，新生代民营企业家的特点体现在多个方面，包括较高的认知水平、更注重用户体验感、审美与设计意识强烈、敢于创新和尝试、国际化视野以及强烈的社会责任意识。这些特点使他们能够在激烈的市场竞争中保持领先地位，并为企业和社会带来积极的影响。

第一，认知水平普遍较高。新生代企业家通常具有较高的学历，认知水平较高，他们在学习、思考等方面表现出色。他们乐于接受新知识，对市场趋势和消费者需求有深入的理解，能够快速做出响应。这种领先的认知水平使他们能够在复杂多变的市场环境中保持敏锐的洞察力和准确的判断力。

第二，更加注重用户体验感。与老一辈企业家不同，新生代企业家更加注重用户体验感。随着市场竞争越来越激烈，满足用户个性化需求成为赢得市场竞争的关键手段之一。新生代企业家更关注产品和服务的质量，致力于提供更好的产品和服务。这种回归商业本质的理念使他们能够在激烈的市场竞争中脱颖而出，赢得消费者的信任和忠诚。

第三，更强的审美与设计意识。新生代企业家通常接受了更为全面和深入的教育，包括艺术、设计、市场营销等多个领域。这种多元化的教育背景使他们能够更全面地理解审美和设计的重要性，并将其融入企业的战略规划和产品设计中。他们注重产品的外观、包装和用户体验，以吸引年轻消费者的关注。这种对审美的追求不仅提升了产品的附加值，还为企业塑造了独特的品牌形象。

第四，更加敢于创新和尝试。相较于父辈，新生代企业家通常成长在更为优渥的环境中，这为他们提供了更多的资源和机会去探索、学习和尝试新事物。随着市场竞争的日益加剧，新生代企业家面临着更为严峻的挑战。为了保持企业的竞争优势，他们必须不断寻求新的增长点和创新点。他们敢于挑战传统观念和行业规则，寻求新的突破和发展。这种创新精神是推动企业不断前行的重要动力。

第五，更广泛的国际化视野。新生代企业家通常接受了高质量的高等教育，其中许多人还选择了海外留学，这些经历使他们有机会直接接触和学习不同国家的文化、经济模式和商业实践，从而拓宽了他们的国际视野。新生代企业家具备的这种国际化视野使他们能够在全球范围内寻找新的增长点，提升企业的国际竞争力。

第六，强烈的社会责任意识。“企业家二代”通常接受了高质量的教育，这些教育往往注重培养学生的社会责任感、公民意识以及可持续发展观念。通过系统的学习和实践，“企业家二代”逐渐形成了对社会问题的深刻认识，并树立了积极的社会责任感。新生代企业家极具企业社会责任意识，他们在经营过程中注重环境保护、公益事业和社会贡献。这种社会责任意识不仅提升了企业的社会形象，还为企业带来了更多的社会资源和支持。

三、新生代民营企业家的责任

新生代企业家是民营企业的接班人，是中国民营经济的生力军。他们不仅承载着民营企业的传承与发展重任，同时也承担着为我国民营经济注入新的活力和创新动力的历史使命。新生代企业家在经营企业的过程中，应全面履行社会责任，关注政府、股东、消费者、员工、资源环境和可持续发展以及社会公益等方面。这不仅有助于提升企业的社会形象和声誉，还有助于实现企业的可持续发展和社会和谐。

第一，对政府的责任。新生代企业家应自觉按照政府有关法律、法规的规定，合法经营、照章纳税，并承担政府规定的其他责任和义务。同时，企业也应接受政府的监督和依法干预，确保企业活动符合社会公共利益。新生代企业家应积极支持国家宏观经济政策和产业发展战略，如共建“一带一路”倡议、创新驱动发展战略等，推动企业转型升级和高质量发展。此外，新生代企业家可以结合自身实践经验，向政府提出有关经济发展、政策优化等方面的建议，为政府决策提供参考。

第二，对股东的责任。新生代企业家应严格遵守公司法等相关法律法规，确保公司的经营行为合法合规；确保股东在公司经营过程中的合法权益得到充分保护；秉持公开透明的原则，确保公司治理的透明度，使股东能够及时了解公司的决策过程和经营结果；致力于实现公司的盈利目标，为股东创造经济价值；关注企业的可持续发展，确保公司在长期内保持竞争力，为股东创造长期价值。

第三，对消费者的责任。新生代企业家应提供安全、优质的产品和服务，确保所提供的产品和服务符合相关安全标准，不会对消费者的健康造成危害。同时，产品和服务应具备良好的质量，能够满足消费者的需求和期望。应关注消费者对产品的反馈，及时改进和优化产品服务，以提升消费者的满意度和忠诚度。在营销和广告活动中，应遵循诚实信用的原则，不得夸大产品效果或进行虚假宣传。

第四，对员工的责任。新生代企业家有责任确保员工的工作环境安全、健康，包括提供符合安全标准的工作场所、必要的劳动保护设施以及紧急情况下的安全保障措施。应严格遵守国家劳动法律法规，确保员工的合法权益得到保障。同时，应关注员工的身体健康，通过合理安排工作时间、提供健康饮食和必要的体检等方式，保障员工的身体健康。此外，还应注重员工的职业发展和培训，提升员工的职业技能和素质，实现员工的个人价值。

第五，对资源环境和可持续发展的责任。新生代企业家对资源环境和可持续发展承担着重要责任，应关注企业对自然环境的影响，承担起建立可持续发展全球经济的重任，包括合理利用资源、减少污染排放、推广环保技术等多方面内容。新生代企业家还应积极参与环保公益活动，推动环保事业的发展。例如，制定明确的可持续发展计划，将环保理念融入企业运营的各个环节，推动企业向绿色、低碳、可持续方向发展；严格遵守国家环保法规，确保企业运营过程中的环境影响符合法律法规要求；积极采取节能减排措施，降低企业运营过程中的能源消耗和碳排放；加大绿色技术的研发投入，推动技术创新和升级，以降低对环境的影响；积极推广绿色产品，满足消费者对环保产品的需求等。

第六，对共同富裕和社会公益的责任。新生代企业家在推动共同富裕和社会公益方面扮演着重要角色，他们的责任和实践对于社会的和谐与发展具有深远影响。新生代企业家应致力于推动企业的创新发展，提高生产效率，为社会创造更多财富。在企业内部，建立公平合理的薪酬体系，保障员工的合法权益和收入水平。积极参与社会公益事业，通过捐赠、设立公益基金等方式，为社会弱势群体提供经济支持，推动社会的共同富裕。应利用自身的资源和影响力，支持创新项目和社会企业的发展，推动社会经济的转型升级。

第二节 新生代民营企业家成长面临的挑战

当前，伴随着改革开放的春风成长起来的第一代民营企业创始人已开始进入退位期。民营企业已在全国经济中占据半壁江山，新常态下，做好接班的"二代"与创业的青年企业家培养工作，让这些年青一代成长为我国未来私营经济的主要掌舵者，需要对新生代民营企业家成长面临的挑战有着清晰的认识。

民营企业家通常希望子女能够继承自己的事业，但并非所有子女都对家族企业感兴趣，接班也需要具备一定的能力和经验。如果子女对家族企业没有热情或兴趣，或者缺乏相应的能力，那么接班可能会带来较大负面影响。随着市场环境的变化和技术的进步，企业需要不断转型和创新以适应新的发展趋势。如果民营企业家子女无法胜任这一任务，那么企业可能会面临更大的挑战和风险。在这些因素的综合影响下，部分民营企业家选择关闭企业或将企业委托他人经营，不让子女接班。

此外，目前新生代企业家面临的环境远较第一代复杂，经营失败概率更高。当前，世界经济正处于深度调整之中，复苏动力不足，不确定因素增多，我国经济下行压力还在加大，发展中深层次矛盾凸显。同时，我国的民营经济发展也正处在一个艰难的时刻，这个时候，无论是接父辈之班，还是直接创业的新生代企业家，都面临严峻的考验，如何做好民营企业发展的平稳过渡，不仅对企业本身，对整个国家经济的发展，意义也相当重大。

一、来自外部环境的挑战

新生代企业家面临的环境挑战包括宏观经济环境、政策环境、技术环境、社会环境等多个方面。为了应对这些挑战，他们需要不断学习新知识、掌握新技术、关注政策动态和市场需求变化，并积极履行社会责任和推动可持续发展。

（一）逆全球化带来的挑战

全球经济形势复杂多变，贸易保护主义、地缘政治冲突等因素导致经济不确定性增加。国际贸易领域的萎缩、供应链问题以及贸易保护主义政策的抬头，都增加了全球市场的不稳定性。这种不稳定性使得企业的利润空间被进一步压缩，给新生代企业家的经营决策带来了更大的风险。随着市场竞争的日益激烈，新生代企业家需要不断创新和提升自己，以应对来自国内外竞争对手的挑战。

（二）技术发展日新月异

随着技术的飞速发展，许多传统行业正在经历前所未有的转型压力。自动化技术的普及、人工智能和大数据的广泛应用，都在改变着各行各业的工作方式。这些新技术虽然提高了效率，但也使得许多传统的就业岗位面临淘汰。同时，新兴行业的迅速崛起，如新能源、区块链和元宇宙等，也为传统行业带来了极大的竞争压力。这种行业转型与技术革命的挑战，要求新生代企业家必须具备敏锐的洞察力和快速的适应能力，以便在激烈的市场竞争中立于不败之地。

（三）市场竞争日趋激烈

当今商业环境日新月异，新技术、新业态、新模式层出不穷。随着市场经济的发展，各行业内部的竞争日益激烈。新生代企业家需要在这种竞争环境中找到自己的立足之地，应对来自国内、国际市场的挑战。随着社会的进步和消费者观念的转变，企业社会责任日益受到重视。新生代企业家需要承担起更多的社会责任，关注环保、公益、员工福利等方面，实现经济效益和社会效益的统一。

（四）顾客需求个性化

改革开放以来，随着技术进步、投资增加和政策支持，我国生产力快速发展，已经出现产能过剩现象。产品供过于求，消费者对产品和服务的个性化需求日益增强。互联网的普及和信息获取的便捷性，使得消费者能够更加方便地比较和选择符合自己需求的产品和服务。在市场竞争中，如果企业未能提供差异化的产品或服务，就可能被淘汰。

（五）对民营企业的社会认可度

新生代企业家可能面临社会认同不足的问题，这可能与他们年轻、缺乏经验或社会影响力不足有关。他们往往缺乏丰富的管理经验，这可能导致他们在与合作伙伴、投资者或消费者打交道时面临信任问题。社会可能对他们的能力和决策产生怀疑，从而影响企业间的合作机会和市场拓展。与老一辈企业家相比，新生代企业家在社会上的影响力可能相对较小，他们可能需要更多的时间和努力来建立自己的声誉和品牌形象，以获得社会的广泛认可和尊重。

二、来自企业家自身的挑战

新生代企业家健康发展同样会面临来自其自身因素的影响。这些因素主要体现在以下几个方面：

第一，能力与经验的挑战。新生代企业家在接班后，可能面临实际掌控力偏弱、吃苦耐劳精神不够、风险意识不强等问题。这些问题可能导致他们在企业经营管理中遇到困难，无法有效应对市场变化和挑战。很多新生代企业家在接班前缺乏足够的实践经验，对企业运营、市场策略等方面了解不够深入。这可能导致他们在决策时缺乏判断力和执行力，影响企业的健康发展。

第二，个人特质与性格的挑战。新生代企业家通常具备大胆尝试新事物和新想法的特质。这种特质使他们勇于突破传统框架，积极寻求创新机会。然而，过于大胆可能导致决策过于激进，增加企业运营的风险。因此，他们需要在大胆与创新之间找到平衡点，以确保企业的稳健发展。新生代企业家通常具备较强的冒险精神，愿意尝试新的商业模式和市场机会。然而，冒险却可能导致忽视风险管理和控制，增加企业的运营风险。

第三，人际关系处理能力不足的挑战。对于许多新生代企业家而言，人际关系可能是一个相对薄弱的环节。这主要源于他们相对较短的职业经历、有限的社交圈子以及在某些情况下对建立和维护人脉关系的重视程度不足，因此在人脉积累方面可能不如老一辈企业家丰富。人际关系的基石是信任。新生代企业家如果缺乏建立信任的能力，可能难以与合作伙伴、员工等建立稳固的关系，从而影响企业的合作效率和团队协作。

第四，心理健康问题的挑战。新生代企业家往往承载着家族企业的期望和重任，他们从子女身份转变为家族企业的领导者，需要适应新的角色和身份，这一过程可能伴随着压力、焦虑和不安。当新生代企业家将自己与父辈或同辈进行比较时，可能产生挫败感和感受到压力。新生代企业家在经营过程中，因长时间的高强度工作、不确定性和风险，以及对企业成功的期望，承受巨大的压力和挑战，这些都可能对他们的心理健康产生负面影响。此外，他们往往对自己有着较高的期望，希望能够在事业上取得成功，这种自我期望也会转化为心理压力。

三、来自代际传承的挑战

新生代企业家在代际传承过程中面临着多方面的挑战，这些挑战不仅关乎企业的持续发展和家族荣誉，还关系到国民经济的稳定与繁荣。

第一，企业文化与价值观传承的挑战。新生代企业家在接班前，可能对企业的历史、核心价值观、传统等了解不够深入。这可能导致他们在接班后无法准确理解和把握企业文化的精髓，从而难以有效地进行传承。此外，由于新生代企业家成长的时代背景和社会环境与老一辈企业家不同，两者的价值观、经营理念等可能存在差异，这也可能影响到新生代企业家对企业文化的认知和传承。

第二，企业稳定传承与创新发展的挑战。传承与创新是企业发展的两个重要方面，但两者之间往往存在矛盾。新生代企业家需要在传承老一辈企业家的经营理念和价值观的同时，引入新的管理理念和技术手段进行创新。这种平衡需要他们在实践中不断探索和调整。新生代企业家应设定一个清晰、长远的愿景，明确企业发展的方向和目标。这个愿景应既包含对传统的尊重与传承，也包含对未来的创新与探索。

第三，领导力与号召力不足的挑战。新生代企业家可能存在领导力和号召力不足的问题，他们可能难以在复杂多变的市场环境中做出明智的决策。这可能导致企业错失发展机遇，甚至陷入困境。领导力不足还会导致团队凝聚力下降，员工士气低落，团队协作不畅，工作效率低下。号召力不足可能导致员工对企业的愿景、使命和价值观缺乏认同感，从而失去对企业的忠诚度和归属感，导致员工流失率上升，影响企业的稳定发展。

第四，传承意愿与兴趣不足的挑战。部分新生代企业家可能并不愿意继承家族企业，尤其是当他们对父辈从事的传统产业不感兴趣时，他们可能更倾向于在自身所学领域发展。如果新生代企业家对家族企业的历史、文化和价值观缺乏认同感，他们可能不愿意承担传承的责任。如果新生代企业家对企业传承缺乏兴趣，对企业的发展缺乏热情，将导致企业发展动力减弱。在现代社会，新生代企业家可能面临更多的职业选择和创业机会，这些外部诱惑可能让他们对企业传承失去兴趣。

扩展阅读

温州民营企业家二代接班难

几乎每个温州人都能随口讲出几个身边“富二代”不愿接班的故事。比如，陈希邻居的儿子留学毕业后进入香港外资投行工作，薪资优渥，也更适应海外生活方式。父辈几番催促接班无果，最终卖掉工厂，举家迁往香港定居。

更多的“二代”早已习惯了“公子哥”的享乐生活，接班的操劳令他们难以承受。更重要的是，父辈和“二代”之间的处事方式、经营理念存在差异，更是一场权力的斗争。

父辈经营一家汽配厂的李方表示，他和父亲对公司的经营理念南辕北辙。父亲希望能维系好与大型汽车集团的关系，奠定市场地位，多多参加展会拓展客户，但在李方看来，这样的客户订单利润率低，要求又高，应收账款还多，现阶段市场竞争激烈，不如放下身段，有什么客户就先做什么，把钱拿在手里最踏实。

“理念不同，这样我肯定不会接班。”李方表示。此外，他自认生性散漫，大学时就因为不愿受约束选择肄业，此后和朋友还研习过中医、教练技术等。但作为独生子女，如果他不接班，汽配厂要么做到父亲做不动，要么转卖掉。

已经在家族企业任职的徐兵也表示十分痛苦。他说温州不少企业家在60岁、70岁依旧年富力强，在一线掌舵或实际掌权。创一代闯出一番事业，掌控欲很强，又往往认为“二代”生活在温室中，缺少上一代人吃苦奋斗的精神气质，以至于自己什么事都要操心。

家族企业缺少规范的公司治理架构，家庭生活和工作常常掺杂在一起。“明明是汇报工作，但可能因为与孩子的经营理念不同，演变成对工作的全盘否定。面对家人时，很多面对员工不会暴露的脆弱等负面情绪都会展露无遗”。

徐兵说父亲最初是通过家族多位亲戚游说他回家族企业上班的，希望子女不要坐吃山空的出发点是好的，但实际交接中令他身心俱疲。徐兵的姐姐拒绝了父亲给她分股份的提议，宁愿在欧洲过着普通生活。如今，徐兵很是羡慕姐姐。

服装、鞋革、电气、汽配和泵阀是温州的五大传统优势产业。清华大学五道口金融学院全球家族企业研究中心主任高皓在一次媒体访谈中介绍，调查显示，父辈从事传统制造业的家族，下一代接手并延续既有产业的比例约为10%。

北京大学光华管理学院2020年在温州的调研指出，传统制造业由于生产环境相对艰苦、经营利润微薄，还存在“老臣”山头林立的问题，因此，温州很多“二代”不愿继续从事艰苦的制造业，企业的长期发展和永续经营受到挑战，这进一步降低了现存企业投入技术改造和升级转型的意愿及决心。

资料来源：肖望．温州富二代宁做公务员不愿接班：当老板全年无休，有上进心的“死”更快？［EB/OL］．腾讯新闻棱镜，https：//news. qq. com/rain/a/20221229A03BYG00？web_ channel = waptopenAPP = false，2022 - 12 - 29.

第三节 新生代民营企业家成长路径与支持体系

一、提升新生代企业家专业素养与经营能力

新生代企业家通常拥有较高的学历和丰富的知识储备，这是他们成长的重要基础。他们可能在国内或国外知名高校接受过高等教育，具备扎实的专业知识和国际视野。但他们相对老一辈企业家，往往实践经验不够丰富。这要求新生代企业家注重持续学习和培训，不断提升自己的专业素养和管理能力。

第一，提升专业素养。新生代企业家应不断学习新知识，这不仅关乎个人的成长与发展，更直接影响到企业的未来走向。例如，对所接手的行业进行深入的研究，了解行业趋势、政策法规、市场竞争等。通过阅读行业报告、参加专业论坛、与行业专家交流等方式，不断提升自己的专业知识水平。学习现代企业管理理论和方法，如战略管理、人力资源管理、财务管理等。通过实践锻炼，不断提升自己的决策水平。

第二，提升管理能力。新生代企业家在提升管理能力方面，需要采取一系列策略和方法，以确保自己能够有效地领导企业，推动其持续发展。新生代企业家应深入了解企业的历史、现状、发展战略和核心竞争力，并与前辈企业家深入交流，了解他们的管理经验，提升管理水平。此外，还可以通过参加 MBA 课程、管理培训班等途径，系统学习管理理论和方法。

第三，提升沟通能力。有效的沟通不仅能够促进企业内部的信息流通和团队协作，还能增强企业外部的合作伙伴关系和市场竞争力。新生代企业家要了解自己的沟通风格和偏好，明确自己在沟通中的优势和不足。通过反思和评估，不断提升自己的沟通技巧和表达能力。

第四，提升创新能力。好奇心是创新的源泉，新生代企业家应保持对周围世界的好奇，不断提问、探索未知，并寻找答案。要勇于尝试新事物和新技术，不断探索新的商业模式和盈利模式。在尝试新事物的过程中，学会从失败中吸取教训，不

断调整策略和方法。此外，还可以在企业内部营造开放、包容的创新氛围，鼓励员工提出新的想法和创意。

第五，增强爱国情怀与社会责任感。新生代企业家可以通过学习国家的历史和文化，了解中华民族的优秀传统文化和民族精神，培养对国家的深厚感情和认同感。关注国家政治、经济、文化等方面的动态，了解国家的发展战略和政策方向，推动企业的健康发展。积极参与国家和社会组织的公益活动，如扶贫、教育、环保等，用实际行动表达对国家的热爱和支持。将爱国情怀融入企业家精神中，以国家和社会利益为重，积极履行社会责任，为国家的繁荣富强贡献力量。

二、制定和实施新生代企业家的培养和传承计划

培养新生代企业家是一个复杂而长期的过程，需要从多个方面进行规划和引导。

第一，明确培养和传承目标。老一辈企业家要与新生代企业家共同讨论并设定明确的接班目标，例如，明确企业在未来一段时间内的业务发展方向、市场份额、盈利能力，确立企业在组织结构、团队建设、人才培养等方面的目标；明确企业应承担的社会责任，如环保、公益、员工福利目标等。此外，还要向其传达家族企业的愿景和期望，让他理解接班不仅是职位的传承，更是使命和责任的延续。

第二，制定培养和传承计划。根据企业未来的发展方向、核心价值观和长期目标，明确新生代企业家所需的专业技能、领导力、团队协作能力、创新思维和社会责任感等。要制定培养和传承的目标、目的、战略措施、时间表等计划方案，明确培养的方向和重点。当新生代企业家具备一定能力和经验后，逐步赋予他们更多的管理责任和决策权。在他们具备全面管理能力和对家族企业有深刻理解后，正式完成交接工作。

第三，实施培养和传承计划。在实施培养和传承阶段，可能会遇到各种情况和挑战。在此阶段，老一辈企业家要与新生代企业家保持密切沟通，了解他们在实践中遇到的主要挑战和困难，为新生代企业家提供必要的支持，确保他们能够顺利开展工作。新生代企业家要通过参与企业的实际运营和管理，不断积累实践经验，提升经营水平。

第四，完善培养和传承机制。通过定期对新生代企业家的表现进行评估，了解他们的成长情况和存在的问题。建立一个定期评估新生代企业家表现的机制，评估内容应包括他们的专业技能、管理能力、团队协作、领导力等多个方面。可以采用多种评估方式，如自我评估、同事评估、上级评估和客户反馈等，以获得更全面的评价。在培养过程中，根据评估结果，及时总结经验教训，不断完善培养计划和传承机制。

三、加强新生代企业家成长的政治引导和政策支持

（一）政治引导

第一，坚定新生代企业家的政治方向。新生代企业家作为民营经济的接班人，需要坚定正确的政治方向，与党和国家的发展大局保持一致。加强新生代企业家的政治教育，提高他们的政治素养，帮助他们树立正确的世界观、人生观和价值观，增强社会责任感和国家使命感。鼓励他们积极参与社会公益事业，为社会做出更大的贡献。

第二，强化新生代企业家理想信念教育。强化新生代企业家理想信念教育对于塑造他们正确的价值观、提升社会责任感以及推动企业可持续发展具有重要意义。例如，强调诚信、责任、创新、奉献等核心价值观，引导新生代企业家树立正确的道德观念和职业操守。通过案例分析、角色扮演等方式，让他们深刻认识到诚信经营、社会责任的重要性。

第三，提升新生代企业家参政议政水平。这不仅关乎新生代企业家个人的成长与发展，更对社会经济的持续繁荣和国家的长治久安具有重要影响。要加强新生代企业家的政治理论学习，通过举办培训班、研讨会等形式，帮助他们深入了解国家政策法规、政治经济形势等，提高他们的政治觉悟和理论水平。在人大、政协等组织中适当增加新生代企业家的代表名额，为他们提供参政议政的机会和舞台。

（二）政策支持

第一，搭建新生代企业家成长交流平台。新生代企业家成长交流平台旨在促进新生代企业家之间的交流与合作，分享创业经验与管理智慧，提升他们的综合素质和竞争力。同时，平台还应成为政府与企业之间的桥梁，传递政策信息，反映企业需求，为新生代企业家提供更好的发展环境。平台可以邀请创业导师为新生代企业家提供“一对一”的创业指导，帮助他们解决创业过程中的实际问题。此外，还可以举办新生代企业家论坛、研讨会等活动，促进新生代企业家之间的交流与合作。

第二，优化新生代企业家成长的营商环境。良好的营商环境能够激发新生代企业家的创新精神和创业热情，鼓励他们勇于尝试、敢于冒险，推动新技术、新产业、新业态的蓬勃发展。例如，进一步深化“放管服”改革，畅通政企沟通渠道，加强政府与企业的互动交流；持续完善法律法规体系，提高司法效率，保护企业合法权益，降低企业经营成本；不断探索税收制度创新，为企业发展提供更多合理的税收优惠支持。

第三，加强对新生代企业家创业支持。加强对新生代企业家创业支持是推动民

营经济持续健康发展、激发市场活力和创新动力的重要举措。资金方面，政府和金融机构应合作推出针对新生代企业家的创业贷款政策，降低贷款门槛，提供优惠利率，以缓解他们的资金压力。服务方面，政府可以搭建新生代企业家创业孵化平台，为他们提供创业指导、技能培训、项目对接等一站式服务。信息方面，为新生代企业家提供行业动态、政策信息、市场需求等关键信息，帮助他们更好地把握市场机遇。

扩展阅读

温州"青蓝接力"培养行动

从2016年9月起，温州市委统战部、市工商联联合启动了非公有制经济人士"青蓝接力"培养行动。该行动旨在通过多措并举促进"青"（年青一代非公有制经济人士）与"蓝"（老一辈非公有制经济人士）之间的良性互动，以期"青出于蓝而胜于蓝"。温州"青蓝接力"培养行动通过"传帮带"的方式，全方位培养新生代企业家，助力他们健康成长。2016年首批由南存辉、王振滔、邱光和等10名企业家组成的导师团与30名新生代企业家结对，形成了较为成熟的培育模式。近年来，温州不断探索新的培育模式，2019年成立了温州民营经济学院，并开设了"青蓝新学"班，旨在打造年轻一代企业家的教育培养精品模式。此外，温州还启动了青蓝接力"青立方"新质融通行动，通过青年企业家、青年科学家和青年创投家的融合发展，为温州民营经济的创新发展注入青春力量。"青蓝接力"培养行动的主要做法包括：

（一）顶层设计到位，集聚资源打造"温州样板"

一是规范统筹培训计划。市委、市政府出台《关于进一步规范涉企培训培育温州市新时代"两个健康"先行温商队伍的实施方案》，对全市机关、学员、师资等涉企培训资源进行统筹，设立温州民营经济学院，推进打造精品培训班，将"青蓝新学"班作为民营经济学院核心主体班次。二是精选重点培育对象。"青蓝新学"班每期招收学员40人，精心挑选年龄40周岁以下的民营经济统战领域重点人士。现"青蓝新学"已集中培训7次，学员覆盖80%以上在温州具有影响力的家族企业接班"二代"，以及自主创业成效突出的优秀青年企业家。三是强化平台功能设置。发挥促进政企沟通、内外互动平台作用，作为必备课程安排之一，邀请市领导与新生代企业家座谈。由市委统战部副部长、市工商联党组书记担任班主任，全程参与跟班学习，每班设2名机关干部担任联络员。在课程设计上穿插安排与外地浙江商会或在外青年企业家的交流活动，增进内外联动。

（二）内容涵盖广泛，教育培训体现“温州特色”

一是架设红色通道，强化理想信念教育。将民营经济人士理想信念教育植入“青蓝新学”日常教学，依托省、市两级民营经济人士理想信念教育基地加强对年青一代民营经济人士的革命传统教育、党史教育和国情市情教育。二是依托情感属地，强化寻根认同教育。以温州人的情感地标“世界温州人家园”作为集中授课点，将参观世界温州人博物馆、乡情文化教育等作为开班必修课，邀请知名专家向学员讲授温州历史文化、风土人情，增进年青一代企业家尤其是在外温商对家乡的文化认同和精神归属感。三是突出“传帮带”，强化能力提升教育。采取集中授课、实地教学、师生交流、学员互动等新颖灵活的学习方式，精心策划课程。注重发挥企业家导师“传帮带”作用，邀请南存辉、王均豪、王振滔、郭广昌、邱光和等知名企业家与学员面对面交流互动，探讨企业成长的经验和教训，学员反馈受益良多。

（三）运行机制灵活，自主管理彰显“温州活力”

一是“线上”“线下”结合。首创长训班机制，每届班级学习周期 3 年，集中授课与自学相结合，原则上每年安排 3 轮集中学习，每次 3 天左右。在非集训期间，依托班委自主安排学习计划，以分组活动形式自主开展“线下学习管理”。二是学员自主管理。学员自主选举产生班委，分设小组，履行自我管理主体责任。班级同步设立临时党支部，制定班规、学分管理办法等管理制度，班委定期了解学员的学习需求，确定每次集中学习的主题和方向，主动参与课程策划。三是班务会务共建。扩大温州市新生代企业家联谊会覆盖面，引导“青蓝新学”学员入会，优化会员结构。依托市新企联秘书处，实行班务会务共建。秘书处作为班委的具体执行机构，协助做好班务联络、学分统计、班级制度落实等工作。非集中培训期间，“青蓝新学”学员和新企联会员联动开展活动。

（四）品牌效应凸显，创业接班涌现“温州现象”

一是父子同班，实现“青蓝对话”。邀请知名温州本地企业家或在外温商作为企业家导师为学员授课，形成“父子同班”的特殊课堂，提升年青一代企业家与父辈的情感沟通和思想交锋效果，推进企业家代际融合。二是形象统一，打造“青蓝定制”。树立“青蓝新学”品牌形象，设计班级形象标识，从学习用具到生活用品均统一定制。通过广泛应用且辨识度高的标识形象，对外展示温州年青一代企业家的群体形象，同时也增强学员的集体荣誉感和归属感。三是互鉴互促，共塑“青蓝分享”。引导树立主人翁意识，设立“学习分享”固定模块，推选学员代表进行现场分享，分享内容汇编成册；开设“学员微课堂”，每次开课前 30 分钟，由学员代表自选主题讲授自己所熟知的领域和内容；开展学员企业互访，每期安排一定数量的学员企业参观学习，通过学员间的探讨式交流，在思想碰撞中产生新的灵感，相互启发企业经营发展思路。

资料来源：温宣．温州市新生代企业家联谊会：服务"两个健康"致力"青蓝接力"［N］．中华工商时报，2019－12－12.

本章小结

1. 从教育、生活态度和价值观、科技意识和应用能力、社会责任感和公益意识、消费观念和行为、职业观念与工作态度等方面，深入探讨了新生代的共性特征。

2. 分析了新生代企业家的接班现状与特点，其特点包括认知水平领先、注重商业本质、审美与设计意识强烈、敢于创新和尝试、具备国际化视野、有强烈的社会责任意识等。

3. 在新时代背景下，总结了新生代企业家的历史责任，包括对政府的责任、对股东的责任、对消费者的责任、对员工的责任、对资源环境和可持续发展的责任以及对共同富裕和社会公益的责任等。

4. 从外部环境、新生代企业家自身和代际传承三个角度分析了新生代企业家成长面临的挑战。其中，外部环境挑战包括宏观经济环境挑战、政策环境挑战、技术环境挑战、社会环境挑战等。企业家自身的挑战包括个人能力与经验的挑战、个人特质与性格的挑战、人际关系处理能力不足的挑战、心理健康问题的挑战等。代际传承挑战则包括企业文化与价值观传承的挑战、企业稳定传承与创新发展的挑战、领导力与号召力不足的挑战、传承意愿与兴趣不足的挑战等。

5. 在总结新生代企业家的接班现状、特征、面临的挑战的基础上，提出关于新生代企业家成长的路径和支持体系的建议，包括提升新生代企业家专业素养与经营能力、制定和实施新生代企业家的培养和传承计划、加强新生代企业家成长的政治引导和政策支持等。

·关键术语

新生代企业家；代际传承；经营能力；健康成长；社会责任

·思考与练习

1. 简要概述新生代企业家的特点。

2. 简要分析民营企业代际传承要面临哪些挑战。

3. 讨论如何加强对新生代企业家的政治引导。

· 案例分析

泰昌集团的企业传承：传承不守旧，创新不离根

【子承父业：一场家族接班的大考】

2 亿元家族企业的接班人，这一如同爽文小说般的剧情，却在张鹏飞身上真实上演。2003 年 3 月 25 日，一通告知父亲离世的电话将正在北京念书的张鹏飞紧急召回温州。原本计划出国留学的他，被“赶鸭子上架”，仓促接任泰昌集团公司董事长、总裁一职。“我从小就被父亲告知将来要接手企业，但没想到这一天来得如此突然。”这种“非正常接班”让张鹏飞倍感压力，此时的他对于企业的了解仅限于初中毕业时那段短暂的打字员经历。

突如其来的变故，让张鹏飞无法像其他“二代”那样，有一个循序渐进的“传”与“承”过程。为了弥补这一缺口，家中特意聘请了两位老师，一位专门负责传授他经济学知识，另一位则教导他如何为人处世和政府公关。言语之中，张鹏飞毫不掩饰对于那些能够跟随榜样学习的人的羡慕：“既然能够站在巨人的肩膀上，又何必非要从零开始重新走那条老路呢?”然而，正是因为张鹏飞的起点即独挑大梁，他在面对挫折时所展现出的心性，才比那些经受不起挫折的“二代”们更加坚韧。

在权力的交接过程中，张鹏飞逐渐从观察学习过渡到独立掌管企业。他先是作为战略领导小组的成员，深入观察和学习企业的运营模式和决策机制。随着他逐渐成熟，职业经理人逐渐退出领导小组，他开始兼任总经理，并设立三名副总协助管理。此后几年，泰昌的销售额逐年攀升。张鹏飞认为，能够顺利接班主要得益于父亲生前的用心经营。在内部，他建立了“真诚、诚信”的企业文化，培育了一群非常优秀、为人正直的经理人。在外部，他结交了一批仗义的朋友，赢得了一群守信的客商，同时还得到了协会和政府部门的大力支持。正是各方的鼎力帮助和支持，才使得泰昌集团实现了顺利平稳的过渡。这也让他更加深刻地体会到父亲常说的那句话“做事先做人”。无须耳提面命，不知不觉中，父辈的精神早已在他的身上得到传承。

2005 年，张鹏飞带领企业进行重组，将泰昌集团作为集团母公司，下辖六家子公司，均由泰昌集团绝对控股。谈及此举，张鹏飞深情地表示，这原是父亲在世时的期望。展望未来，张鹏飞怀抱着宏大的愿景，期望将泰昌集团塑造成市值超 1000 亿元的业界翘楚，并计划打造一个千亩规模的产业园。“若那一天真的到来，我希望能借助元宇宙的技术，让父亲以独特的虚拟形象在台上发表讲话。这于我而言，将是对父亲最深沉、最真挚的致敬。”

【内外兼修：做高质量发展的"模范生"】

对于张鹏飞而言，继承企业并非终点，而是崭新的起点。他说："老一辈人的创业便是创新，而对我们新一辈来说，创新就等同于创业。"面对守业与创新的双重挑战，他的目标非常明确——不仅要守护父辈积累的财富，更要搭建新生代的"城堡"。乘着中国电力改革的东风，张鹏飞成功打破电力产业发展壁垒，组建起集团公司，并与国家电网、南方电网保持同频共振，持续在高压、超高压、特高压领域实现技术革新，成为全国唯一参与所有电压等级输电线路工程建设的企业。目前，泰昌拥有温州、杭州两大生产基地，9 家一级控股子公司，在职人员 1700 余人，总占地面积 460 余亩，年产值超 40 亿元。进入新时代，泰昌积极参与"一带一路"建设，产品与服务走出国门，进入非洲、东南亚、南亚等三十多个国家和地区。接管泰昌 21 载，张鹏飞以一份卓越的答卷，充分展现了新生代青年的无限潜力与创造力。

尽管取得了显著成绩，张鹏飞依然保持着强烈的危机意识。"随着时代的发展，电力产业的'天花板'已经逐渐显现，我们民营企业要随时以'革自己命'的精神，抓住每个成长的机会。"张鹏飞说，这些年来，他竭尽全力让公司立足于电力产业，活得更加多样化。立足于未来，张鹏飞正持续探索新能源、智能科技、无人机等新兴领域，并加大员工培训投入，为确保企业迎接电力行业下一个"黄金时代"，做好充足准备。

作为中国式管理的积极践行者，张鹏飞在电力行业深耕细作的同时，也致力于传承和弘扬中华优秀传统文化，创办了职工书屋、泰行学堂、泰行茶轩、后浪空间等。踏入泰昌，阔达恢宏、温文祥和、深沉内敛的文化氛围，让人不自觉地沉浸其中，深受感染。张鹏飞坦言，他曾多年致力于目标计划管理系统的研究与实践，并且不断尝试创新，但总觉效果欠佳。直到一次偶然的机会，他结识了一位深谙中国传统文化的老师，在交流探讨的过程中，他才顿悟中国传统文化中蕴藏丰富的管理思想、商业道德和谋略智慧。他特别指出："周易是全球范围内我认为最具有深刻洞见的管理科学。"

此后，张鹏飞不断探索，以礼治企，打造"一观、三人、五心、七情"的"1357"文化体系，应用"节气·二十四力"系统，以文化育人，为企业培根铸魂。时间证明，这条路确实离成功更近。"文化不应被束之高阁，而应融入我们生活的每个角落。"张鹏飞热切呼吁新生代企业家汲取华夏祖先历经千百年实践创造出来的宝贵科学遗产的力量，为"新质生产力"提供文化土壤，打造企业"常青树"。同时，这也将是文化自信最鲜活的注脚。

【同心共赢：践行新时代企业家精神】

从“富二代”到“企二代”，再到“创二代”，张鹏飞身上的标签虽不断更迭，但做一个厚德载物的企业家，办一家永续发展的企业，是他始终不变的初心。多年来，他积极投身于公益事业，善举广泛涉及社会捐助、结对帮扶、抗灾救灾、助医助学以及环境保护等多个领域，个人累计捐赠额高达305.5万元。面对历次急、难、险、重的救灾任务，张鹏飞总能挺身而出。2020年，泰昌集团捐款捐物50余万元，助力防疫抗疫工作。在历年的“山海协作帮扶”“消灭薄弱村”等活动中，泰昌积极结对，为帮扶对象无偿提供资金、信息、技术等，助力贫困村发挥资源禀赋，增强造血功能，以实现脱贫致富，目前已结对13个村社。在企业内部，张鹏飞积极推动“泰爱+”品牌的打造，构建“泰爱+帮扶”平台，助力困难员工及家庭，累计发放帮扶资金150余万元。设立“泰昌集团助学基金”，共帮助110余位员工子女圆大学梦，资助总额达200余万元。“做投资讲回报，做人讲福报。”张鹏飞以实际行动践行着自己的人生信条，不断向社会传递着文明与正能量，与众人携手共创美好未来。

如果说回报社会是企业家应有的责任，那么温州市新生代企业家联谊会会长的身份，则赋予了张鹏飞另一重特殊的使命。在他看来，“传承”二字是联谊会的精髓。“我们的职责就是引导新生代传承温商使命、传承温商精神，也传承温商荣耀。”说到此处，张鹏飞动情地表示：“我自己就是‘青蓝接力’的受益者。但十多年前，我刚接班的时候，尚未有如今天这般优越的条件和平台来培养和扶持新生力量。时光荏苒，我已步入四十岁，可以说是一代人的过渡和桥梁。而在这个新时代，众多‘95后’甚至‘00后’的青年企业家正如雨后春笋般崭露头角，他们充满活力和创新精神。在强城行动新征程下，挖掘和培养这些青年群体显得尤为关键和重要。”

如何凝聚青年企业家力量，助力城市高质量发展？张鹏飞通过溯源“四千精神”找到了答案：“虽然现在创业的模式、形态发生了很大的变化，但是当时那样一种筚路蓝缕、披荆斩棘的创业精神，是永远需要的。面对高质量发展的新时期，困难不会比过去少，挑战也会比过去更复杂。我们不但需要坚定地传承与践行‘四千精神’，更要根据时代的变化，不断提升‘四千精神’的能级。”在立足“四千精神”基础上，张鹏飞提出新生代应探索“共创、共赢、共享、共富”的新生代创业精神。他坚信，这一理念将引领未来产业发展，正如长板理论所强调的，发挥各自优势，才能共同创造更大价值。

作为一家温州企业，无论走得多远、做得多大，根始终在温州。企业经营的最高层次便是与所在的城市长期共存、协调发展。张鹏飞说：“我们这批新生代企业家的发展，不仅关乎自家企业的发展，也事关温州的当下与未来。我们要提升自己，朝着把产品培育成名品、把企业打造成名企、把自己造就成名家的方向去奋力拼搏，实现从'初级创业'到'高端创新'的转变。我期待与同样在经济领域奋斗的温州青年们共勉，用新时代的新作为，为温州再造新优势、再创新辉煌贡献年轻一代企业家最大的智慧和力量。"

资料来源：曹青．张鹏飞：传承不守旧，创新不离根［EB/OL］．温度新闻，2024－05－29.

阅读上述资料，思考下列问题：

1. 张鹏飞在接班过程中面临了哪些挑战，他是如何克服这些挑战的？
2. 张鹏飞如何平衡企业传承与创新的关系，推动泰昌集团的高质量发展？

第四章

民营企业转型升级与创新发展

本章导入

中国经济正经历从高速增长向高质量发展的转型，这一过程中，科技创新的作用愈加突出。过去几十年，依靠资源和劳动力的优势推动的经济模式正在逐步被以创新为驱动的模式所取代。民营企业需通过转型升级与创新发展，不断提升自身竞争力，实现可持续发展。同时，绿色发展已成为全球共识，民营企业作为推动绿色发展的重要力量，需积极响应国家绿色发展战略，践行绿色发展理念，为构建生态文明和美丽中国贡献力量。

本章将围绕数字经济与民营经济转型升级、民营企业创新发展以及民营企业绿色发展三个方面展开深入探讨，具体包括分析数字经济的内涵及其对民营经济转型升级的作用，揭示民营企业创新发展的重要性及面临的挑战，探讨民营企业绿色发展的内涵、意义、挑战及实施策略等，旨在为民营企业提供全面而深入的指导，助力其在新的时代背景下实现高质量发展。

学习目标

（1）知识目标：掌握数字经济内涵、产业升级内涵及数字经济对民营经济转型升级的作用；理解企业创新类型、创新对高质量发展的贡献及民营企业创新发展面临的挑战与应对策略；认识企业绿色发展的重要性、面临的挑战及新机遇，掌握绿色发展实施策略。

（2）能力目标：分析数字经济对民营经济的影响，提出应用策略；规划数字化转型与绿色发展战略，提升决策与规划能力；解决民营企业创新与绿色发展中的具体问题，提升问题解决能力。

(3) 综合目标：培养跨学科知识结构和综合分析能力，理解企业转型升级的全局性；提升创新思维与创新能力，为民营企业发展贡献力量；强化社会责任感，践行绿色发展理念，推动可持续发展。

第一节 数字经济与民营经济转型升级

近年来，互联网、大数据、云计算、人工智能、区块链等新一代信息技术加速创新，日益融入经济社会发展各领域全过程。对产业发展而言，数字化转型已不是"选择题"，而是关乎生存和长远发展的"必修课"。加快数字化转型是把握新一轮科技革命和产业变革新机遇、抢占产业未来制高点的战略选择，也是我国推动制造业高质量发展、加快推进新型工业化的客观要求。作为国民经济重要组成部分的民营企业，在这场数字化浪潮中，既面临着前所未有的挑战，也迎来了转型升级的历史性机遇。数字经济已经成为推动民营企业转型升级的重要力量，引领着企业迈向智能化、高效化、创新化的新时代。

一、数字经济的内涵

（一）数字经济的概念

数字经济是随着信息技术的快速发展而兴起的一种新型经济形态，它以数据资源为关键生产要素，以现代信息网络为主要载体，以信息通信技术的有效使用为推动力，促进效率提升和经济结构优化。数字经济涵盖了数字产业化和产业数字化两大部分，其中数字产业化包括电子信息制造业、电信业、软件和信息技术服务业、互联网行业等；产业数字化则指传统产业应用数字技术带来的生产效率和数量的提升。

（二）数字经济的特征

(1) 数据是数字经济的一种关键生产要素。在数字经济中，数据成了一种新的且非常重要的生产要素，它与土地、劳动力、资本等传统生产要素一样，对经济活动有着决定性的影响。数据是对现实世界客观事物和事件的记录与反映，在数字经济时代，数据是一种关键的生产要素，能极大地推动生产效率的提高。例如，在农业中，通过收集气候、土壤和作物生长数据，可以优化种植方案，提高产量；企业通过分析客户数据，可以更准确地进行市场定位，开发新产品，提高竞争力，通过大数据分析，则能够发现潜在的市场趋势和消费者需求，从而创造新的商业模式和服务；等等。

（2）数字经济增长的核心动力是技术创新。数字经济强调技术的创新和应用，这些技术包括云计算、大数据、人工智能、物联网和区块链等，这些技术的创新发展和应用是数字经济增长的核心动力。其中，云计算的创新发展和应用为企业提供了灵活的计算资源，使企业能够按需扩展，降低 IT 基础设施的成本；大数据分析的创新发展和应用能够帮助企业从海量数据中提取有价值的信息，优化决策；人工智能的创新发展和应用正在改变各行各业，通过更高效的方式替代不需要主观能动性的劳动，极大地提高了生产效率；物联网技术的创新发展和应用使得设备能够相互连接和交换数据，提高运营效率；区块链技术的创新发展和应用提供了一种安全、透明和不可篡改的数据记录方式，为企业的技术创新提供了更加丰富的维度空间。

（3）数字经济是一种融合经济。数字经济不是独立于传统产业存在的，它更强调与传统产业的融合，通过数字技术改造和提升传统产业，实现产业的数字化转型。数字经济与传统产业的融合是一个多维度、深层次的过程，它不仅改变了生产和消费的方式，还促进了经济结构的优化和产业的升级。数字经济作为一种融合经济，其与实体经济的融合主要体现在以下几个方面：①生产方式的融合。数字技术如物联网、云计算等被广泛应用于传统产业，实现生产过程的智能化和自动化。例如，随着智能制造的兴起，通过集成传感器和机器学习算法，生产线能够自我优化，提高生产效率和产品质量。②产品和服务的融合。数字技术使得产品和服务能够实现数字化，提供更加个性化和智能化的用户体验。比如，智能家居产品通过互联网连接，用户可以通过手机应用远程控制家中的电器设备。③产业间融合。电子商务等新模式新业态发展以及产业数字化转型，推动三次产业与产业互联网及相关服务深度融合，进而打破了三次产业间的界限。

（4）数字经济是一种普惠经济和共享经济。普惠经济和共享经济是数字经济的重要特征和优势，它们共同构成了数字经济推动社会公平和资源优化配置的重要机制。普惠经济强调经济发展的成果要惠及更广泛的人群，特别是那些在传统经济模式下难以享受到发展成果的人群。数字经济的发展打破了地域限制，使得偏远地区和弱势群体也能够通过数字平台获取信息和资源，从而缩小地区发展差距，实现更加均衡的发展。共享经济则强调资源的优化配置和高效利用。在数字经济的推动下，人们可以更加便捷地共享和交换闲置资源，如共享单车、共享住宿等，这不仅提高了资源利用效率，还创造了新的经济增长点。

二、产业升级的内涵

产业升级是指产业从低技术水平、低附加价值状态向高新技术、高附加价值状态的演变过程。这一过程主要通过两种资源流动形式实现：一是产业内资源的有序流动，促进生产要素向高效率企业集中；二是产业间资源的有序流通，实现产业结构的均衡化、协调化和高级化。

（一）中宏观层面的产业升级

中观和宏观层面的产业升级可以体现在产业结构调整、产业内部升级和产业融合发展三种典型的产业变化趋势。

（1）产业结构调整。产业结构调整指国民经济中劳动力资源最先从农业部门向工业部门转移，当经济发展到一定阶段以后，劳动力资源再从工业部门向服务业部门转移，最终体现在劳动力就业结构向服务业倾斜。

（2）产业内部升级。产业的内部升级可以分为产业内部的结构优化和特定产业生产效率的提升。制造业产业升级体现在：①传统制造业比例下降，高科技制造业比重提升；②原材料加工产业比例下降，加工装配行业比重提升；③劳动密集型和资源密集型产业比例下降，技术密集型和知识密集型产业比重提升。服务业领域的产业升级体现在现代服务业和生产性服务业在服务业占比的提升，尤其是信息服务业、科学技术服务业、商务服务业、现代物流业、金融业的占比提升。

（3）产业融合发展。制造业发展到一定阶段，制造业和现代服务业，尤其是制造业和生产性服务业的融合发展成为产业升级的主要特征。生产性服务业中的物流、金融、贸易、商务咨询、科技服务、信息技术等可以有效地提升制造业各个经营环节的运营效率，从而提升整个行业生产率。在人力、土地和能源成本快速上升，国际环境日趋复杂以及疫情影响仍在持续的新常态背景下，实现制造业和现代服务业的融合升级尤为迫切。从制造业角度来看，融合升级主要体现在两个方面：一方面，制造企业通过采用数字化、智能化技术，推动组织和生产模式变革；另一方面，制造业企业不断增加服务要素在投入和产出中的比重，从单纯提供产品向提供"产品＋服务"转变。从服务业角度来看，融合升级体现在掌握核心技术、品牌优势、营销渠道的服务企业，可以向服务型制造模式转变，通过委托加工、品牌授权制造、自建工厂等方式，构建以服务业为主导的平台生态体系。

（二）微观层面的产业升级

中观和宏观的产业升级最终体现在众多微观企业的具体经营活动行为上。由此，产业升级的过程也需要从微观经济层面进行阐释。微观视角下的产业升级行为包含四个层次的内容：

（1）产品升级，即通过技术和产品创新，使功能更多、质量更高的新产品替代落后产品。

（2）工艺升级，即用生产效率更高、生产质量更稳定、更具环保性的新生产工艺替代原来的落后工艺。

（3）功能升级，即处于价值链低端环节的制造企业向价值链高端环节攀升，体现在企业从主要从事加工、制造、装配等生产活动，转型到从事产品开发设计、品牌营销、渠道建设等价值链高端环节的活动中。

（4）链的升级，即企业由低级产业链分工转向更高级产业链分工。

三、数字经济对民营经济转型升级的作用

（一）数字化转型有助于降低民营企业各类成本

数字化转型将提高信息标准化和结构化水平，实时监测生产经营风险，改善企业内部控制水平，提高会计信息质量，降低信息披露成本，有助于银行及投资者更为全面地了解企业经营和财务状况，降低信息风险和信用风险，获得更多资金支持，从而降低企业融资成本，缓解融资约束困境。同时，在数字化转型过程中，物联网、云计算等数字基础设施及数字平台能够高质量和高效率地匹配产业链相关企业，减少诸多中间环节，有效降低企业包括搜寻成本、合约成本在内的各类外部交易成本。

（二）数字化转型有助于促进价值链升级

民营企业数字化转型注重利用数字平台改变价值链环节相关企业连接方式，有助于及时掌握企业需求变化，提高产品生产工艺，提高价值链环节联系度和紧密度，深化价值链网络嵌入度。同时，数字化转型也将促进企业，尤其是“专精特新”中小企业聚焦细分专业化产品，进行生产流程再造，促进新模式新业态发展，推进产品升级。此外，数字化转型还将促进民营企业打破时空限制，加速知识溢出效应扩散，有效连接价值链各环节头部企业，形成创新资源共享机制，提高企业自主创新能力，加快向价值链中高端攀升。

（三）数字化转型有助于提高企业韧性

在各种不确定性因素增多的环境下，民营企业需要进一步提升应对各种冲击和挑战的能力。数字化转型将现代数字技术与传统模式进行融合，有助于加强生产、销售和经营等过程的实时监测和感知分析，实现对产业链、供需链各环节可能面临风险的智能化预测，提高内部控制系统的稳健性和灵活性，有效抵御潜在风险的冲击。同时，数字技术与数字应用能够为企业识别外部环境风险提供技术支撑，提高

对外部风险的甄别、感知和处理能力，强化企业抗风险能力。

（四）数据资产化为民营企业创造了新的融资权益

在大数据时代，数据已成为企业获取经济利润的重要源泉。数据资产在企业的生产经营和管理决策中发挥着越来越重要的作用。随着数据资产与传统金融服务的深度融合，诸如数据资产质押融资、数据资产信托等新业态、新模式应运而生，为民营企业提供了更多元化的融资渠道和更低的融资约束。特别是国家推出的数据资源"入表"制度，为民营企业数据资产的资本化交易活动提供了政策支持，为企业的创新发展注入了新的活力。

四、民营企业数字化转型的路径

众多民营企业的实践经验揭示，其数字化转型之路展现出明显的差异化特色，这一过程深受企业所处行业、规模大小、发展阶段、人力资源状况、技术积累及资金实力等多重内部因素的制约。民营企业数字化转型作为一项综合性系统工程，既涵盖转型模式的选择与商业模式的创新，也涉及组织结构的调整与资产管理方式的变革。具体而言，民营企业数字化转型的路径可概括为以下几个方面：

（一）根据企业发展规模与阶段，采取差异化转型策略

在数字化转型的浪潮中，大型民营企业与中小型民营企业各有其转型之道。大型民营企业凭借雄厚的实力，能够有效连接产业链的上下游，其数字化转型需注重"自转"与"他转"的结合，以实现整个产业链的协同发展。大型民营企业一方面应立足自身需求，布局广泛适用的基础信息技术与服务；另一方面，也要关注上下游企业的数字化需求，积极采用专业性强的公共信息技术与服务。相比之下，中小型民营企业因资源有限，往往难以独自承担高昂的转型成本，因此其转型模式更侧重于"他转"带动"自转"。中小型民营企业应紧跟上下游企业的步伐，利用供应链协同的机遇推动自身转型，不断提升各价值链环节的数字化水平，并积极引入大数据、移动互联网、云计算等关键技术。

同时，民营企业还需根据自身的发展阶段等实际情况，制定差异化的转型策略。在数字化转型的初期，企业应着重提升产品质量，通过向网络化、智能化制造转型，为数字化转型打下坚实的质量基础。进入中期阶段，品牌塑造与营销渠道拓展成为关键任务，直接关系到数字化转型的成败。一个有影响力的品牌不仅能为企业带来可观的利润，还能赢得市场的广泛认可与信任。而到了后期，高度整合资源成为核心。民营企业需打造数字化组织，实现组织结构与流程的数字化升级；构建数字化供应链，提高供应链的市场响应速度；搭建数字化研发沟通平台，以解决数据孤岛

问题，确保研发沟通的及时性、高效性与高质量。

（二）以消费者增值为引擎，驱动商业模式创新

在数字化时代，网络空间的拓展与互联网的普及为消费者参与企业商业模式创新提供了无限可能。借助大数据平台，消费者能够融合历史与实时数据，充分发挥主观能动性，为企业商业模式创新贡献智慧。消费者的深度参与使得商业模式创新更加开放、科学且富有成效。

新一代数字技术不仅降低了企业与消费者之间的信息不对称程度，还通过即时交互让消费者更加深入地参与到企业的运营过程中，使分散的消费者会聚成有价值的群体，形成消费者增权。随着消费者增权程度的不断提升，企业与消费者之间的互动变得越发重要，催生了多种新型商业模式。民营企业应充分利用数字网络平台与消费者建立紧密的互动关系，借助大数据技术深入洞察消费者需求，提供更高质量、更符合消费者期望的产品与服务。

商业模式创新的根本动力在于消费者增值，即提升消费者的价值体验。数字化的核心在于高效满足消费者需求，这要求民营企业在研发、设计、采购、生产、包装、营销、物流、售后服务等全价值链环节中，精准对接消费者的隐性需求与个性化需求，实现产品与服务的定制化与差异化。

（三）以提升管理效率为目标，构建敏捷组织

在数字化时代，组织层级间的信息传递要求更加迅速且准确，因此，以扁平化组织逐渐取代传统的科层制组织成为民营企业组织变革的主流趋势。大数据、移动互联网与云计算等技术的快速发展为扁平化组织提供了有力的技术支撑。在扁平化组织中，顺畅的沟通平台与信息传递渠道促进了企业决策模式的创新与管理效率的提升。

为应对数字化转型的必然性与组织进化革命的复杂性，民营企业需构建具有快速反应能力的敏捷组织。敏捷组织以分布式网状结构替代传统的金字塔式结构，以端到端责任取代传统的专业分工。作为学习型组织，敏捷组织具备强大的自我反馈与调整能力，以消费者为中心、客户为驱动，通过高度协作的矩阵型团队高效满足客户需求，为企业创造更大的价值。

构建敏捷组织需关注三大核心要点：一是强调组织的开放性与互联性，打破部门界限，促进跨部门的多维协同；二是激发组织成员的潜能与创造力，构建协同共生的组织体系；三是解决组织管理中的顽疾与痛点，注重决策的长期性与科学性，消除部门壁垒与隔阂，建立统一高效的数据平台与信息共享机制。

（四）资产管理焦点由物理资产转向数据资产

经济形态的更迭伴随着生产要素的变迁。在农业经济时代与工业经济时代，土

地、劳动力、技术及资本等物理资产是民营企业发展的核心要素。然而，在数字经济时代，数据已成为关键的生产要素，民营企业资产管理的重点也随之发生转变，由物理资产逐渐转向数据资产。

在数字化时代，民营企业应将数据视为战略性核心资产，充分发挥数据在组织变革、流程改造与技术提升中的关键作用。具体而言，民营企业应加快数据的流动与共享，盘活沉淀在各业务环节的数据资源；提升数据治理能力，从海量数据中提炼出有价值的信息；深入分析数据背后的逻辑与规律，挖掘用户数据中的商业价值与创新机遇，推动企业实现持续的创新与发展。

第二节 民营企业创新发展

著名经济学家熊彼特（Schumpeter，1934）在其著作《经济发展理论》中指出，创新是经济发展最重要的驱动力，而创新依赖于企业家的"创造性破坏"活动，即创新活动。当前全球经济一体化与信息化高速发展的背景下，民营企业作为市场经济的重要组成部分，其创新发展不仅关乎企业自身的生死存亡，更在推动国家经济增长、优化产业结构、促进社会就业等方面具有不可估量的作用。本节将深入探讨民营企业创新发展的重要性，剖析民营企业创新发展面临的困难和挑战，并提出一系列策略建议，以期为民营企业的持续健康发展提供有益指导。

一、企业创新的概念与类型

（一）企业创新的概念

熊彼特认为，企业创新就是建立一种新的生产函数，也就是说，把一种从来没有过的关于生产要素和生产条件的"新组合"引入生产体系。这种新组合包括 5 种情况：①采用一种新产品或一种产品的新特征；②采用一种新的生产方法；③开辟一个新市场；④掠取或控制原材料或半制成品的一种新的供应来源；⑤实现任何一种工业的新的组织。因此，"创新"不是一个技术概念，而是一个经济概念，它严格区别于技术发明，企业创新是把现成的技术革新引入经济组织，形成新的经济能力。

（二）企业创新的类别

1. 基于创新内容和性质的分类

依据创新所涉及的具体内容和性质，我们可以将其划分为四大核心类型：

（1）产品创新。产品创新指的是开发全新产品或对现有产品进行实质性改进，旨在更好地满足客户需求或解决特定难题。例如，苹果推出的新款智能手表、iPod的革新，以及电视技术从模拟向数字、LED的转型等，均属于产品创新的典范。

（2）工艺（流程）创新。工艺（流程）创新聚焦于产品生产流程、工艺路径及设备的优化与创新，旨在提升生产效率或产品质量。例如，工厂可以通过物联网技术实现设备的远程监控和故障诊断，避免生产中断和降低维修成本。

（3）服务创新。服务创新是指通过引入新的服务方式或改进现有服务，显著提升客户体验。海尔的五星级服务标准、海底捞独具特色的服务模式，均展现了服务创新的魅力。

（4）商业模式创新。商业模式创新是指企业为客户创造价值方式的根本性变革，包括盈利模式、市场策略等方面的调整。比如，滴滴出行通过将移动互联网和大数据技术应用于出行服务，实现了车辆资源的高效调配，改变了传统出行市场格局；贝壳找房利用技术手段，实现了房源信息的一站式服务，提供全面的房产信息和在线交易平台，创新了房地产中介行业的商业模式。

2. 基于创新程度的分类

（1）渐进式创新。渐进式创新是指在原有技术、产品或服务的基础上进行的微小改进或更新。这种创新通常是通过对现有技术或产品的性能、功能、成本等方面进行优化来实现的。渐进式创新是企业保持竞争优势的重要手段，也是推动产业升级的重要途径。

（2）重大创新。重大创新是指对现有技术、产品或服务进行显著但非颠覆性的改变。这种创新通常涉及较大的技术突破或市场变革，能够为企业带来显著的市场竞争优势。例如，电动汽车的出现是对传统燃油车市场的重大创新。它通过引入电池技术和电机驱动系统，实现了零排放和高效能的目标，对汽车行业和能源市场产生了深远的影响。

（3）突破性创新。突破性创新是指在现有技术、产品或服务的基础上进行重大突破，并形成新的技术体系、产品体系或服务体系。这种创新通常是通过重大科学发现、技术发明或制度变革来实现的，能够推动产业革命和社会变革。突破性创新往往具有颠覆性的效果，能够彻底改变行业格局和市场规则。例如，SpaceX公司开创性地开发了可重复使用火箭技术，不仅大大降低了太空旅行的成本，还开创了太空探索可持续发展的新时代。这一突破性创新不仅具有直接的经济影响，还为更频繁、更雄心勃勃的太空探索任务提供了可能。

通过构建一个包含创新类型与创新程度的二维矩阵，我们能够直观且系统地分析企业内部的创新状况。矩阵的横轴代表不同的创新类型，而纵轴则反映创新的程度，从渐进式创新、重大创新到突破性创新不等。这一矩阵不仅有助于我们准确诊断企业的创新现状，还能为提出针对性的改进建议提供有力支撑。

3. 基于创新自主程度的分类

根据创新过程中自主性的强弱，我们可以将创新划分为以下三种类型：

（1）原始创新。这类创新以追求更多的科学发现和原创发明为目标，具有高度的自主性和原创性特征。例如，生成式人工智能不仅能够对输入数据进行处理，更能学习和模拟事物内在规律，自主创造出新的内容。

（2）集成创新。集成创新强调将多种相关技术进行有机融合，以打造出具有市场竞争力的产品和产业。例如，现代智能手机融合了手机、电脑、相机、音乐播放器等多种功能，引入了触控屏技术和 Face ID 人脸识别技术。

（3）模仿创新。这种创新方式在引进技术的基础上进行消化吸收，并在此基础上进行二次创新。虽然其自主性相对较低，但仍是技术追赶和积累的重要途径。

4. 基于创新资源开放程度的分类

根据创新过程中资源的开放程度，我们可以将创新分为封闭式创新和开放式创新两种截然不同的类型：

（1）封闭式创新。封闭式创新指企业依靠内部持续的高强度技术研发获得强大的竞争优势，即企业通过自身基础和应用研究产生新创意和开发新产品，通过内部渠道确保对技术、知识产权的严格控制和垄断，以维持其核心竞争力。该模式对企业研发能力要求很高，一般采用企业中央实验室的形式，如 IBM 的沃森实验室、杜邦的杜邦实验室、施乐的帕洛阿尔托研究中心、惠普的中央实验室等。

（2）开放式创新。开放式创新指企业通过整合外部资源来提升企业的创新能力和竞争力。开放式创新模式的实质是不再明确区分创新源于组织内部还是组织外部，对外部创意和外部商业化推广与内部创意和内部商业化推广给予同等重视。宝洁作为全球跨国企业中开放式创新的实践代表，将"R&D"转化成了"C&D"——Connect & Development，在让"外脑"成为创新来源的同时，也积极把内部的创意向全球释放。

二、创新对高质量发展的贡献

（一）提升资源配置效率，驱动全要素生产率增长

从资源配置的视角审视，科技创新是提升全要素生产率（Total Factor Productivity，TFP）的关键驱动力，对经济高质量发展具有决定性影响。在经济发展的初期，资本与劳动的密集投入是增长的主要源泉，而科技的作用相对有限。中国过往的经

济增长模式便印证了这一点，技术进步和技术效率的贡献相对较弱。然而，随着经济的崛起，特别是信息技术革命的到来，以互联网、区块链、云计算、大数据、人工智能等为代表的新一轮科技革新，正深刻改变着市场环境和资源配置的格局。

科技创新通过优化生产要素的组合，促进了社会分工的深化；通过技术成果转化，提高了经济要素的配置效率；通过淘汰低效企业和僵尸企业，引导资源向高效企业流动。为实现经济高质量发展，需通过制度创新、政策扶持等措施，鼓励高新技术企业成长，支持现有企业技术升级，并为落后企业建立绿色退出机制，确保全要素生产率持续动态提升，为经济发展注入持久动力。

（二）驱动产品和服务的高质量供给

科技作为第一生产力，其发展历程显示，从科学发现到技术产业化周期不断缩短，科学与技术融合趋势增强，发展速度显著提升。这为产品和服务的高质量供给提供了强大的技术支撑，推动了经济高质量发展的动力升级。

科技创新通过市场机制激发企业活力，促进高新技术产业崛起，为经济增长开辟新路径。通过提升科技创新能力，中国有望从制造大国向“智造强国”转变，构建以战略性新兴产业为引领、先进制造业为基础、现代服务业为主体的现代产业体系。

（三）与消费结构升级良性互动

科技创新与消费结构升级之间存在着密切的互动关系。科技创新通过将知识要素转化为生产成果，优化消费结构，满足消费者多样化需求，扩大消费需求，并促进投资增长。同时，消费结构的升级也为科技创新提供了动力，推动了更高水平的科技发展。

随着消费结构的优化，尤其是发展型消费的增加，人力资本质量提高，为科技创新提供了重要支撑。消费总量的增长和消费结构的升级，促使企业不断提升产品和服务的科技含量，推动产业链细化与技术开发，形成了科技创新与消费结构升级的良性循环。

（四）推动经济结构升级与转变发展方式

科技创新是优化经济结构、推动产业升级的关键力量。通过突破性创新和颠覆性创新，科技创新催生了新的产品和服务，形成了新的产业结构。同时，通过渐进型创新，科技创新促进了传统产业的转型与升级，实现了新旧动能的转换。

（五）促进资源节约与环境友好

科技创新对资源与环境的影响不容忽视。通过加大环保科技投入、推广环保技术、发展循环经济，科技创新有助于实现资源节约型和环境友好型社会的高质量发展。同时，通过产业升级和产业结构调整，科技创新推动了低碳经济产业的发展，有助于摆脱对传统资源开发产业的依赖，实现可持续发展。

（六）对社会公平的双重影响

科技创新对社会公平既有积极影响，也存在潜在挑战。科技创新通过增强物质基础、提升技术条件，有助于促进社会公平。然而，技术变迁可能导致的劳动力替代、新兴产业的市场垄断以及科技不当应用带来的风险，也需引起关注。政府应制定相应政策，确保科技创新成果惠及全社会，实现科技与社会公平的和谐发展。

三、民营企业创新发展面临的挑战

（一）创新型科技人才缺乏

成功实现创新的关键是人才，民营企业的创新型管理者与技术人才短缺现象较为严重。创新活动充满风险，民营企业需要结合企业的自身优势与市场发展趋势做出判断，从而决定创新的方向。但是民营企业管理层很少有人进行过企业战略管理学等学科的系统学习，对技术和市场发展的判断与预测能力较为薄弱，对其分配创新资源的合理性产生影响，进而限制了民营企业的创新发展。多数民营企业的一线员工受教育水平偏低影响，仅凭借经验开发新技术，创新周期相对更长，创新效率也较低。同时，民营企业与国有企业、高校及科研机构相比，工资福利、工作稳定性等不具有明显优势，对高技术人才的吸引力较弱，导致很难招聘到合适的创新型科技人才，企业培养的科技人才也有可能会流失。创新型技术人才的缺乏和流失不利于民营企业创新能力的提高，有碍于民营企业的创新发展。

（二）资金支撑不足

创新是从技术研发到实验成功，再到技术商品化的过程，各环节都需要资金作为支撑。其中，技术复杂程度越高的创新活动，创新周期越长，融资需求也更为旺盛。民营企业的内源融资有限，在创新过程中必须依靠外源融资，而民营企业普遍存在融资难、融资贵的现象。中小民营企业的会计过程不规范，降低了其财务报告的可靠性，导致银行等金融机构无法准确评估民营企业的财务状况。而多数民营企业的资产规模、资产流动性及变现能力较弱，仅依靠抵押固定资产不足以获取创新所需的全部资金。银行机构作为民营企业的主要融资渠道，对民营企业的创新金融产品开发力度不足，无法满足民营企业的创新融资需求。

（三）产学研协同无法满足民营企业的创新需求

高校等科研机构往往以实现科研任务为目的，虽然我国科技人员在国际期刊发表论文的数量位居世界前列，但是其研究成果很难直接转化，无法为民营企业生产经营赋能。同时，民营企业与科研机构的合作常以短期的研发项目为基础，民营企业与高校、科研机构形成的协同创新组织较为松散，主体间知识、技术、信息的双向交流深度不够，信息共享存在障碍。信任机制缺乏影响了产学研协同创新的效率。此外，民营企业在产学研协同创新过程中话语权较低，加剧了产学研创新成果与市场需求间的差异。当前，我国科技创新活动多是以国家重大科技项目形式展开，从事基础研究的高校和科研机构成了产学研活动中更具主导权的创新主体，导致产学研的研究成果不能完全满足民营企业的实际需求。若产学研协同创新无法为民营企业带来预期效益，将打击民营企业参与产学研协同的意愿，并对后续合作产生不利影响。

（四）知识产权保护程度仍需提高

知识产权制度激发社会创新活力，支撑实体经济创新改革，促进创新成果普惠大众与服务开放型经济发展，当前正发挥着引领科技自立自强战略方向、优化完善创新机制的积极作用。近年来，我国知识产权建设取得显著成效，知识产权法律体系逐步健全、市场运行机制更为规范、公共服务能力持续增强、司法保护水平有效提高，为企业的研发、制造与营销等创新行为提供了坚实的制度基础。尽管已取得了长足进展，但我国在知识产权保护上与发达国家仍存在着客观差距。此外，在数智时代，新技术、新业态、新模式蓬勃发展，给全球知识产权保护带来了新机遇，也带来了新挑战。例如，在数据知识产权方面，现有知识产权可保护的数据类型极为有限，很多数据因不满足法律要求，无法获得知识产权保护。

（五）逆全球化趋势倒逼企业自主创新

近年来，在贸易保护主义、技术民族主义等因素的驱动下，部分发达国家频繁实施“逆全球化”措施。这对我国开放创新的外部环境造成了较大的负面影响。改革开放 40 多年，我国早已融入全球经济一体化，国外引进成为创新发展的重要技术来源。在国家构建以国内大循环为主体、国内国际双循环相互促进的新发展格局背景下，过去单纯依赖技术引进和学习模仿的模仿式创新逐渐向自主研发和独立创新的高阶模式升级。

四、打造民营企业创新发展的良好生态

（一）强化民营企业知识产权保护

我国应深度挖掘知识产权司法与行政并行保护机制的潜力，紧密结合民营企业创新所展现的技术革新、模式重塑与制度创新的“三位一体”特征，全面加强民营

经济领域知识产权制度架构的建设。这要求不断完善知识产权的认定准则、程序流程以及侵权行为的界定规范，动态调整并优化对新兴领域知识产权的保护范畴、强度及时效性，以确保保护机制与民营企业的创新实践紧密相连。同时，地方层面需积极推进商业秘密保护的创新试点工作，持续探索并丰富保护机制，切实提升保护效能。此外，应充分发挥国家知识产权强国建设跨部门协调机制的统筹作用，集中攻克民营企业在知识产权保护中遭遇的共性难题与瓶颈。

（二）拓宽民营企业创新空间

需精准把握数字时代技术创新的动态特征与未来趋势，坚持发展与安全并重原则，通过实施负面清单管理，推动构建以市场为导向、非禁即入的科技创新激励体系，减少对民营企业创新决策的不必要行政干预。应加快清理招投标中存在的对民营企业构成实质性排斥的条款，确保项目招标过程遵循竞争中性原则，彻底消除民营企业参与国家战略项目的隐性壁垒，并制定具体政策鼓励民营企业承担国家战略任务与重大科研项目。同时，持续优化营商环境，构建公平竞争、平等发展的市场环境，并加大政府采购对创新型民营企业新产品的支持力度，以此发挥引领示范作用，激发民营企业的创新潜能。此外，应鼓励头部平台企业开展探索性创新，并充分发挥其在集群创新中的引领与辐射作用。

（三）出台民营企业创新支持政策

应遵循先立后破的原则，审慎出台可能对行业产生收缩效应的政策，确保经济与非经济性宏观政策目标的一致性，切实维护民营企业的创新积极性。在职称评审、奖项申报、户籍迁移、医疗服务及子女教育等人才政策方面，应对民营企业给予平等对待，降低其人才引进成本，鼓励并支持创新人才向民营企业流动，增强民营企业所需高层次科技人才的稳定感与归属感。同时，应保持税费激励政策的稳定性与连续性，加大对民营企业参展及产品宣传的政策支持力度，确保政策红利能够切实惠及企业，降低其创新投入的成本负担。此外，还应持续推动风险投资市场的健康发展，提升创投市场的专业化水平，为科技型中小企业提供稳定且可持续的资金支持。

（四）营造民营企业创新氛围

应充分利用线上线下多元化的传播渠道，加大对民营企业创新发展的宣传力度，营造鼓励创新、容忍失败、正确理解创新的良好社会舆论环境。鼓励民营企业的代表性企业家与科学家积极发声，既分享成功经验与优势，也坦诚面对挑战、差距与变革。同时，应促进中外企业间围绕技术创新举办高层次论坛与交流活动，扩大民营企业在国际创新舞台上的影响力。通过新闻发布会、现场研讨会等多种形式，及时总结和发布各地在推进民营经济创新发展方面的成功案例和宝贵经验，形成全社会共同参与、共同推动民营企业创新发展的良好氛围。

扩展阅读

浙江温州立法助推民营企业科技创新

新华社杭州2024年2月2日电，温州市十四届人大四次会议2月1日表决通过《温州市民营企业科技创新促进条例》（以下简称《条例》），民营经济重镇温州通过立法，优化民营企业科技创新环境，激发民营企业科技创新活力。

《条例》共六章三十三条，主要包括创新能级提升、创新要素集聚、创新平台建设、创新生态优化等四个方面，明确政府和科技主管部门以及其他有关部门、科协、行业协会等的工作职责。

创新能级提升方面，《条例》提出构建高能级创新体系，形成温州国家自主创新示范区、环大罗山科创走廊、瓯江实验室、世界青年科学家峰会和大孵化集群等“一区一廊一室一会一集群”的创新格局。细化实施企业梯度培育工程，提升科技型民营企业占比，同时将研发相关指标纳入招商引资项目评审评估，优化区域科技创新发展布局。

创新要素方面，围绕民营企业在科技创新中的人才、土地、项目、资金等急难愁盼问题，《条例》提出支持民营企业根据国家、省有关企业职业技能等级认定要求，自主评价认定职业技能人才。发挥政府产业基金引导、放大作用，固化提升温州“科创指数贷”运作模式，鼓励担保、保险等科技金融支持。

温州的小微企业量大面广，且大多聚集在传统产业。《条例》着力推动民营企业科创平台建设，发挥科创平台引擎推动作用。支持民营企业设立内部研发机构，同时鼓励企业组建创新联合体、技术创新联盟。通过引进、优化整合等方式推动设立新型研发机构，支持产业链主导民营企业联合新型研发机构开展协同创新。

在创新生态优化方面，《条例》提出鼓励技术转移转化机构和专业人员队伍建设，支持民营企业创新产品的规模化应用，推动科技创新应用场景建设。同时，构建鼓励创新、宽容失败的科技创新容错机制。

资料来源：新华社，2024年2月2日。魏一骏．浙江温州立法助推民营企业科技创新［N］．人民日报海外版，2024－02－08.

第三节 民营企业绿色发展

在全球环保浪潮的推动下，绿色发展已成为当今时代的主流趋势。民营企业既是推动绿色发展的重要力量，也是治污攻坚的责任主体。从发展情况来看，民营企业数量众多，行业分布广泛，是国民经济的重要组成部分；从创新发展来看，民营企业是绿色技术创新的主力军；从污染治理来看，民营企业在污染物总量减排特别是工业源总量减排方面做出了很大贡献。总的来说，民营企业在推动绿色发展、打好污染防治攻坚战中发挥了重要作用，且还有很大提升空间，可以大有作为。数据显示，目前民营企业排放总量占工业源排放总量的比例仍然保持在较高水平上，很大一部分民营企业存在着技术水平低、环境管理能力弱、发展方式粗放等问题。民营企业绿色发展水平的提高，将有力推动整个国家经济发展质量的提高和生态环境质量的改善。本节将深入探讨民营企业绿色发展的内涵、重要性、面临的挑战、实施策略，旨在为民营企业践行绿色发展理念提供全面而深入的指导。

一、企业绿色发展的概念

（一）绿色发展理念

近代以来，人们为满足自身利益片面追求经济发展而忽视了人与自然之间的和谐，无限制地掠夺式开发不仅造成了大量自然资源的浪费，而且导致了整个生态系统的失衡。在这种发展方式之下，人类尽管在一定时期内极大地推动了经济社会发展，但从整个人类社会发展的历程来看，这种传统粗放高代价的发展方式不仅造成了人与自然之间的价值对立，而且在一定程度上抵消了经济社会发展的成果。党的十八届五中全会首次提出了绿色发展理念，这不仅是对可持续发展理念的新拓展，同时也符合中国特色社会主义生态文明以及美丽中国建设的基本要求。就此，习近平总书记曾明确指出，坚持绿色发展，"必须坚持节约资源和保护环境的基本国策，坚持可持续发展，坚定走生产发展、生活富裕、生态良好的文明发展道路，加快建设资源节约型、环境友好型社会，形成人与自然和谐发展现代化建设新格局，推进美丽中国建设，为全球生态安全作出新贡献"。

在社会生产、生活的各个方面，绿色发展理念要求形成一种清洁的、低碳的、平衡的、循环的、安全高效的发展模式。

（二）企业绿色发展概念

企业绿色发展指企业通过实施绿色经营管理战略，使用绿色生产技术研发或生产绿色产品，实现资源节约和环境友好的目标。

企业绿色发展主要包括三个方面：一是绿色经营管理，主要体现在中小企业积极制定和实施绿色发展战略、推行绿色办公、积极承担绿色责任等；二是绿色技术与产品，主要是中小企业采用绿色技术，生产符合绿色产品标准、能够通过绿色认证的绿色产品；三是节能环保绩效，主要体现在制造业的节能降耗和污染防治两个方面。

二、绿色发展的重要意义

当今的中国比历史上任何时期都更接近、更有信心和能力实现中华民族伟大复兴。但同时，中国的发展面临着更为复杂严峻的环境，推进绿色发展对于应对风险挑战具有重要的现实意义。

（一）绿色发展是经济社会高质量发展的客观要求

绿色发展是当今时代科技革命和产业变革的方向，是最有前途的发展领域，我国在这方面的潜力相当大，可以形成很多新的经济增长点。无论国际还是国内市场，绿色低碳转型都孕育着巨大的经济增长空间。一方面，绿色低碳发展将重构以要素驱动、投资驱动为特征的传统生产模式，转而通过创新驱动助推产业的高端化、智能化、绿色化，形成新的增长点。另一方面，我国有着巨大的传统产业绿色升级改造和绿色消费需求，将催生世界上规模最大的绿色市场，并形成新的产业出口优势。以中国新能源汽车为例，2023 年总销售量达到 949.5 万辆，同比增长 37.9%，市场占有率达到 31.6%，高于上年同期 5.9 个百分点，其中出口 120.3 万辆，同比增长 77.6%，推动中国汽车总出口量首次跃居世界第一。所以，绿色低碳产业在孕育新技术、催生新业态、创造新供给、形成新需求等方面都发挥着巨大作用，为中国经济的高质量发展提供了强大的绿色发展动能。

（二）绿色发展是实现我国能源资源安全的基础保障

能源资源安全事关国家命脉。中国是世界第一的制造业大国，同时也是全球最大的初级产品消费国，原油、天然气、铁矿石等能源资源对外依存度高。按照党的二十大报告部署，为应对这一风险，一方面，要在供给端加强“开源”，加强煤炭清洁高效利用，大力发展核电、水电、风电、光伏、地热能等新能源的开发应用，加快推动能源结构的调整优化；另一方面，要在需求端“实施全面节约战略，推进各类资源节约集约利用，加快构建废弃物循环利用体系”，以缓解能源资源供求缺口的压力，降低进口依赖度和供应保障安全风险，确保经济社会发展进程不因能源资源供给不足而被打断。

（三）绿色发展是满足人民群众美好生活需要的必然选择

良好生态环境是最公平的公共产品，是最普惠的民生福祉，为人民群众提供更多优质生态产品，坚持生态惠民、生态利民、生态为民，是更好满足人民的美好生活需要、使人民群众公平享有发展成果的题中应有之义。所以，无论是国家政策导向，还是各类市场主体，都在积极发展绿色低碳产业，为人民提供更多优质生态产品，努力实现生态保护、经济发展、民生改善的统一，不断增强人民群众的获得感、幸福感、安全感。

（四）绿色发展是中国参与国际治理和构建人类命运共同体的重要举措

加快绿色转型，守护好人类赖以生存的家园，已经成为全球发展共识和各方义不容辞的责任。2020 年 9 月，习近平主席在第 75 届联合国大会一般性辩论上郑重宣布："中国将提高国家自主贡献力度，采取更加有力的政策和措施，二氧化碳排放力争于 2030 年前达到峰值，努力争取 2060 年前实现碳中和。"中国在后续政策制定和行动方案中坚定落实，充分展现了大国担当。中国作为全球生态文明建设的重要参与者、贡献者和引领者的角色更加凸显，其打造利益共生、权利共享、责任共担的全球生态治理格局的倡议得到越来越多国家的认可和响应。

（五）绿色发展是促进企业可持续发展的必由之路

在当今社会，随着全球环境问题的日益凸显和消费者环保意识的不断觉醒，绿色、环保已成为引领市场潮流的新风尚。消费者在选择产品和服务时，不再仅仅关注价格、质量等传统因素，而是越来越倾向于那些能够体现环保理念、符合可持续发展要求的产品和服务。一个积极践行绿色发展理念、致力于环境保护的企业，往往能够赢得消费者的尊重和忠诚，从而在市场竞争中占据有利地位。这一趋势的兴起，为民营企业提供了新的发展机遇和挑战，促使它们加快绿色发展的步伐，以适应市场的变化。

绿色发展，对于民营企业而言，不仅仅是一种应对环境压力的被动选择，更是一种主动拥抱市场、提升品牌价值的战略决策。通过加大研发投入、创新绿色技术，民营企业能够开发出更加环保、节能、低碳的产品，满足消费者对绿色生活的追求。比如，在家居行业，采用环保材料制作的家具、使用低能耗技术的家电产品，正受到越来越多消费者的青睐。在食品行业，有机食品、绿色食品的兴起，也反映了消费者对健康、无污染食品的强烈需求。

此外，绿色发展还有助于民营企业开拓国际市场，参与国际竞争。随着全球环保意识的增强和国际贸易规则的不断完善，绿色壁垒逐渐成为影响企业出口的重要因素。只有那些符合国际环保标准、具有绿色竞争力的企业，才能够在国际市场上立足并发展壮大。因此，民营企业必须加快绿色发展的步伐，提升自身的环保水平和技术创新能力，以应对国际市场的挑战。

三、民营企业绿色发展面临的挑战

（一）绿色投入成本较高

对于民营企业而言，实现绿色发展意味着需要进行一系列的环保投入，这些投入涵盖了引进先进的环保设备、采用环保材料、改进生产工艺等多个方面。然而，这些环保措施的实施往往会在短期内增加企业的运营成本，对于资金实力相对较弱的民营企业来说，这无疑是一个巨大的挑战。

首先，引进环保设备是民营企业实现绿色发展的基础。传统的生产设备往往能耗高、排放大，对环境造成较大的污染。为了降低污染排放，提高资源利用效率，民营企业需要引进先进的环保设备，如高效节能的锅炉、低排放的废气处理设备等。然而，这些设备的购置和安装费用通常较高，对于资金有限的民营企业来说，是一笔不小的开支。

其次，采用环保材料也是民营企业绿色发展的重要一环。环保材料具有低污染、可回收、可降解等特点，能够显著降低产品对环境的影响。然而，环保材料的价格通常高于传统材料，且供应链相对不稳定，这增加了民营企业的采购成本和运营风险。

最后，改进生产工艺也是民营企业实现绿色发展的关键。通过优化生产流程、采用先进的生产技术和管理方法，可以降低能耗、减少废弃物排放，提高资源利用效率。然而，工艺改进需要投入大量的人力和财力进行研发和试验，对于资金实力较弱的民营企业来说，存在较大的困难。

（二）绿色技术创新难度大

对于民营企业而言，绿色发展并非一蹴而就，它要求企业不断进行技术创新，以提高资源利用效率、降低能耗和减少排放。这一过程需要民营企业投入大量的人力、物力和财力，并且伴随着较大的不确定性和风险，对于那些缺乏技术积累和研发能力的民营企业来说，技术创新的难度尤为突出。

首先，在绿色发展的道路上，民营企业需要不断探索和应用新技术、新工艺，以替代传统的高能耗、高排放的生产方式，包括开发更加高效的能源利用技术、优化生产流程以减少资源浪费、研发环保材料等。这些技术创新不仅能够显著提升企业的生产效率，更能在源头上减少对环境的影响，实现经济效益与环境保护的双赢。

其次，绿色技术创新需要企业投入大量的人力、物力和财力进行研发，这对于资金实力有限、技术基础薄弱的民营企业来说，无疑是一个巨大的挑战。一方面，技术研发需要专业的科研团队和先进的实验设备，这些都需要大量的资金投入；另一方面，技术创新的过程往往充满不确定性，研发周期长、失败风险高，这使得许多民营企业在技术创新面前望而却步。

最后，技术创新还需要企业具备强大的学习能力和创新能力。在快速发展的科技领域，新技术、新工艺层出不穷，企业需要不断跟踪行业动态，学习新知识，才能保持技术创新的领先地位。然而，对于许多民营企业来说，由于缺乏技术积累和研发经验，往往难以快速适应技术变革，更难以在技术创新上取得突破。

（三）绿色消费市场需求不确定

在当今全球环保意识逐渐增强的背景下，尽管绿色消费的趋势日益明显，市场需求却仍存在不稳定性和不确定性，这对依赖市场需求生存的民营企业来说，无疑是一个需要谨慎应对的挑战。

首先，消费者对绿色产品的认知度和接受度存在差异。由于教育背景、生活习惯、价值观念等多方面的不同，消费者对绿色产品的理解和接受程度各不相同。一些消费者可能非常注重产品的环保性能，愿意为绿色产品支付更高的费用；而另一些消费者则可能更看重产品的价格和功能，对绿色产品的环保属性不太关注。这种差异导致绿色产品的市场需求呈现出多样化的特点，使得民营企业在生产和销售过程中难以准确把握市场动态。

其次，绿色产品的价格往往高于传统产品。绿色产品在生产过程中需要采用环保材料、引进先进工艺、进行严格的质量控制等，这些都会增加产品的成本，因此，绿色产品的价格通常会比传统产品更高。然而，消费者对于价格的敏感度是普遍存在的，当绿色产品的价格超出消费者的心理预期时，他们可能会选择购买传统产品，从而导致绿色产品的市场需求出现波动。

最后，绿色消费市场的发育程度也会影响市场需求的稳定性。在一些发达国家和地区，绿色消费市场已经相对成熟，消费者对绿色产品的认知度和接受度较高，市场需求相对稳定。但在一些发展中国家和地区，由于经济发展水平、消费者教育程度等因素的限制，绿色消费市场可能还处于起步阶段，市场需求存在较大的不确定性和波动性。

四、民营企业绿色发展的新机遇

（一）绿色金融的支持

随着全球环境保护意识的日益增强，绿色金融作为可持续发展的重要推手，正逐渐在全球范围内兴起并展现出巨大的潜力。绿色金融不仅关注如何促进经济的增长，更强调在增长过程中实现环境、社会与经济的和谐共生。在这一背景下，越来越多的金融机构开始将目光投向民营企业，通过一系列创新的金融工具，如绿色信贷、绿色债券等，为民营企业的绿色发展提供强有力的资金支持，从而有效降低其在环保投入上的成本压力，为民营企业的转型升级和可持续发展开辟了新的路径。

绿色信贷是绿色金融最直接、最广泛的应用形式之一。它是指金融机构向符合环保标准、节能减排、循环经济等绿色项目或企业提供优惠的贷款条件，以鼓励和支持这些项目的实施。对于民营企业而言，绿色信贷不仅意味着更低的融资成本，更重要的是，它为那些有意愿但缺乏资金的民营企业提供了实现绿色转型的契机。通过绿色信贷，民营企业可以引进先进的环保设备，改进生产工艺，减少污染物排放，从而在保护环境的同时，提高自身的市场竞争力和盈利能力。

绿色债券是另一种重要的绿色金融工具，它允许企业通过发行债券的方式筹集资金，专门用于绿色项目的投资。与传统的债券相比，绿色债券在发行时通常享有更低的利率，且能够吸引更多关注可持续发展和社会责任的投资者。对于民营企业而言，绿色债券的发行不仅为其提供了更为多样化的融资渠道，还有助于提升企业的社会形象和品牌价值。通过绿色债券筹集的资金，民营企业可以投入清洁能源、节能减排、生态修复等领域，推动企业的绿色发展和转型升级。

金融机构在推动民营企业绿色发展方面发挥着至关重要的作用。除了提供绿色信贷和绿色债券等金融工具外，金融机构还可以通过设立绿色基金、开展绿色投资咨询等方式，为民营企业提供全方位的绿色金融服务。同时，金融机构还应加强与政府、行业协会、环保组织等各方的合作，共同构建完善的绿色金融体系，为民营企业的绿色发展提供有力的制度保障和政策支持。

绿色金融的兴起为民营企业的绿色发展提供了新的机遇和动力。通过绿色信贷、绿色债券等金融工具的支持，民营企业可以更加积极地投身于绿色发展的浪潮中，为构建美丽中国、实现可持续发展贡献自己的力量。

（二）绿色消费理念不断加强

随着全球环境问题的日益严峻以及消费者环保意识的显著增强，绿色消费已成为一股不可忽视的力量，正逐步引领市场的新风尚。在这一背景下，绿色市场作为连接环保理念与消费行为的桥梁，展现出了前所未有的发展潜力与广阔前景。对于民营企业而言，这既是挑战也是机遇，通过积极开发绿色产品、提供环保服务等策略，不仅能够拓展新的市场空间，寻找新的增长点，还能在激烈的市场竞争中脱颖而出，实现企业的可持续发展。

绿色产品是绿色市场的核心，它们以环保、低碳、可持续为特点，旨在减少对环境的影响，同时满足消费者的基本需求。民营企业应紧跟市场趋势，加大对绿色产品的研发力度，从材料选择、生产过程到包装回收，全方位贯彻绿色理念。例如，采用可再生资源作为原材料，优化生产工艺以减少能耗和排放，设计易于回收或降解的包装材料等。这些举措不仅能吸引越来越多注重环保的消费者，还能帮助企业树立正面的品牌形象，赢得市场的认可与好评。

除了绿色产品，环保服务也是绿色市场的重要组成部分。民营企业可以依托自身技术优势或资源整合能力，为消费者或企业提供节能减排咨询、废弃物处理、环境监测等一站式环保解决方案。通过提供这些服务，企业不仅能够开拓新的业务领域，增加收入来源，还能在实践中不断积累经验，提升环保技术和服务水平，形成独特的竞争优势。

绿色市场为企业提供了一个与消费者建立更加紧密联系和互动的平台。在绿色消费的背景下，消费者更加关注产品的环保属性和企业的社会责任感。因此，民营企业应充分利用社交媒体、线上平台等渠道，加强与消费者的沟通，分享企业的环保理念、绿色产品背后的故事以及为保护环境所做的努力。这种透明、真诚的交流方式，有助于增强消费者对品牌的信任感和忠诚度，从而巩固和扩大市场份额。

绿色市场的快速发展，也为民营企业提升品牌形象和市场竞争力提供了有利条件。通过持续推出高质量的绿色产品和优质的环保服务，企业能够在消费者心中树立起负责任、有担当的企业形象。这种正面的品牌形象，不仅能够吸引更多环保意识强的消费者，还能在行业内树立标杆，引领其他企业共同推动绿色转型，形成良好的行业生态。

综上，面对绿色市场的巨大发展潜力，民营企业应把握机遇，积极行动，通过开发绿色产品、提供环保服务等措施，不断拓展新的市场空间和增长点。同时，在绿色消费的浪潮中，加强与消费者的互动，提升品牌形象和市场竞争力，为企业的长远发展奠定坚实的基础，让自己成为推动社会可持续发展的重要力量。

（三）政府对企业绿色发展支持力度持续加大

在推动国家绿色发展战略的进程中，政府扮演着至关重要的角色。为了加速绿色转型，促进经济与环境的和谐共生，政府精心设计并实施了一系列扶持政策，旨在为民营企业绿色发展铺平道路，提供强有力的支持与保障。这些政策涵盖了税收优惠、资金补贴、技术支持等多个维度，全面激发了民营企业参与绿色发展的积极性与主动性。

税收优惠是政府扶持民营企业绿色发展的重要手段之一。通过对采用环保技术、生产绿色产品、实施节能减排项目的企业给予税收减免或返还，政府有效降低了企业的运营成本。这不仅减轻了民营企业在环保投入上的经济负担，还鼓励了更多企业投身于绿色技术的研发与应用，促进了绿色产业的快速发展。税收优惠政策的实施，使得绿色发展成为一种经济可行的选择，激发了市场活力，推动了绿色经济的繁荣。

资金补贴是一种直接且有效的扶持方式。政府通过设立专项基金、提供贷款贴息、给予项目补助等形式，为民营企业的绿色发展提供资金支持。这些资金不仅可以帮助企业引进先进的环保设备，改进生产工艺，还可以用于绿色产品的研发与市场推广。资金补贴的及时到位，有效缓解了民营企业在绿色转型过程中面临的资金压力，加速了企业的绿色化进程，促进了产业结构的优化升级。

技术支持是政府扶持民营企业绿色发展的重要举措。政府通过搭建技术交流平台、组织专家咨询、提供技术培训等方式，帮助企业获取最新的环保技术信息，提升企业的绿色技术能力。同时，政府还鼓励产学研合作，推动科研成果向企业转化，促进绿色技术的创新与应用。技术支持的加强，不仅提升了民营企业的环保水平，还增强了企业的市场竞争力，为企业的可持续发展奠定了坚实基础。

政府出台的税收优惠、资金补贴、技术支持等政策，并非孤立存在，而是相互补充、协同发力。这些政策的组合实施，为民营企业绿色发展构建了一个全方位、多层次的支持体系。在政策的引导下，民营企业纷纷加大环保投入，积极推行绿色生产，努力实现经济效益与生态效益的双赢。政策扶持的效果显著，不仅推动了绿色产业的快速发展，还促进了整个社会的绿色转型。

（四）国际合作空间不断扩大

面对气候变化、资源枯竭及生物多样性丧失等全球性挑战，任何单一国家都难以独自承担重任，更无法仅凭自身力量实现绿色金融市场的全面繁荣与绿色技术的快速迭代。因此，加强国际绿色合作不仅是环境保护的迫切需求，更是金融创新与全球经济可持续发展的内在要求。国际合作是民营企业绿色发展的重要机遇。通过参与国际环保项目、引进国际先进技术和管理经验，民营企业不仅可以拓展国际市场，提升国际竞争力，还能在环保领域取得显著进展，为企业的可持续发展注入新的动力。同时，国际合作还有助于民营企业更好地融入全球环保体系，与世界各国共同应对环境挑战，实现共赢发展。

五、民营企业绿色发展的实施策略

（一）深化绿色理念，紧跟国家发展战略

国家绿色发展战略倡导全面、深入、广泛的绿色转型，要求企业在生产、经营、管理等所有环节都融入绿色发展理念，推动生产方式与生活方式的绿色化变革。民

营企业作为市场经济的活力源泉，其生产经营活动对环境有着直接且深远的影响。因此，民营企业必须强化绿色文化建设，将绿色理念深植于每位员工心中。通过组织绿色培训、广泛宣传绿色理念、确立绿色行为准则等举措，全面提升员工的环保意识与绿色技能，营造一种人人关心环保、人人参与绿色行动的良好氛围。这不仅有助于减少环境污染、保护生态环境，更能提升企业的社会责任感与公众形象，实现企业与环境的和谐共生。

（二）推动绿色技术创新，提升资源利用效率

民营企业应积极采用先进的绿色技术和设备，对生产工艺进行优化升级，提高能源利用效率，减少污染物排放，实现清洁生产。要加强资源的循环利用，大力推广循环经济模式，充分挖掘资源的再生利用潜力。此外，企业还应加快产业结构调整步伐，积极发展节能环保、清洁能源、绿色建筑等绿色产业，对传统产业进行绿色化改造，提升产业的绿色附加值。同时，积极探索绿色金融、绿色物流等新兴业态，为绿色发展开辟新的空间，注入新的活力。

（三）开发绿色产品，引领市场消费潮流

民营企业应致力于开发绿色产品，这既是对环境负责的具体体现，也是满足消费者绿色需求、提升市场竞争力的有效途径。通过选用环保材料、优化产品设计等方式，降低产品对环境的影响。加大绿色产品的宣传和推广力度，通过多渠道、多形式的营销策略，提高消费者对绿色产品的认知度和接受度。在宣传方面，充分利用社交媒体、网络广告、线下活动等多种渠道，展示绿色产品的环保特性和优势，传递企业的绿色理念。在推广方面，采取试用、折扣、赠品等促销手段，吸引消费者尝试并喜爱绿色产品。此外，还应建立绿色产品认证体系，为消费者提供权威的环保认证标志，增强消费者对绿色产品的信任感和购买意愿。同时，通过宣传和引导，帮助消费者了解绿色产品的价值和意义，培养绿色消费习惯，推动绿色市场的繁荣发展。

（四）加强合作与交流，共同推动绿色发展

民营企业应加强与其他企业、科研机构、高校、行业协会、环保组织的合作与交流，共同推进绿色发展进程。通过参与绿色标准制定、绿色技术研发、绿色项目实施等活动，民营企业可以更好地融入绿色发展大局，共享绿色发展成果。首先，民营企业可以寻求与产业链上下游企业的协同，共同推进绿色供应链管理，优化资源配置，减少环境污染。同时，不同行业的企业也可以探索跨界合作，将绿色理念和技术应用于更多领域，拓宽绿色发展的道路。其次，民营企业应与这些机构建立产学研合作关系，共同开展绿色技术研发，推动科研成果的转化和应用。通过引进

先进的绿色技术和设备，企业可以优化生产工艺，提高资源利用效率，降低生产成本，增强市场竞争力。再次，民营企业应积极参与行业协会的活动，了解行业动态和政策导向，参与绿色标准的制定和实施。通过行业协会平台，企业还可以与其他同行进行经验交流，共同探索绿色发展的新模式和新路径。最后，民营企业应主动与环保组织建立联系，参与其组织的环保项目和公益活动，提升自身的环保形象和社会责任感。

本章小结

1. 数字经济是随着信息技术的快速发展而兴起的一种新型经济形态，它以数据资源为关键生产要素，以现代信息网络为主要载体，以信息通信技术的有效使用为推动力，促进效率提升和经济结构优化。

2. 产业升级是指产业从低技术水平、低附加价值状态向高新技术、高附加价值状态的演变过程。这一过程主要通过两种资源流动形式实现：一是产业内资源的有序流动，促进生产要素向高效率企业集中；二是产业间资源的有序流通，实现产业结构的均衡化、协调化和高级化。

3. 企业创新就是建立一种新的生产函数，把一种从来没有过的关于生产要素和生产条件的“新组合”引入生产体系。创新对高质量发展的贡献包括：提升资源配置效率、驱动产品和服务的高质量供给、与消费结构升级良性互动、推动经济结构升级与转变发展方式、促进资源节约与环境友好以及对社会公平的双重影响。

4. 企业绿色发展指企业通过实施绿色经营管理战略，使用绿色生产技术研发或生产绿色产品，实现资源节约和环境友好的目标。民营企业绿色发展面临着挑战，如绿色投入成本较高、绿色技术创新难度大和绿色消费市场需求不确定。民营企业绿色发展的实施策略包括深化绿色理念、推动绿色技术创新、开发绿色产品和加强合作与交流。

· 关键术语

数字经济；转型升级；创新发展；绿色发展

· 思考与练习

1. 简述数字经济的特征及其对民营经济转型升级的作用。
2. 分析企业创新对高质量发展的贡献，并举例说明。
3. 什么是企业绿色发展？民营企业绿色发展面临哪些主要挑战？
4. 阐述民营企业数字化转型的路径，并讨论其在提高企业韧性方面的作用。
5. 如何理解产业升级的内涵？从中宏观和微观层面分别解释。

· 案例分析

广州立白企业集团有限公司日化行业可回收软包装开发与应用

【企业简介】

广州立白企业集团有限公司（以下简称"立白集团"）是中国民族日化领军企业，创建于1994年，总部位于广州市。集团先后获得"全国先进基层党组织""全国质量标杆""中国质量奖提名奖""中国工业大奖提名奖"等荣誉。

立白集团积极响应习近平总书记"绿水青山就是金山银山"建设生态文明的国家战略，已形成原料、配方、技术、制造、产品上下游绿色全产业链，被世界环保大会授予"国际碳金总奖"，被生态环境部授予"中国环境标志企业优秀奖"，被工业和信息化部评为"工业产品绿色设计示范企业"，广州番禺生产基地获评国家首批"绿色工厂"。

【日化行业可回收软包装开发与应用绿色（低碳）解决方案简介】

1. 创新材料设计，降低洗衣凝珠30%碳排放

洗衣凝珠是绿色洗涤剂，超浓缩的配方设计，使用绿色原料且性能优异，美中不足的是其外包装袋是不易回收再利用的复合材料。为了打造一款全新的绿色洗衣凝珠产品，立白投入资源进行洗衣凝珠可回收包装研发，并优选产业链上游伙伴联合攻关，实现了产品设计到最终回收再利用的完整闭环。

2019年10月，立白集团和陶氏化学正式启动日化洗涤产品可回收包装研究及应用项目，项目内容围绕可回收包装的设计、收集、分类、回收、再应用5个方面开展。2020年9月立白上市了第一款100%可回收的全PE材料的塑料软包装产品。

新材料在凝珠包装上实现了产品外观、印刷效果、光泽度、产品的陈列与可回收性能之间的平衡。消费者调研表明，大部分受访者认为全PE的软包装触感比普通复合袋更软，降低了包装的塑料质感，给消费者带来更加舒适的体验。

此项技术应用于立白洗衣凝珠产品后，获得第三方权威机构TUV莱茵的双易标志认证以及碳足迹认证，应用新材料和新技术的包装比传统的复合袋减少了30%的碳排放。

2. 单一材料塑料软包装解决回收难题

立白集团与全球包装行业最大的原材料生产商——陶氏化学公司进行合作，研究和应用了创新型材料——双向拉伸聚乙烯（TF－BOPE）。与传统聚乙烯薄膜相比，双向拉伸聚乙烯（TF－BOPE）薄膜具有更高的机械性能和材料刚性、更佳的光学和印刷性能，这种材料的特殊性能使其具备更容易回收利用、使用便利性更强的优势。在亚洲市场，立白集团率先推出单一材料的塑料软包装洗涤产品，从设计

源头解决了复合塑料袋不能回收的难题。

【取得的主要成效】

1. 实现塑料软包装闭环使用，促进企业降低碳排放，实现了设计、制造、消费者使用并废弃、回收再造粒为 PCR 以及 PCR 材料再利用的完整的塑料包装循环利用，成功实现塑料软包装的闭环使用，从根本上降低塑料包装废弃及焚烧带来的环境污染及碳排放问题。可回收包装技术在立白产品上推广应用后，立白集团不断加大全价值链减碳行动力度，逐年减少碳排放，总的碳排放量和集团万元 GDP 碳排放量均呈现逐年下降趋势，2021 年相较 2019 年，集团万元 GDP 碳排放量下降 16.88%。

2. 推广绿色设计产品，以实际行动助力行业脱碳，2019 年立白集团获得行业首张“碳足迹”证书，同时主导及参与制定《绿色设计产品评价规范》《家用洗涤剂产品碳足迹等级和技术要求》《碳排放管理体系要求》《碳中和声明规范》等领先的“双碳”标准。立白集团已有 139 个产品被工业和信息化部认定为绿色设计产品，占日化洗涤行业 46.96%。产品中来源于可再生资源的原材料已达 70% 以上，原材料的生物降解度 90% 以上，为消费者提供绿色健康的产品，对降低碳排放，应对全球气候变暖和水体富营养化有重要意义。作为发起减碳友好行动的企业，立白集团还积极参与电商平台绿色专场，多项绿色减碳降碳措施并举，带动行业上下游共同减碳约 6397 吨/年。

3. 可回收软包装带动行业上下游发展

软包装可回收技术的发展促进了行业上下游发展。对于软包装袋的制袋设备厂商来说，因为可回收包装的应用对制袋工艺、可印刷性能及热力学性能提出了不同要求，需要对制袋设备进行升级改造，从而促进厂商对包装设备进行技术开发与升级；对于原料供应商来说，现在可回收包装材质主要包括单一的聚乙烯（PE）和单一的聚丙烯（PP），可以通过不同技术路径来实现回收再利用。如对于单一聚乙烯材质，可回收包装的发展促进上游的聚乙烯膜加工企业投入资金采购新设备，生产 BOPE（双向拉伸聚乙烯）、MDOPE（单向拉伸聚乙烯）等可回收包装薄膜。如黄山永新股份有限公司、广东威孚包装材料有限公司等已投入数千万元采购相关设备，促进了软包装行业迅速发展。

4. 软包装回收为行业技术进步创造契机

日化产品软包装具备较强的可回收改造潜力及环保低碳潜力，可回收包装也是目前软包装行业的热点，是软包装行业从高度分散、高度类同、低利润的竞争局面转入依靠技术走高质量绿色包装发展之路的契机，也是软包装行业上下游包括设备、原料、回收端大发展的契机。国内日化软包装行业由于技术门槛低，数量众多，产能过剩，处于依靠价格竞争、高度同类化竞争的阶段。软包装回收技术发展进步，可促进行业依靠技术提升利润，避免陷入恶性价格竞争，实现行业优胜劣汰。

阅读上述资料，思考下列问题：

1. 立白集团在推动绿色发展方面采取了哪些具体措施？

2. 结合立白集团的案例，谈谈民营企业如何在绿色发展方面发挥更大作用。

第五章

特色产业集群推动
民营中小企业高质量发展

本章导入

中小微企业是我国民营经济的重要组成部分，其高质量发展对于推动经济转型升级和增强市场竞争力至关重要。面对复杂多变的国内外环境，中小微企业仍面临融资难、技术创新不足等诸多挑战。本章深入探讨了特色产业集群在促进民营中小企业高质量发展中的作用，特别是如何利用小微企业园这一平台，通过资源共享、产业链协同和创新能力提升，助力中小微企业的健康成长。浙江等地的成功实践表明，科学规划和政策支持下的小微企业园能够有效促进民营经济的高质量发展。

首先，本章介绍了中小企业特色产业集群的相关概念，包括中小企业特色产业集群的定义，在创新、协调、绿色、开放、共享五大新发展理念下的重点培育方向，强调了中小企业特色产业集群的重要作用。其次，详细分析了传统行业和高技术行业中中小企业特色产业集群的发展路径，并结合浙江的经验，展示了如何通过产镇联动、科学规划等创新实践，有效解决中小微企业发展中的共性问题，推动区域经济的高质量发展。

学习目标

（1）知识目标：掌握产业集群的概念及其集聚效应，理解中小企业特色产业集群的定义、发展背景和重点培育方向，熟悉传统行业和高技术行业中中小企业特色产业集群的发展路径，以及浙江在推动小微企业集聚发展方面的成功经验和创新实践。

（2）能力目标：能够分析和评估不同类型的中小企业特色产业集群的特点和发展阶段，具备识别集群发展中关键问题的能力，并能应用浙江的经验，提出促进小微企业高质量发展的具体策略和措施。

（3）综合目标：能够全面理解中小企业特色产业集群在推动民营中小企业高质量发展中的重要作用，结合实际案例，制定和实施有效的政策和管理方案，促进区域经济的可持续发展，提升中小企业的创新能力、市场竞争力和社会贡献。

第一节 中小企业特色产业集群的相关概念

一、产业集群的概念与集聚效应

（一）产业集群的概念

产业集群（industrial custer），有时简称"集群"，用来定义在某一特定领域（通常以一个主导产业为主）中，大量产业联系密切的企业以及相关支撑机构在空间上集聚，并形成强劲、持续竞争优势的现象。集群具有专业化的特征，其成员企业包括上游的原材料、机械设备、零部件和生产服务等投入供应商，下游的销售商及其网络、客户，侧面延伸到互补产品的制造商，技能与技术培训和行业中介等相关联企业，以及基础设施供应商等。集群还具有地理集聚的特征，产业关联及其支撑企业、相应支撑机构，如地方政府、行业协会金融部门与教育培训机构在空间上集聚，是一种柔性生产综合体，往往代表着区域核心竞争力。

扩展阅读

浙江嵊州"领带之乡"

浙江嵊州传统轻纺工业发达，块状特色经济基础扎实。经过30多年创新发展，嵊州早已崛起为海内外闻名遐迩的"领带之乡"。目前，嵊州共有领带生产、经营企业1000多家，从业人员近5万人，年产领带2.5亿条，占国内生产总量的90%、世界生产总量的70%。在这一特色鲜明的块状经济基础上，产业多元化发展是推进嵊州产业结构升级、提升城市综合竞争力的重要手段。依托产业集聚，根据市场发展要求，在以领带为集群产业优势的基础上，嵊州纺织服装时尚产品涵盖了纺织原料、针梭织服装、丝织服饰、家用纺织、皮鞋箱包等各个行业，门类齐全、内容丰富，涌现出“巴贝”“麦地郎”“雅士林”等6个中国驰名商标。近些年，“可尔”“双利”“全顺”等企业的创新发展，丰富了家居装饰、运动休闲等新型时尚产品的种类，完善了嵊州时尚产业结构。嵊州地方政府牵头创立各种公共服务平台，为中小企业提供发展空间和创新服务，托起整个产业链。嵊州领带产业走上了一条百家争鸣、百花齐放的差异化发展道路。

资料来源：邬莹颖．嵊州领带百花齐放显特色 差异化转型升级促发展［J］．纺织服装周刊，2017（36）．

（二）产业集群的集聚效应

19世纪末，经济学家马歇尔通过对英国小企业产业区的考察指出，经济活动的空间聚集能够带来外部性，有助于节约成本和提高效率。基于现有研究，我们可以将产业集群的集聚效应归纳为四类：中间投入品效应、劳动力市场共享效应、技术与信息扩散效应以及区域品牌效应。这些效应共同作用，促进了集群内企业的协同发展和整体竞争力的提升。

1. 中间投入品效应

许多行业在生产过程中会大量使用中间投入品，如汽车、飞机制造等。中间投入品与最终产品制造企业关系密切，其集聚效应表现在两个方面：一是降低运输成本。同类企业聚集在中间投入品供应商周围，可以大幅减少运输费用，尤其是中间投入品运输费率较高的企业，如不易运输的化工产品。二是降低中间投入品的价格。对于中间投入品所占比重高的行业来说，价格波动对企业盈利的影响较大，中间投入品价格越低，企业的盈利空间就越大。如果同类企业为谋取更低的中间投入品价格而聚集在供应商周围，就会形成集聚效应。这一过程中，中间品供应商在生产中具有规模经济效应是一个重要前提。下游企业的集聚有助于保障中间产品的需求，供应商则充分利用规模经济生产更多的中间产品，而无须担心产品过剩。对于客户而言，供应商不论采取边际成本定价还是平均成本定价，规模经济都有助于降低中间产品的价格。已有很多由中间投入品效应导致集聚的例子，如温州的服装制造产业集群和鞋革产业集群。

2. 劳动力市场共享效应

相对于单个孤立企业对劳动力的需求，同类企业集聚会使当地劳动力市场具有“就业机会集中”“职业培训系统完善”“劳动需求相似”等特征。这些特征会导致劳动力市场的“低搜寻成本”“高就业机会”“劳动技能提升”，形成劳动力市场共享效应。由此，企业通过共享劳动力市场，抵消了淡旺季劳动力成本变动的风险。通过集聚，劳动力在众多企业间自由流动，不仅可以稳定工资，还可以“熨平”各类不确定性的冲击。

3. 技术与信息扩散效应

知识经济和全球化背景下，产业竞争力逐步从过去基于资源禀赋的比较优势向基于创新的竞争优势转变。产业获取竞争力需要持续的创新，而持续创新的一个重要基础，就是依靠本地企业与企业之间、企业与支撑机构之间集聚形成"区域创新系统"，即一个由完善、发达的供应商，有经验、挑剔的客户群，垂直、水平联系的众多企业和各个支撑机构形成的技术创新及扩散的系统。企业集聚通过地理接近和业务紧密联系，加速知识创造与技术扩散，对主导产业创新发挥积极作用。集群的创新能力还取决于学习能力，而学习能力是有"黏性"的，因为一些重要的知识通常具有非正式、隐含的特性，且有效使用正式、编码化的知识需要一些隐含、难以编码化的知识。这种非正式隐含的知识不能和个人、社会及地域背景分开，且难以通过正式的信息渠道传播。尽管知识与信息在全球范围内移动日益加快，但一些重要的知识却具有明显的空间根植性，而集群提供了技术创新与扩散的"摇篮"和途径。

4. 区域品牌效应

产业集群是以区域网络为基础的产业体系，主要特征是其嵌入本土的根植性。正是由于产业集群的根植性属性才逐步形成区域经济发展的独特个性，这种独特个性不断被人们认识、认可和接受并逐步固化下来，成为区域经济的专一性特征，并经过长期的积累和发展凝结为区域经济象征性符号，以至于一个区域就能代表某类商品，如法国的香水、意大利的时装、瑞士的手表、中国的茶叶等。

"区域品牌"与单个企业品牌相比，更形象、直接，是众多企业品牌精华的浓缩和提炼，更具有广泛、持续的品牌效应。相对于产业集群，单个企业的生命周期是相对短暂的，品牌效应难以持续，而集群中的企业遵循优胜劣汰竞争规律，只要不是由于技术或自然资源等外部原因使集群衰退，区域品牌效应更易持久。因此，"区域品牌"对集群内企业是一种珍贵的无形资产。

扩展阅读

晋江运动鞋：从冒牌到名牌的成功嬗变

提起"中国运动鞋服之都"，非泉州晋江莫属。晋江拥有运动鞋服企业 3000 多家，仅运动鞋年产量就高达 10 亿双，占全国产量的 40%，全球产量的 20%，与体育相关产品的产值占据晋江 GDP 的 18.4%。

1983 年，陈埭镇洋埭村的林土秋创办的“洋埭服装鞋帽厂”生产出了第一双晋江系运动鞋，标志着晋江制鞋业的开端；同年，361°最早的前身华丰鞋厂成立；1987 年，特步前身三兴公司成立；1989 年，匹克的前身丰登鞋厂成立；1991 年，丁世忠创立了安踏；1993 年，喜得龙前身九州奔克成立……晋江运动品牌企业靠“贴牌鞋”迅速完成原始资本的积累，生产技术也逐渐居于国内领先水平。1997 年，东南亚金融危机爆发，晋江运动品牌经历大浪淘沙。而后，一场风风火火的“造牌运动”拉开帷幕，仅 1999 年一年时间内，就诞生了数十个运动品牌，安踏、特步、匹克、361°、鸿星尔克、德尔惠、贵人鸟等晋江运动品牌应运而生，一举让“晋江系”成为当地鞋业的代名词。被广为流传的还有当年安踏在央视的一则广告，让同为晋江系的其他鞋企纷纷效仿，央视甚至一度被网友称为“晋江频道”。

2004 年，大红色的“中国鞋都”招牌在新开业的晋江鞋业市场上高高竖起。2008 年，晋江市政府专门出台了《晋江市政府关于扶持中国晋江鞋业城融市繁荣的若干意见》，通过各项优惠政策吸引鞋业企业进入市场，整合产业，进一步发挥鞋业的集聚效应，打造产业集群区域品牌。于是，以龙头企业为引领、中小企业做配套的产业集群逐渐显现成型。2018 年，晋江获评全国唯一的运动鞋服产业知名品牌创建示范区；2019 年，中国运动用品品牌集群在晋江成立。

从冒牌到贴牌再到品牌，晋江运动鞋浴火重生，为区域品牌发展提供了一个鲜活样本。

资料来源：刘荒，李坤晟．晋江品牌之旅：从冒牌货到名牌鞋的嬗变［N］．新华每日电讯，2018－07－13.

二、中小企业特色产业集群概念

（一）中小企业特色产业集群提出背景

在中国的发展实践中，各个地方政府在有关部门的指导和企业界的配合之下，重视与支持发掘和充分发挥产业集群在推进现代化进程中的潜力。通过将中小企业和产业集群概念结合并形成关联性认识可知，中小企业必然是产业集群中最为重要的组成部分。《中华人民共和国国民经济和社会发展第十四个五年规划和 2035 年远景目标纲要》提出，“立足特色资源和产业基础，确立制造业差异化定位，推动制造业规模化集群化发展”。《“十四五”促进中小企业发展规划》提出，“支持各地根据产业发展定位和资源禀赋，围绕产业链培育一批产业定位聚焦、配套设施齐全、运营管理规范的中小企业特色产业集群”。2022 年 5 月，中共中央办公厅、国务院办公厅印发的《关于推进以县城为重要载体的城镇化建设的意见》提出将县城作为重要载体，“发展特色优势产业”，引导县域产业集中集聚发展。

当前，大部分省（区、市）制定了中小企业产业集群相关政策，因地制宜推动中小企业产业集群发展。据不完全统计，各地培育认定的块状经济产业集群示范区、县域特色产业集群、特色小镇等已超过600个，对区域经济发展带动作用日益显现。

（二）中小企业特色产业集群概念

中小企业特色产业集群的划定范围一般为市县级区划，并与乡村振兴密切相关，强调以新发展理念为引领，以中小微企业为主体。中小企业特色产业集群的培育，强调突出集群的特色优势，并以主导龙头产业为中心聚焦配套上下游产业链，最大化提高集群的全要素生产率，形成协同创新的可持续发展模式。

因此，中小企业特色产业集群是以新发展理念为引领，以中小企业为主体，主导产业聚焦、优势特色突出、资源要素汇聚、协作网络高效、治理服务完善，具有较强核心竞争力的中小企业产业集群。定位在县域的中小企业产业集群是促进中小企业高质量发展的重要组织形式和载体，是区域经济的重要组成部分。

（三）中小企业特色产业集群的重点培育方向

围绕创新、协调、绿色、开放、共享五大新发展理念，中小企业特色产业集群重点培育方向包括六个方面：

一是提升集群主导产业优势。精准定位集群主导产业，畅通集群协作网络，增强专业化配套能力，促进大中小企业协同发展，加强优质中小企业梯度培育。二是激发集群创新活力。支持集群建设各类创新设施，开展主导产业大中小企业融通创新、共性技术产学研协同创新，强化知识产权运用和标准研制。三是推进集群数字化升级。加强新型基础设施建设，提升集群数字化管理水平，引导集群企业运用中小企业数字化转型指南及评测指标，提高数字化转型水平。四是加快集群绿色低碳转型。优化集群能源消费结构，推广清洁能源应用，开展节能改造和绿色低碳技术改造，强化资源综合利用与污染防治。五是深化集群开放合作。积极参与"一带一路"建设，深化人才、技术、资本、资源等合作，深度参与国际合作交流并建立风险防控机制。六是提升集群治理和服务能力。加强集群公共服务体系建设，建立"共商、共建、共享、共赢"的集群治理机制，强化中小企业合法权益保护，制定集群培育方案。

三、促进中小企业特色产业集群发展的意义

（一）中小企业特色产业集群是发挥民营企业生力军作用的重要依托

大多数民营企业，尤其是中小民营企业广泛分布于细分领域，是我国经济韧性、就业韧性的重要支撑，既为广大人民群众直接提供大量物质产品和服务，又是吸纳

和调节就业的“蓄水池”。中小企业的集群化特色化发展，能进一步增强中小企业在扩大就业、改善民生、促进创业创新方面的作用。中小企业特色产业集群也是优质中小企业梯度培育体系中的重要组成部分，集群化特色化发展有助于加快中小企业创新能力和专业化水平提升，通过产业集群汇聚生产要素和服务资源，引导中小企业深耕区域特色产业，促进中小企业在资源集聚的土壤中快速成长。

（二）中小企业特色产业集群是县域产业发展的重要支撑

县域是我国国民经济的基本单元，县域经济 GDP 占全国比重近四成，户籍人数超过全国总人口的六成。因此，定位于县域的中小企业特色产业集群对增加就业、提高人民收入和扩大内需具有重要作用。发展中小企业特色产业集群有利于解决县域范围内资源有限的问题，发挥集群在资源整合方面的作用，打造覆盖广、专业强、服务优的中小企业服务网络，缓解企业在资金、供需、人才等方面的困难。同时，有利于促进县域经济高质量发展，充分发挥地方特色产业优势，激发县域经济发展活力，打造县域经济新增长极。

（三）中小企业特色产业集群是构建中国现代产业体系的重要一环

目前我国大型制造业企业的技术水平正在逐步追赶国际先进企业，但中小企业的科技竞争力仍然较弱，在一定程度上造成了我国在制造业整体系统层面的竞争力薄弱。中小企业特色产业集群尤其中小企业高技术产业集群是培育高新技术企业、专精特新小巨人和中小型科技企业的重要载体和容器。集群化发展有助于中小企业在高性能材料、智能芯片、精密器件、新能源汽车动力系统、工业机器人等重点产业链供应链关键环节，形成高水平专业化的配套协作能力，解决“卡脖子”问题，为保障我国产业链安全贡献力量。

（四）中小企业特色产业集群有利于为中小企业纾困解难

在当前复杂多变的经济环境中，中小企业面临着资金短缺、供需不匹配、人才匮乏等多重挑战。可通过搭建中小企业特色产业集群公共服务平台，充分发挥其在资源对接、要素整合、管理服务等方面的优势，为中小企业提供有效的纾困解难途径。首先，在资源对接方面，中小企业特色产业集群通过汇聚各类生产要素和服务资源，为中小企业搭建起与金融机构、供应商、销售渠道等关键环节的对接桥梁。通过集群内部的资源共享和协同合作，中小企业能够更容易地获得融资支持、原材料供应、市场开拓等方面的帮助，从而缓解资金短缺和供需不匹配的问题。其次，在要素整合方面，中小企业特色产业集群能够整合各类创新资源，包括技术、人才、信息等，为中小企业提供全方位的创新支持。通过集群内部的协同创新机制，中小企业能够共同攻克技术难题，提升产品质量和技术水平，增强市场竞争力。同时，集群还能够促进人才流动和知识共享，为中小企业提供源源不断的人才支持。最后，在管理服务方面，中小企业特色产业集群的公共服务平台能够提供专业的管理咨询、法律顾问、财务审计等服务，帮助中小企业规范经营管理，降低运营风险。此外，集群还能够协助中小企业落实各项惠企政策，确保政策红利能够真正惠及企业，为中小企业的可持续发展提供有力保障。

扩展阅读

浙江块状经济

所谓"块状经济"，是指在一定地域范围内集聚形成特色产业优势十分明显的专业化产销基地，并由其带动当地经济和社会发展的一种区域经济组织形式。目前，"一乡一品""一县一业"的"块状经济"已成为浙江经济的一大特色，并在推动浙江县域经济高质量发展中发挥了关键作用。

"八八战略"的重大决策之一便是"进一步发挥浙江的块状特色产业优势，加快先进制造业基地建设，走新型工业化道路"，使推动块状经济成为浙江建设先进制造业基地和走新型工业化道路的重要依托。许多县区将块状特色产业集聚优势作为立县之基、强县之本，通过发挥体制机制、区位和环境优势，推动产业集群向技术密集、资本密集、人才密集的高端产业升级，打造富有区域特色和竞争力的现代化产业集群，成为县域经济高质量发展的主导力量和增长极。例如，柯桥轻纺、海宁皮革、义乌小商品、永康小五金、桐乡羊毛衫、嘉善木业、东阳红木家具、大唐袜业、织里童装、鹿城鞋业、嵊州领带等特色块状经济，均已成为当地经济发展的亮丽名片。这些特色块状经济不仅提升了区域产业的整体竞争力，还带动了相关服务业的发展，促进了产城融合，形成了独特的城镇风貌和发展模式。

第二节 中小企业特色产业集群的发展路径

一、产业集群的发展阶段

（一）传统产业集群发展阶段

传统产业也称传统行业，主要指劳动力密集型的、以制造加工为主的行业，如制鞋、制衣、光学、机械、制造等行业。相较于新兴产业，传统产业的特征主要体现在三个方面：一是产品面对的市场需求比较稳定，收入弹性和价格弹性相对较小，满足的通常是马斯洛需求层次理论中的“塔底”需求；二是生产密集使用土地、劳动、资本等有形要素，技术创新成果应用较不充分，要素组合效率提升较慢；三是在产业链中往往处在“微笑曲线”中间环节，产业内企业之间竞争性较强，产品附加值较小，企业获取的通常是平均利润而非超额利润。

传统产业集群的发展路径大致可以划分为三个阶段：数量扩张阶段、质量提升阶段、研发与品牌创新阶段。每个阶段都基于集群不同的禀赋优势，且在每个阶段跃升的过程中，都伴随着集群衰退的风险。

1. 数量扩张阶段

在这一阶段，基于初级生产要素、地理位置或产业基础条件的优势，中小企业开始在特定空间内集聚。随着上下游生产企业、配套商和贸易商的陆续加入，企业之间通过分工合作和共享生产要素，实现了规模经济，进一步强化了集群的特色优势。集群生产效率的提升使得集群内企业的业绩超过了非集群企业，从而刺激了企业数量和总产量的快速增长。然而，随着企业数量的增加，企业间争抢订单的价格战日益激烈，可能导致“逐底竞争”，引发产品质量危机，进而损害集群声誉，导致市场规模萎缩，企业数量减少，甚至集群消亡。如果集群内的主体能够采取集体合作行动，制止恶性竞争，杜绝不合格产品的生产，集群就能够度过这一危机，顺利过渡到质量提升阶段。

2. 质量提升阶段

进入质量提升阶段，企业开始通过生产高质量或高复杂度的产品提升专业化优势，脱离低质低价竞争，进入高品质细分市场。尽管企业数量可能保持平稳或略有下降，但优秀的中小企业可能通过兼并迅速成长为大企业，提高集群的产业集中度。集群的产值因生产高质量产品而上升。然而，随着产业集群的进一步发展，劳动力、土地等初级生产要素价格上升，集群原有的生产要素优势逐渐消失。这时，集群内企业需要向附加值更高的价值链两端延伸，实现功能升级。但企业资产的专用性和核心能力的刚性可能成为阻碍，导致企业无法消化不断上升的生产成本而被迫外迁，进而削弱集群的竞争力，甚至引发空心化现象。如果集群内企业能够打破经营模式的固化和知识技术能力的锁定，集群就能进一步发展至研发与品牌创新阶段。

3. 研发与品牌创新阶段

在这一阶段，基于高级生产要素的特色优势，集群内企业通过提升研发水平和创建品牌等方式进行升级，实现从价值链低端向高端的演进。尽管企业数量和总产值可能维持在相对稳定的水平，但单位产品的价值和附加值会显著提升。企业开始对外投资建立生产基地，将附加值较低的生产环节转移到生产要素价格较低的地区，同时保留附加值较高的环节，如研发、营销、核心部件生产等。这些外移出去的生产能力会在新的空间上形成新的集群，但仍与迁出地的集群保持供应链、人员和信息知识等方面的密切联系，从而在更大空间上构成供应链集群网络。随着集群内企业生产能力进一步外移，集群中的企业和员工数量可能保持平稳或有所下降，但集群赖以生存的竞争优势已发生根本性的结构变化，转变为以研发、品牌和创新为核心的新模式。

（二）高技术产业集群的发展阶段

高技术产业作为以高新技术为基础的企业集合，专注于高新技术及其产品的研究、开发、生产和技术服务。其主要判定指标包括研发与开发强度（即研发费用在销售收入中的占比）以及研发人员占总员工数的比重。高技术产业涵盖了信息技术、生物技术、新材料技术等关键领域。高技术产业集群的发展路径独具特色，通常由政府主导规划和引进特定高技术企业，并建立一系列集群专业服务机构。

1. 高技术产业集聚区规划阶段

在这一阶段，地方政府基于本地要素优势和国内外产业发展趋势制定产业规划，并通过招商引资吸引相关企业入驻规划园区。这些引入的企业可能包括跨国企业的分支机构、先进地区企业的分部、海归人员创办的新公司等，它们共同形成产业集聚区。然而，此阶段企业间尚未形成明确的关联，园区主要扮演企业集聚地的角色，没有形成真正的产业集群。

2. 高技术产业集群形成阶段

随着跨国企业或先进地区企业吸引其上下游供应商或服务商进入集聚区，地方政府也积极扩链、补链、延链，大量引进符合产业规划的企业，企业数量迅速增加，专业化分工逐渐展开。企业群和服务机构群开始按照价值链分化，形成紧密的上下游联系。同时，归国创业者和工程师的流动促进了隐性知识的传播，社区认同感增强，中小企业高技术产业集聚区逐渐转变为内部联系紧密、全球通道发达的产业集群。

3. 高技术产业集群的成熟阶段

在这一阶段，产业集群的重点逐渐转向本地联结和根植性。外来先进企业的高管和研发人员本地化，集群内外部的知识通道由本土人员建立和维护。中小企业开始衍生，本地非正式交流增加，创新环境改善，知识互动频繁。虽然全球通道的地位相对下降，但集群内高端技术和人才的获取仍依赖全球通道。集群内企业与当地学校、科研院所、行业协会、科技中介机构等开展密切合作，风险投资、审计、猎头等专业服务公司纷纷入驻，基于知识生产和创造的创新服务体系逐步形成，进一步加强了中小企业高技术集群的专业化优势和竞争力。这种发展模式在我国多个高技术产业集群中得到了验证，如张江高科技园区的集成电路产业集群和苏州工业园区的纳米产业集群。

二、传统行业中小企业特色产业集群的高质量发展

（一）数量扩张阶段

在产业集群的初期阶段，地方政府发挥主导作用，负责把控集群的战略发展方向，并积极引进企业，促进产业集聚。地方政府应基于当地产业基础和比较优势，选择适合发展的产业，构建产业链，并扩大本地配套能力，形成功能齐全的中小企业集群。在引进企业时，地方政府应特别关注供应链上的系统集成企业，以带动当地配套企业的发展。随着集群规模的扩大，地方政府应推动建立集群发展促进组织，以应对可能出现的恶性竞争。在集群促进组织的监督和引导下，建立严格的质量监督与检查制度，成立质量检测公共平台，阻止低质量产品的生产，并通过集群宣传、举办博览会以及建立电商网络等方式开拓销售渠道，避免集群衰退。

（二）质量提升阶段

进入质量提升阶段，地方政府与集群促进组织需密切合作，帮助企业实现质量升级，形成集群专业化优势。集群促进组织应向地方政府反映企业诉求，并提出建议，支持地方政府的工作。地方政府负责引进先进技术标杆企业，为企业的技术研发、质量管理以及共性技术的发展提供政策支持。通过优惠政策推动先进企业率先进行智能化改造和数字化转型，赋能传统产业转型升级。同时，树立高质量典型企业，发挥示范作用，着力培育集群内的专精特新企业，带动整个产业集群的升级。在这一过程中，集群促进组织作为地方政府集群升级政策的协助者和执行者，通过招商推介会等方式支持集群品牌建设，宣传产品高质高价的形象。随着生产要素成本上升和资源禀赋变化，集群治理应帮助企业打破经营模式和技术能力的锁定，促进集群功能升级。

（三）研发与品牌创新阶段

在研发与品牌创新阶段，地方政府与集群促进组织应共同创造条件，帮助集群内企业向价值链高端环节延伸。地方政府应引入创新能力强、位于价值链高端环节的标杆性企业，由集群促进组织促进本地企业与引进企业的联结，鼓励知识溢出，带动产业集群发展。同时，引导和鼓励企业建立集群的外部联系，特别是与世界同类先进产业集群的知识通道，使本地集群嵌入全球集群网络。政府应引入和培养高

级人才、专业研发机构以及风投机构等高级生产要素，保持供应链、资金链、人才链的畅通。通过集群促进组织对集群内企业家进行培训，改善和优化产业集群的资源禀赋，确保集群在价值链高端保持竞争力。

三、高技术中小企业特色产业集群的高质量发展

（一）产业集聚区规划阶段

地方政府在制定高技术中小企业特色产业集群的发展规划时，需全面考量当地地理位置、前期产业基础、科教人文环境和技术条件等潜在比较优势，以制定符合当地实际的产业规划。为此，地方政府应成立专门领导小组，明确集群发展路线纲领，包括建立专业工业园区、提供基础设施服务、开展招商引资活动吸引龙头企业入驻等。同时，制定相应的产业政策、税收优惠政策和人才引进计划，以促进生产要素集聚，推动产业集聚区形成。鉴于高技术产业发展路径的不确定性，地方政府应引入更多关联但类型不同的企业，避免同质化陷阱，为集群提供更多发展空间和路径选择机会。

（二）产业集群形成阶段

在产业集群形成阶段，地方政府应依托龙头企业的产业联系和人脉资源，大量引进其供应链的上下游企业以及同类型企业，促进产业集群的快速形成与扩张。为促进集群内企业的有机整合，地方政府应推动建立集群促进组织，帮助企业建立与引入企业的联结，形成紧密的上下游产业链和配套协作关系。随着产业集群发展方向的明确，地方政府需集中政策资源，从海内外引入集群所需的尖端人才，提升本地知识库的数量和质量，并促进知识的本地化传播。同时，以集群促进组织为中心，推动建立产业研究院、行业协会、产业联盟等专业服务机构，加快集群专业化竞争力的形成。

（三）产业集群成熟阶段

在产业集群成熟阶段，地方政府需进一步促进本地企业间的深度联结，推动知识溢出，改善创新创业环境。通过推动本地企业与引入企业之间的股权投资或合资等方式，深化企业间合作。集群促进组织应发挥积极作用，通过会展、企业俱乐部等正式和非正式安排，创建高效的知识传播通道。同时，推动高校、科研院所与集群内企业的联系，建立研发中心、公共检测服务等专业平台，形成集群本地的知识源泉和中心。地方政府还需引入或建立更高端的专业服务机构，如众创空间等孵化器，以降低企业运营成本，增加集群黏性。继续通过高级人才计划和吸引跨国公司研发中心入驻，构建和维护全球知识通道，确保集群能够获取全球产业相关的最新

技术和知识。

以产学研为中心的中小企业高技术产业集群的演化过程与外生型中小企业高技术集群相似，但高校和科研院所是集群的知识来源和驱动力。地方政府和集群促进组织需推动高校、科研院所与企业界的密切合作和知识双向交流，确保科研成果能够适应市场需求，转化为产业集群的生产力。为此，地方政府应鼓励高校、科研院所建立大学工业园，鼓励师生创业，特别是建立技术转化办公室，通过产学研成果转化、原有企业衍生和模仿等多种途径产生新公司，增加集群活力。同时，鉴于初创企业普遍面临融资问题，地方政府需引入专业性服务机构，尤其是头部创投机构，以促进新企业衍生。此外，地方政府和集群促进组织还需帮助集群建立和维护全球知识通道，保持与世界技术高地的知识联系，推动集群持续高质量发展。

第三节 推动小微企业集聚发展的温州经验

浙江经济最大的特色是民营经济，而浙江民营经济的主体是小微企业。在新的时代条件下，浙江把建设小微企业园作为打造民营经济“升级版”的一项重要战略举措来抓，以“企业集聚、产业集群、要素集约、技术集成、服务集中”的“五集”为要求，努力走出一条新型工业化与新型城镇化融合联动发展的新路子。截至2023年底，浙江省已成功规划并获得省级认证的小微企业园达1248座，总面积超过1.2亿平方米，构建了一个强大的产业发展平台。这些园区能够容纳多达8.3万家小微企业，为它们提供规模化和专业化的发展舞台，直接创造了124万个就业岗位，显著推动了区域经济的多元化增长，有效缓解了社会就业压力，为维护社会稳定奠定了坚实的经济基础。在浙江的小微企业园内，企业不仅在规模上实现了集聚，更在质量上实现了飞跃。科技创新与产业升级已成为园区企业发展的核心驱动力。大量企业成功跻身高新技术企业行列，其中，获得国家高新技术企业认证的达4724家，省级“专精特新”企业数量也已增至910余家。此外，177家企业荣获国家级专精特新“小巨人”企业称号。浙江在小微企业园的建设与管理方面进行了一系列创新实践，成功实现了空间布局从分散到集中的转变、成本从高到低的优化，以及发展模式从单一到多元的升级。这些努力不仅优化了资源配置，激发了创新活力，还促进了城乡统筹发展，取得了显著成效。

一、浙江民营小微企业的发展困境

在浙江，民营经济是根基，实体经济是支柱，而小微企业则是源泉。小微企业在浙江经济发展中扮演着重要角色，是财政收入的主要来源和百姓就业创业的基础，对地方经济贡献巨大。要实现实体经济的振兴和赶超发展，必须夯实基础，让这一"源"充分发挥作用。"小"并不意味着"低"，也不等于"散"。在小微企业领域中，清洁型、成长型和科技型的优秀企业居多，具备独特的比较优势。它们不仅是大中型企业的孵化器，还是企业家的摇篮，能够以小博大、以小取胜。小微企业参与的传统产业并不等同于低档低效产业，许多高新高效产业同样与民生密切相关，市场需求也不会消失。因此，需要维护大中小企业协调发展的经济生态，充分发挥龙头企业的引领作用，同时也要重视小微企业在产业链中的配套和基础支撑作用，加快培育现代产业集群，提升整体产业竞争力。

然而，浙江的小微企业发展面临诸多问题和挑战。首先，空间不足。以浙江温州为例，70%以上的小微企业没有自己的厂房，依赖租赁或违章搭建进行生产，发展空间受限。其次，缺乏平台。由于历史原因，工业布局规划滞后，许多小微企业散落在工业园区之外，难以形成集聚效应。再次，规范性不足。小微企业的广泛分布和多样化类型导致消防和安全隐患普遍，管理难度大。最后，配套设施不完善。一方面，小微企业所需的基础设施和公共服务不足；另一方面，经过"三改一拆"后，许多小微企业失去了生产空间，而它们往往是大中型企业的重要配套。

二、小微企业园建设——小微企业集聚发展的"温州样本"

温州早在2013年就计划建设2370万平方米的小微企业园，按照每家小微企业需要1500平方米的生产空间计算，能够为近1.6万家小微企业提供发展空间。小微企业园建设有效地解决了数量庞大的小微企业主体在发展过程中遇到的土地紧缺问题，加快了产业的集聚发展，进一步发挥出块状经济优势，实现资源共享，破解小微企业在技术创新、人才招引、供应链等方面的难题。温州小微企业园建设过程中在建设模式、园区配套、市场调控、政策服务等方面突破创新，形成了"温州样板""温州经验"。

（一）产镇联动

产镇联动是小微企业园建设的指导理念。小微企业园并不等同于以往单一的"标准厂房"，而是新型工业化与新型城镇化良性互动的新载体。浙江省的工业化起源于民间，过去整体上采取了粗放无序和外延扩张的发展模式，这不仅限制了工业化水平的提升，也影响了城镇化的进程和水平。因此，小微企业园的建设不能重走老路，必须改变当前的状况。新型工业化和新型城镇化的建设水准应在这里得到充分体现，并应融入都市气息和现代时尚。这要求小微企业园的建设，按照产镇联动和产城联动的模式进行，确保园区的形态、功能和外观都具备独特的特色，富有美感，并与城镇整体格局相协调、相融合。努力将每个小微企业园都建设成为生产、生活和生态相融合的现代工业园，成为现代工业与现代城乡融合发展的典范。

（二）科学规划

科学规划是小微企业园建设的核心环节，要求统筹考虑空间布局、主导产业、配套设施和公共服务。每个小微企业园的规划设计必须周全细致，充分体现科学性、合理性与实效性。规划上，要正确处理小微企业园与产业集聚区的关系。国家级经济技术开发区、省级产业集聚区及省级工业园区应重点落实大项目、布局大企业和发展大产业，原则上不宜建设小微企业园。规模设定方面，市级小微企业园的建设规模需超过500亩，县级的应在300亩以上，镇级的则应达到约100亩。同时，在空间拓展上，务必降低横向平面密度，提高纵向空间高度，确保容积率尽可能提高，至少要达到2.0以上。产业导向方面，应结合传统优势产业与现代产业集群的培育，充分彰显园区的产业特色，制止低效小微企业的入园，确保发展模式是“小而不散、小而不低”。关于厂房的设计，要根据不同行业和企业的需求进行针对性规划。例如，对重工行业强调牢固性，对轻工行业则应尽量向高层发展。功能配套上，需要同步规划建设办公、生活、环保、信息、研发、监测和物流等公共设施，同时将小微企业园的发展与网络经济结合起来，以保障园区的综合服务功能。

（三）要素保障

一是强化政策保障，先后出台了《关于进一步提升小微企业园建设管理服务水平的十条刚性措施（试行）》《关于推进温州市“百园万企”小微企业园示范引领工程的实施意见》等系列政策文件。二是强化用地保障，坚持扩增量和挖潜力并重，督促各地划出一定比例用地指标，专门用于小微企业园建设，2018—2020年每年保持新增小微企业园用地2000亩以上。三是强化金融保障，制定《关于金融支持小微企业创业园建设的指导意见》，引导各商业银行创新项目开发贷、厂房按揭贷、设备融资租赁等金融产品，给予优惠贷款利率。

（四）集聚发展

要求各地必须紧密结合区域支柱或特色产业，制定园区产业导向，明确园区产业定位，严格制定企业入园标准，并由各地小微企业园工作联席会议办公室负责定期审核小微企业园开发主体上报的拟入驻企业（包括二次交易）情况，确保主导产业企业占园区企业数70%以上，杜绝“四无”企业入园。按照“五集五度”（即企业集聚、产业集群、要素集约、技术集成、服务集中，投资强度、科技高度、税收贡献度、两化融合度、员工文化程度）要求优先安排高成长型企业、科技型企业、小升规、专精特新等7类重点企业入园。同时，针对小微企业园市场供不应求导致的土地出让价格急速上涨的问题，迅速制定了"四限"（限房价、限转让、限自持、限面积）政策，明确未来三年小微企业园建设计划中政府自建自持比例不低于50%，产权开发式小微企业园的最高销售均价不得超过2900元/平方米、最高售价不得超过3900元/平方米，单个企业入园面积最多不超过1.5万平方米，及时有效地稳控了小微企业园市场，小微企业园亩均供地价降幅达到40.1%。

（五）优化运营

一是完善配套服务，明确商务办公、设计研发、食堂、人才公寓和商业中心等基础配套设施建设标准，明确非生产性公共配套建筑面积占总面积的15%～25%。二是推行专业化运营，明确100亩以上园区要建立或引进专业化运营机构，100亩以下园区要实施专业化物业管理。三是实施数字化提升，制定市级数字化园区建设标准，推广智慧园区试点，确保重点园区光纤到园和Wi-Fi全覆盖，借助云计算、云存储、云管理等技术，实现园内人、车、物的数字化管理新模式。

（六）效益导向

制定出台了《温州市小微企业园绩效评价试行办法》，设立优质企业培育、园区规范化管理、公共配套建设等8个评价指标，对小微企业园发展绩效、培育绩效、服务绩效进行全面评价，并根据园区实际情况将园区评为A、B、C、D四档，对园区开展一至五星级评定工作，评选出一批绩效高、配套全、服务好、环境优的高星级园区，进一步发挥示范引领作用，推动小微企业园提质增效。

本章小结

本章详细探讨了特色产业集群在推动民营中小企业高质量发展中的重要作用。通过分析产业集群的概念、集聚效应及其发展路径，我们了解到集群化发展能够显著提升中小企业的生产效率、创新能力及市场竞争力。浙江等地的成功实践证明，科学规划和政策支持下的小微企业园建设，不仅解决了小微企业发展中的共性问题，还有效促进了区域经济的高质量发展。通过案例研究，展示了如何通过产镇联动、科学规划等措施，实现小微企业健康成长。

本章还强调了中小企业特色产业集群的重点培育方向，包括提升主导产业优势、激发创新活力、推进数字化升级和加快绿色低碳转型等方面。通过对传统行业和高技术行业的深入分析，明确了不同发展阶段的特点和地方政府的作用，为相关政策制定者、园区管理者和小微企业提供了宝贵的参考和指导，助力实现区域经济的可持续发展和企业转型升级。

·关键术语

产业集群；集聚效应；中小特色产业集群；小微企业园

·思考与练习

1. 简述中小企业特色产业集群的四个主要集聚效应，并说明这些效应如何促进中小企业的发展。

2. 思考中小企业特色产业集群在推动区域经济高质量发展中的重要意义，并举例说明其在不同行业中的应用。

3. 结合浙江小微企业园的成功经验，分析产镇联动、科学规划、要素保障、集聚发展、优化运营、效益导向对小微企业发展的具体作用。

·案例分析

永嘉泵阀——老产业打开新格局

温州永嘉是“中国泵阀之乡”，其泵阀产业集群入选全国首批中小企业特色产业集群，全县集聚泵阀中小企业3000多家。但近年来，永嘉泵阀产业的危机感却越来越强烈——龙头企业不多、产业基础不强、空间支撑不足，其他地区“追兵”加速逼近。

如何破题？当地政府为永嘉泵阀产业量身定制“一县一策”，该县一方面放开容积率、建筑层数限制，通过地下空间拓展、容积率提升、屋顶光伏铺设等方式进一步提升土地利用率；另一方面大力实施“大梳理、大征地、大起底”专项行动，全面梳理3000多亩地块，确保建设用地指标30%以上用于工业，其中大部分用于泵阀产业发展。

新的土地被腾挪出来，让该县有了大展拳脚的空间。围绕补链强链，永嘉坚持招商引资和增资扩产“双轮驱动”。如今，总投资5亿元的东小森项目正在热火朝天建设，建成后，这里将年产30万台微特电机以及泵用高效节能电动机，永嘉泵阀产业链由此有望补上电机这关键一环。目前，永嘉已经梳理准入泵阀优质增资扩产供地项目14个，其中6个项目已经开工建设。

泵阀产业向现代化转型，数字化是关键变量。永嘉以“产业大脑+未来工厂”为核心业务场景，引进服务机构、加码财政补助，协助企业加快开发建设智能生产管理、生产资源共享、售后服务管理等特色应用场景。在凯泉集团永嘉未来工厂内，新接的订单、原材料库存、工期进度等信息通过MES系统同步传送给了上游铸造企业。上游公司紧跟着调整生产计划，立即开始配料。“双方合作效率越来越高，永嘉未来工厂在生产效率上提高87%。”凯泉集团总经理黄卫宁说。目前，永嘉开展智能化云平台改造的企业已有100余家。

为全面激活泵阀企业增长潜力，永嘉为重点企业建立“一企一档”“一企一策”，为入库企业提供融资服务、诉求化解、科研对接等培育服务，打造具有竞争力的优质企业梯队。截至目前，永嘉共有7家泵阀企业入围国家级专精特新“小巨人”名单，5家泵阀企业入围省级“隐形冠军”名单。得益于与国内外高校合作，国家级专精特新“小巨人”企业——宣达实业集团的高温浓硫酸液下泵、耐海水碟阀、1200摄氏度高温调控阀等高端泵阀设备和流程装备达到世界先进水平，近年来业绩年均增长近20%。

资料来源：戚祥浩，谢甜泉，周渊蓓．永嘉泵阀：老产业打开新格局［N］．浙江日报，2023－02－20（1）．

阅读上述资料，思考下列问题：

1. 永嘉泵阀产业通过哪些具体措施应对龙头企业发展不足和空间支撑不足的问题？这些措施带来了怎样的效果？

2. 数字化转型如何提升永嘉泵阀企业的生产效率和市场竞争力？举例说明其对产业集群的影响是什么。

3. 永嘉应如何进一步推动泵阀产业向高端化、智能化、绿色化发展，政府和企业在这一过程中各自应扮演什么角色？

第六章

新发展格局下民营企业国际化

本章导入

企业国际化是企业超越国界，通过对外直接投资、出口、进口、特许经营、合资、联盟等多种形式，将产品、服务、资本、技术、管理等经济资源和生产要素在全球范围内进行配置和优化的过程。在全球化和信息化的大背景下，中国民营企业正积极融入国际市场，成为推动国家经济高质量发展的关键力量。随着新发展格局的提出，民营企业国际化不仅是企业自身发展的需要，更是国家战略的重要组成部分。这些企业通过全球化思维和本地化创新，不断克服海外市场的挑战，拓展新的市场空间，并与全球合作伙伴共同寻求发展机遇。它们不仅增强了中国企业的国际竞争力，也为全球市场和产业链供应链注入了新的活力。

本章将深入分析民营企业国际化的背景与动因、路径与策略，以及面临的挑战和应对措施，探讨其在新发展格局下的重要性和战略意义。通过本章的学习，读者将全面理解民营企业国际化的深层含义，掌握如何在新发展格局下通过国际化实现企业的持续发展和转型升级。

学习目标

(1) 知识目标：掌握民营企业国际化的内涵，包括背景与动因、主要路径、挑战和应对策略等；理解国际化对民营企业及我国经济高质量发展的战略意义；学习国际化过程中民营企业如何克服挑战。

(2) 能力目标：培养识别和分析民营企业国际化过程中所遇机遇与挑战的能

力。运用所掌握的知识，结合实际案例，评估国际化的成效，并提出有效策略。

(3) 综合目标：加强对于民营企业国际化重要性的认识，拓宽国际视野；通过理论与实践相结合的学习方式，提升解决实际国际化问题的能力；激发参与国际市场竞争的热情，培养具有国际视野和社会责任感的新时代企业家精神。

第一节 民营企业国际化的背景与动因

在 2020 年 4 月 10 日的中央财经委员会第七次会议上，习近平总书记首次提出"新发展格局"这一重大战略决策。它主要指的是**构建以国内大循环为主体、国内国际双循环相互促进的新发展格局**。这意味着我国将更加注重国内市场的发展，同时保持与国际市场的互动和联通，以实现更加均衡和可持续的发展。简而言之，新发展格局是中国适应新发展阶段要求，塑造国际合作和竞争新优势的战略性布局。

在新发展格局下，越来越多的民营企业出于各种背景和动因，开始积极走向世界，开展国际化经营。企业国际化是企业超越国界，通过对外直接投资、出口、进口、特许经营、合资、联盟等多种形式，将产品、服务、资本、技术、管理等经济资源和生产要素在全球范围内进行配置和优化的过程。

一、国内市场饱和与竞争压力加剧

随着国内经济的持续快速增长，众多行业经历了从萌芽到高速发展的历程，市场规模迅速扩大，企业数量激增。然而，随着时间的推移，许多行业逐渐步入成熟期，市场饱和度显著提升，增长空间变得有限。市场饱和度的提升意味着市场中已经存在大量竞争对手，企业难以获得新客户或保持现有客户，这可能导致销售额下降和市场份额减少。价格竞争也随之而来，竞争对手降低产品价格以吸引客户，企业可能被迫降低价格以保持竞争力，导致利润率下降。随着市场准入门槛的降低，越来越多的企业进入某个行业，导致竞争加剧。品牌竞争与市场份额争夺成为企业竞争的重点，使得行业饱和趋势加剧，企业的利润空间被不断压缩。

面对国内市场的饱和与竞争压力，为了寻求新的增长点，民营企业开始积极探索新的发展路径。其中，国际化战略成为众多企业的共同选择。通过国际化，民营企业能够在全球范围内寻找新的商业机会，实现业务的多元化和可持续发展。

这并不与新发展格局相悖。虽然新发展格局强调国内市场的主导地位，但并不是要企业忽视国际市场。民营企业应利用国内大循环的优势，同时在国际市场上寻找新的增长点，拓展海外业务。

二、全球化趋势下的市场机遇

（一）市场拓展

1. 获取更多销售机会

在全球化的浪潮中，信息技术的飞速发展极大地压缩了地理距离，让全球市场变得更加透明和紧密。贸易壁垒的降低、自由贸易协定的签订以及投资保护机制的完善，都为商品、服务、资本及技术的跨国流动提供了更加便利的条件。全球市场已经融合成一个不可分割的整体。面对这一趋势，企业若想在激烈的市场竞争中保持领先地位，就必须具备全球视野，将自身发展置于国际大舞台。

国际化意味着民营企业将不再局限于本土市场，而是能够将触角伸向全球，接触到更多的潜在客户和消费者。国际市场为企业提供了丰富的销售机会，使得企业的产品和服务能够覆盖更广泛的区域，从而极大地扩展了企业的市场规模。这种市场规模的扩展，为企业提供了更多的收益来源，有助于企业实现销售收入的快速增长。

2. 分散单一市场风险

国际化还有助于民营企业分散市场风险，降低对单一市场的依赖。在全球化的经济环境下，单一市场的波动可能会对企业造成较大的影响。而国际化则允许企业将风险分散到多个市场，从而减轻单一市场波动的影响，增强企业的抗风险能力。

3. 传递品牌形象

当民营企业跨越国门，走向国际市场时，它们传递的不仅是产品或服务，更是品牌形象和文化价值。通过国际市场的精心运营，民营企业能够树立起良好的品牌形象，展示企业文化和价值观，增强在国际舞台上的话语权和影响力。这不仅能够扩大企业的市场份额，还能够提高品牌的知名度和美誉度，从而吸引更多的国际客户和合作伙伴，为企业的长远发展奠定坚实基础。这种影响力的提升，不仅有助于企业在国际市场上获得更多的商业机会，还能够为企业带来更多的合作伙伴和战略盟友。新发展格局鼓励民营企业提升技术创新能力，加强品牌建设，提升“中国制造”的国际美誉度。

4. 倒逼自我提升

民营企业国际化为企业提供了一个直接参与到国际市场的激烈竞争与多元合作中的机会。这一过程对于提升企业的国际竞争力和适应能力具有不可估量的价值。在国际市场上，民营企业与国际同行同台竞技，这不仅是对企业实力的一次全面检验，也是推动企业持续进步的催化剂。面对国际市场的严格标准和激烈竞争，民营企业不得不持续学习和改进，努力提升自身的产品质量、服务水平和创新能力。这种不懈的自我提升，一定能使企业在国际竞争中脱颖而出，获得更大的市场份额和消费者的信任。

（二）资源整合

1. 获取自然资源

许多国家（尤其是新兴市场国家）拥有丰富的自然资源。而全球化为民营企业提供了更广泛的资源获取渠道。通过海外投资等方式，民营企业可以直接获取到这些丰富的资源。例如，一些企业在海外开采矿产、石油等自然资源，不仅能保障企业的原材料供应，还能降低生产成本，提高企业盈利能力。同时，这种直接获取资源的方式还可以帮助企业规避国内资源短缺的风险，确保企业的稳定发展。

2. 构建信息网络

国际化促使民营企业构建全球化的信息网络。通过与国际市场的接轨，企业能够更及时地了解到全球市场的需求和变化，从而调整自身的生产和销售策略。全球化的信息网络能够提高企业响应市场需求的速度，提高客户满意度。同时，民营企业也能积极与国际企业开展交流合作，共享资源、分担风险、共同开发新市场，实现互利共赢。这种交流合作有助于企业降低海外市场的运营成本，促进企业的全面提升。

3. 引进先进技术

除自然资源外，民营企业还通过国际化战略获取先进的技术。一些国家的企业在技术创新方面占据领先地位，拥有众多专利和核心技术。通过与这些国际领先企业开展技术合作，民营企业能够及时了解到国际前沿的技术动态，甚至直接接触到先进的技术和设备。这有助于企业加速技术创新和产品升级，提高产品的质量和性能，开发出更具竞争力的产品，快速缩小与国际先进水平的差距。

4. 驱动技术创新

对于民营企业而言，技术引进并非单纯的模仿，而是要在吸收和消化外来技术的基础上进行深层次的二次创新。通过学习借鉴国外的先进技术，民营企业不仅能培养自主研发能力，还能在现有基础上进行改进和创新，逐步构建起拥有自主知识产权的核心科技。这种从"技术依赖"到"技术自立"的转变，能为企业提供更多技术选项，使企业在全球技术发展的浪潮中，实现更高层次的技术创新突破，从而在激烈的市场竞争中保持领先地位。

5. 更新管理理念

国际化不仅为民营企业打开了技术引进的大门，更带来了国外先进的管理理念和方法。这些理念和方法涵盖了战略管理、市场营销、供应链管理、人力资源管理等多个方面，都是国外企业在长期实践中积累的宝贵经验。通过与国外企业的交流合作，民营企业能在借鉴国外先进管理经验的基础上，结合自身实际，形成更具创新力和适应性的管理模式，从而提升自身运营效率和管理水平。

三、国家层面的战略需要

（一）提升我国经济全球影响力

随着民营企业的海外拓展，其在国际市场上的活跃度不断增强，逐步在全球产业链和价值链中占据了重要地位。这些企业凭借优质的产品、卓越的服务以及高效的运营模式，赢得了国际市场的广泛认可，从而推动了我国在全球经济体系中的地位提升。民营企业的国际化发展，使得我国在全球经济中的参与度更深、贡献度更大，这无疑增强了我国经济的国际影响力。

不仅如此，民营企业的国际化还有助于提升我国的国际话语权和规则制定权。在全球经济治理体系中，话语权和规则制定权是衡量一个国家经济实力和国际地位的关键指标。随着我国民营企业的崛起，我国在全球经济规则的制定和国际事务中的发言权变得更加强大，这为我国经济发展创造了更加有利的国际环境，并为我国在全球经济治理中发挥更大作用提供了坚实的支撑。

为此，我国正在努力打造一个更加开放和包容的国际合作环境，为民营企业提供更多的国际合作空间和市场机会，鼓励和引导民营企业“走出去”，参与国际竞争与合作。例如，共建“一带一路”倡议的推进，为民营企业开拓新兴市场提供了重要平台。该倡议旨在促进沿线国家之间的经济合作与交流，推动共同发展和繁荣。通过实施这一倡议，民营企业能获得更多的市场机遇和合作机会，进一步促进我国经济的对外开放和国际合作。

扩展阅读

温州智慧闪耀“一带一路”

对温州人来说，“一带一路”从来不是一种遥远的地理概念，而是一种具象表达，投身其间、探索其间、受惠其间，它可以被触摸，同时也可以被把握。据统计，目前有38万温州人分布在“一带一路”沿线57个国家和地区。2013年至2018年，温州与“一带一路”沿线国家和地区进出口总额达到2770.88亿元；温州企业对沿线国家和地区直接投资额超过30.6亿美元。此外，温州在“一带一路”沿线国家和地区已建设6个境外园区，是全国拥有国家级境外园区最多的地级市；入区企业已达238家，带动当地税收约1.73亿美元。

搭桥铺路，连系世间难至之地

“只有鸟飞不到的地方，没有温州人到不了的地方”。温州人在“一带一路”建设中的表现，是这句话最好的佐证。如果这个世界有难至的角落，那就修一条路，建一座机场。

始于乌鲁木齐，直通哈萨克斯坦的一条公路，已成为连接中哈两国的一座“桥梁”。每天来来往往的车辆通行在这条新哈班线上，很少有人知道这条公路隶属德新交运，其控股股东正是温企德力西。早在2001年，德力西响应西部大开发的号召拉开投资新疆的序曲，如今在这块热土上，他们业已成为“一带一路”的运输巨头。目前，德新交运拥有各类营运车辆近500辆，国内客运班线112条、国际客运班线11条，年客运量近500万人次，货运量1.2万吨，平均日发班次115班以上。2017年1月5日，德新交运在上交所上市，成为“一带一路”沿线企业发展的成功典范。

在印度尼西亚苏拉威西岛，青山钢铁为了方便员工和客商进出青山工业园，投资兴建了园区机场。该机场位于印尼中苏拉威西省莫若瓦利县，占地124万平方米，2017年11月获批开工，现建有一条长1890米、宽30米的跑道，可供波音737等单通道中型客机起降。目前，青山钢铁在印尼已配置2架飞机，还将再采购2架。“以前要坐8小时的汽车或5小时的轮船，到肯达里机场再转机雅加达，回国至少要花2天时间。”青山钢铁有关负责人说，现在从园区机场飞到民航机场再转机回国，最多只需24小时。

勇于探索，率先抢占产业布局

“一带一路”上闪耀着温州智慧，众多温企勇于探索他人未及的领域，成了“一带一路”建设中的亮点。

作为民营企业“走出去”的先行者之一，正泰集团积极响应共建“一带一路”倡议，紧抓沿线国际市场机遇，国际业务呈现出持续高速增长态势。埃及、新加坡、越南、马来西亚等国家，如今都已有了正泰的身影。投资并购、国际产能布局、EPC工程总包等全面开花，目前，正泰已与80%以上的“一带一路”沿线国家和地区建立了不同程度的合作关系，布局光伏智能制造工厂、输变电设备区域工厂或是研发机构。正泰集团相关负责人表示，“一带一路”沿线国家和地区多为发展中国家和新兴经济体，有着庞大的基础设施建设需求，特别是对区域电力基础设施建设的需求，对正泰来说是重大战略机遇期与机遇地，正泰的国际业务比重会越来越高。

早在2014年，泰昌集团便成立子公司落实海外业务，组建专业团队开拓海外市场。在董事长张鹏飞看来，所有电网配套企业最佳也是唯一的出路，就是“一带一路”。目前，已有3万余吨泰昌牌铁塔产品屹立在非洲大地上，为非洲十余个国家和地区的电力输送保驾护航。去年3月，泰昌在刚果（金）首都金沙萨的智能电表工厂投产，负责电表制造和安装，雇用当地人员50人，年产值可达1亿元人民币。这是泰昌在“一带一路”上的一次重要布局。

除投资办厂这样传统的投资模式外，近几年，越来越多的温州人选择了在“一带一路”发展跨境电商这样的新型商业模式。目前，温企已分别在塞尔维亚、波兰、印度、马来西亚、俄罗斯、罗马尼亚等国家建立7个海外仓，形成较为完善的产品展销中心、仓储物流服务和OTO跨境批发电商平台，辐射东南亚、南亚、中东欧等沿线国家和地区。

乐于分享，充当文化传播使者

两周前，在克罗地亚举办的中国—中东欧国家第九届经贸论坛上，我国首次与中东欧国家联合举办教育合作交流展，包括温州市亚龙智能装备集团股份有限公司在内的4家国内企业受邀参展。作为国内教育装备领域的龙头企业，亚龙智能旨在提供职业教育人才培养整体解决方案。公司生产的教育装备深受“一带一路”沿线国家相关院校的认可，成为各国院校专业设备的配置标准，并提供教材、师资培训一条龙服务。公司董事长陈继权介绍，亚龙智能联合温州职业技术学院、柬埔寨国家技术培训学院设立了柬埔寨温职院亚龙丝路学院，携手天津市职业技术院校参与建设泰国、葡萄牙等国家的“鲁班工坊”，并为东盟技能大赛提供比赛装备和技术标准。

随着“一带一路”的不断深入发展，除输出技术和服务外，有一批温州人渴望在文化输出方面有所作为。为此，他们争相当起文化传播的使者，将中国故事、温州故事说给世界听。2019年1月，《普拉托“都市书房”合作建设协议书》正式签署，标志着温州“都市书房”正式落地友好城市意大利普拉托，并初定于5月对外开放。“都市书房”是温州“城市书房”的姊妹版、海外版，与后者的“政府主导，社会参与”不同，它是由温州侨胞自发组织筹建的。这是中国第一家开进欧洲的“书房”，是中国文化“走出去”的成功范例。此外，华文媒体、华文学校，也成为文化交流的重要载体。据统计，海外温州人已在意大利、德国、希腊等“一带一路”沿线国家和地区创办海外华文媒体44家，并建设了70来所“温”姓海外华文学校，向世界传播中华文化，促进内外文化交流。

资料来源：柯哲人．温州智慧闪耀“一带一路”［N］．温州日报，2019-04-26.

（二）提升我国外汇收入与国际支付能力

海外市场的成功拓展，为民营企业乃至整个国家经济带来了显著的外汇收入增长，这对于提升我国经济的国际支付能力、增强国家外汇储备以及维护金融稳定具有重要意义。作为国家外汇储备的重要组成部分，外汇收入的增加意味着国家在国际经济交往中有了更强的支付能力，能够更好地应对各种国际经济风险和挑战。同时，我国在国际市场上的购买力也相应增强，使我们能够更有效地利用全球资源，包括原材料、技术和人才，以促进经济的持续发展。

（三）推动我国经济转型升级

在全球化的浪潮中，我国民营企业正积极融入国际产业链和价值链，努力向高端产业链攀升，并在新兴产业领域展开战略布局。这一过程中，企业不断借鉴国际先进经验，着力提升技术水平和创新能力，持续提高产品质量。这些举措不仅促成了产业集群和产业链的完善，还推动了我国经济结构的优化升级，实现了从低附加值向高附加值的转变，以及从劳动密集型向技术密集型和知识密集型的跃迁。这种转型能显著提升我国经济的整体质量和效益，对我国经济的持续繁荣和国际地位的提升贡献巨大。

第二节 民营企业国际化的路径与策略

民营企业国际化的路径选择，是一个涉及战略规划、市场分析、资源配置、风险管理等多个维度的复杂决策过程。本节将详细探讨民营企业国际化的主要路径，分析各路径的特点、优势及潜在风险，并提出相应的策略建议，以期为民营企业的国际化实践提供有益参考。

一、产品出口

产品出口是民营企业国际化的初级形式，是众多企业迈向国际市场的首选途径。企业通过出口产品到海外市场，不仅可以增加销售收入，还能了解国际市场规则，积累国际营销经验，为后续更深层次的国际化奠定基础。

产品出口意味着市场的拓展。通过将产品销往海外市场，企业能够突破国内市场的局限，接触到更广泛的消费群体，从而实现销售收入的显著增长。这种增长不仅为企业带来了更多的利润，也为企业提供了更多的资金支持，用于研发新产品、提升产品质量和扩大生产规模。

产品出口也是民营企业了解国际市场规则的重要途径。不同国家和地区的市场环境、法律法规、消费者需求等各不相同。通过出口产品，企业可以深入了解目标市场的特点和规则，为制定更加精准的市场策略提供有力依据。这种了解还有助于企业规避国际市场风险，确保企业的稳健发展。

产品出口还有助于民营企业积累国际营销经验。在国际市场上，企业需要面对不同的竞争对手、消费者群体和销售渠道。通过出口产品，企业可以学习到如何制定国际营销策略、如何与国际客户沟通、如何处理跨国交易等问题。这些经验对于企业的长远发展至关重要，有助于企业提升国际竞争力。

二、海外投资

海外投资是民营企业国际化战略的核心环节，它有助于企业更直接地接触并理解目标市场，迅速适应市场变化，灵活调整经营策略，从而在激烈的国际竞争中赢得优势。

海外投资通常采取两种形式：绿地投资和棕地投资。绿地投资指的是企业通过建立独资或合资公司购买地产，在海外新建工厂或研发机构。棕地投资则是通过收购当地的现有企业或资产来快速获得生产要素。

通过设立海外子公司或合资企业，民营企业能够直接进入目标市场，深入了解当地的市场环境、政策法规及消费者需求。这种本土化的经营模式，使企业能够更快地适应市场变化，及时调整产品策略和服务模式，以满足当地消费者的特定需求。同时，与当地合作伙伴建立紧密的合作关系，也有助于企业降低市场进入壁垒，减少经营风险。

通过在当地建立生产基地或研发中心，企业能够直接获取优质资源，降低成本，增强产品竞争力。尤其是在资源丰富的国家，这种优势更为显著。此外，企业还能吸引和利用当地的科研人才和先进技术，加强与国际同行的交流合作，促进技术创新和产业升级。

扩展阅读

揭秘青山控股

青山控股现已是全球最大的镍铁和不锈钢生产商之一。镍铁是冶炼不锈钢的原材料。该公司在国内的生产基地布局在福建、广东和浙江的沿海城市，海外则布局在印尼、印度、美国和津巴布韦等地。2019 年至今，青山控股连续三年入围《财富》世界500强。2021年，该公司以424.481亿美元的营收位列榜单第279名。与此同时，它在2021年中国企业500强榜钢铁相关企业中排名第6，在民营钢企中位列第1。

1988年，项光达放下国企铁饭碗，妻子何秀琴也辞掉医院的工作，夫妻二人下海进入汽车门窗领域。项光达1992年去德国考察，发现汽车门窗附加值较低，很难有大前途。而在当时，中国不锈钢对外依存度高达80%左右。项光达由此认为，"如果我能做出来（不锈钢），肯定不怕没销路"。同年，项光达参与成立浙江丰业集团，正式踏入不锈钢行业，该集团成为中国最早的民营不锈钢生产企业之一。1998年，项光达在温州龙湾区青山村成立浙江青山特钢有限公司。2002年，项光达走出温州，将业务拓展到邻近的浙江丽水市青田县，成立青田新青山特钢有限公司（现浙江青山钢铁有限公司）。2003年，青山控股成立。

在国内陆续布局浙江、广东和福建等港口城市后，2009年，项光达进入红土镍矿矿山所在地——印尼。印尼是全球红土镍矿储存量占比最多的国家。当年1月，印尼政府宣布将于2014年1月12日起全面禁止未经加工的65种原矿出口，其中就包含红土镍矿。当年10月，青山控股大股东中国上海鼎信投资（集团）有限公司（以下简称上海鼎信）与印尼八星集团签署协议，设立合资公司，共同开采印尼约4.7万公顷的红土镍矿。青山控股成为最早在印尼布局矿业的中国企业之一。2013年，上海鼎信与印尼八星集团签署合作协议，共建中国印尼综合产业园区青山园区（以下简称"印尼青山园区"），在土地资源、水电等基础设施都没有的情况下从零开始。

青山控股在印尼的项目获得了许多资金支持。据中国国际贸易促进委员会信息，印尼青山园区首个项目系年产30万吨镍铁及其配套电厂，项目总投资5.8亿美元，由国家开发银行提供项目融资。2016年8月，印尼青山园区被商务部和财政部联合确认为境外经济贸易合作区，2018年8月印尼中央政府将其列为保税区。

除了不太稳定的政治和自然环境，阻碍国有企业在印尼投资矿产的另一个原因是，印尼地质勘探水平落后，当地政府不太了解自己的矿产储备情况。"对于国有企业的矿业投资并购来说，资源可靠是最重要的。"一位资深矿业行业人士说，没有掌握完整清晰的矿产情况，国有企业很难做出决策，而像青山控股一样的民营企业则有更灵活的处理方式。

在进一步控制原材料后，青山控股将不锈钢生产成本压得更低。从某种程度上来说，青山控股甚至可以控制不锈钢市场。Mysteel产量统计数据显示，2021年，青山控股中国区域粗钢产量占中国不锈钢粗钢总产量的31.14%；青山控股中国和印尼两地粗钢产量，占中印两国总量的36.63%。

2021 年 3 月，青山控股公开表示将继续加大在印尼镍产业的投资，2021 年预计生产镍当量 60 万吨，2022 年预计生产镍当量 85 万吨，2023 年预计生产镍当量 110 万吨。镍当量指的是镍铁等产品换算出来的镍金属量。Mysteel 产量统计数据显示，2021 年印尼镍铁总产量金属量约为 89 万吨镍金属量（即 89 万吨镍当量）。这意味着，2021 年青山控股在印尼生产的镍当量占印尼总镍当量 67% 左右。

资料来源：施璇．揭秘青山控股［N］．南方周末，2022－03－31.

三、跨国并购

跨国并购已成为众多企业推进国际化战略的关键一环，近年来在全球范围内愈演愈烈。这一策略不仅能够助力企业迅速扩张规模、快速打入国际市场、获得先进技术和品牌，还能通过资源的整合和协同效应，实现企业竞争力的显著提升。通过跨国并购，民营企业可以直接获取到被并购企业的品牌、技术、市场渠道等优质资源。这些资源往往是企业长期发展所必需的，而自行积累则需要投入大量的时间和资金。并购使得企业能够迅速整合这些资源，实现快速的质变。

同时，跨国并购还能够帮助企业有效扩大规模，实现资源的优化配置，提高资源利用效率，降低运营成本。此外，并购还能促进企业业务的多元化，从而降低经营风险，增强企业的抗风险能力。

然而，跨国并购也伴随着高风险，需要企业在决策、执行和整合等各个环节都保持高度的谨慎和专业性。文化差异是并购过程中必须特别关注的问题。不同国家和地区的企业在文化、管理、价值观等方面存在差异，这可能导致并购后出现管理冲突和员工抵触等问题。管理整合同样是跨国并购中的一大挑战。并购后，企业必须对被并购企业的管理体系进行有效的整合，确保双方在战略、组织、流程等方面的一致性。只有通过精心的规划和专业的执行，企业才能在跨国并购中获得成功，实现其国际化战略的目标。

四、技术研发合作

技术研发合作已成为民营企业提升技术水平和加速产品创新的关键途径。在全球化的大背景下，民营企业正积极与国际伙伴建立合作关系，通过技术合作、联合研发和市场拓展等多元化方式，共同开拓国际市场。这种合作不仅使企业能够迅速吸收前沿技术，还能推动技术创新和产业升级，增强整体竞争力，实现互利共赢。

与国际先进企业的技术合作，可以让民营企业获取到其他企业长期积累的研发成果和技术经验，从而缩短产品开发周期，提高产品的质量和性能。技术研发合作也能促进企业间的技术交流和人才互动。企业可以派遣技术人员参与合作项目，学习先进的研发理念和方法，这不仅提升了技术水平，也培养了研发人才，为企业的未来发展打下坚实基础。此外，合作还有助于降低研发风险和成本。独自研发往往耗资巨大且充满不确定性，而国际合作可以分担成本和风险，提高研发效率和成功率。同时，相互合作的企业还能更好地把握国际市场需求和趋势，开发出更符合国际消费者需求的产品，为国际化发展创造有利条件。

第三节 民营企业国际化的挑战与应对

一、文化差异与市场策略

文化差异是民营企业在国际化进程中不可避免的挑战。不同国家和地区因历史、语言、宗教、价值观和商业习惯等方面的差异，无形中构建了一道道隐形的壁垒。这些壁垒可能对企业的跨国经营造成阻碍，如沟通障碍、管理理念冲突、市场营销策略失误等。这些文化冲突不仅影响企业的运营效率和品牌形象，还可能引发法律纠纷和社会问题。

在进军国际市场之前，民营企业必须进行深入的文化调研。调研内容应涵盖目标市场的需求、竞争态势、文化习俗等，以全面了解目标市场的文化背景和消费者需求。这样的调研有助于企业更准确地把握市场机会，规避潜在风险。之后，企业应以平等、开放的心态接纳和欣赏不同文化，在产品设计、营销策略、人力资源管理等方面充分考虑当地文化特点，避免触犯文化禁忌，确保企业的经营活动能够符合当地消费者的审美和价值观。

为了促进文化融合，民营企业需要采取灵活的本地化策略。通过与当地合作伙伴建立良好的沟通机制，共同制定适应双方文化的管理制度和营销策略。同时，加强文化交流，促进员工之间的理解和信任，形成和谐共生的企业文化。企业也可以招聘熟悉当地市场的本土人才，建立跨文化团队，开展文化交流活动，提升员工的跨文化素养。通过培训和文化交流项目，让员工具备跨文化意识和敏感性，能够在不同文化背景下进行有效的沟通和协作，为企业的国际化发展奠定坚实的人才基础。通过这些措施，企业可以更好地融入当地社会，建立稳定的客户关系和合作伙伴关系，从而提升市场竞争力。

二、法律法规与合规风险

国际市场的法律环境错综复杂，各国在法律法规、贸易规则、知识产权保护、税收政策和外汇管制等方面存在显著差异，这些不确定性因素大幅增加了企业跨国经营的难度和风险。同时，随着国际社会对环境保护、劳工权益、反腐败等问题的关注日益增加，企业合规管理的国际标准也在提高。

面对这些挑战，民营企业必须构建健全的法律风险防控机制。同时，民营企业需要花费更多的时间和精力去深入了解和适应当地的法律环境。在研究目标市场的法律环境时，企业应特别关注劳动法、税法、知识产权法及行业特定法规的合规性，确保经营活动符合当地法律法规，避免违规操作引发的法律纠纷和损失。

此外，民营企业应加强与专业法律顾问的紧密合作，聘请专业的法律顾问团队提供法律咨询和风险评估服务。这些法律顾问拥有深厚的法律知识，且熟悉国际市场的法律环境，能够提供精准的法律咨询服务，进行风险评估。通过与法律顾问的合作，企业可以更加全面地了解目标市场的法律框架和监管要求，为合规经营奠定坚实的基础。同时，民营企业也要加强内部培训，提升员工的法律意识和合规能力。

三、跨国运营的财务与税务问题

（一）资本筹措

民营企业在国际化过程中常常需要巨额资金用于并购、建厂和研发等，然而，受限于国际融资渠道的狭窄和融资成本的高企，民营企业经常面临资金短缺的境地，这限制了它们的市场拓展能力和竞争力。为了克服资金瓶颈，企业需要优化资本结构，提高资金使用效率（包括资金的筹集、使用、分配和回收等环节），确保资金的有效利用和收益最大化。

为了解决融资难题，民营企业应积极寻求多元化融资渠道，如银行贷款、债券发行和股权融资等。民营企业可以与金融机构建立战略合作关系，利用信用证、保理业务等金融工具，降低融资成本，提高资金使用效率。此外，上市融资、发行债券和寻求与国际投资者合作也是筹集资金的有效途径。国际金融机构提供的金融服务和咨询，有助于企业更好地应对国际市场的挑战，从而获得更多资金支持，降低融资成本，提高资金使用的灵活性。

（二）税务问题

不同国家的税收政策差异显著，这对企业税务规划提出了高要求。企业应充分了解目标市场的税收政策，合理规划税务结构，以降低税负成本，提高经营效益。这包括对当地税法的深入研究，以及对跨国税收协定的利用，以避免双重征税。企业还需关注税收优惠政策，如中国政府出台境外缴纳所得税税额抵免政策，鼓励民营企业开展境外投资。此外，企业应考虑通过合法的税务筹划，如利用不同国家的税制差异合理避税，同时确保遵守国际税收规则，避免税务违规风险。

（三）外汇管制

外汇管制是民营企业国际化过程中必须面对的另一个重要问题。一些国家对外汇流入和流出实行严格管制，这可能会对企业的资金运作和贸易结算产生重大影响。企业需要深入了解目标市场的外汇管制政策，确保资金的安全和合规使用。

为了应对外汇管制带来的挑战，企业可以采取多种策略，如利用外汇衍生品进行套期保值操作，锁定未来外汇交易的汇率水平，规避汇率波动风险。同时，企业应优化资产负债的币种与期限配置，最小化外汇风险暴露，合理控制外币资产与负债的规模，避免过度依赖外币融资。此外，企业还可以通过优化商业合同条款设计，合理选择记账、结算、发票币种，将外币成本、费用支出与外币收入在币种、金额、期限上相匹配，从而削弱汇率波动对企业利润表的影响，降低财务风险。

四、国际市场准入与贸易壁垒

在全球化的浪潮中，民营企业在高端制造、信息技术、金融服务等高科技含量、高附加值领域面临日益激烈的国际市场竞争。跨国公司凭借雄厚的资本、先进的技术研发能力和成熟的管理经验，在全球市场上形成了强大的市场壁垒和品牌影响力。它们通过并购、合资、技术转移等多种方式，不断巩固和扩大市场份额，对民营企业构成了严峻挑战。民营企业往往处于劣势地位，在资本实力、技术储备、管理经验等方面与跨国公司存在明显差距。

为了缩小这种差距，民营企业必须采取一系列战略措施。首先，技术创新是提升产品质量和性能、塑造有国际竞争力品牌的关键。民营企业需要增加研发投入，不断推陈出新，改进现有产品，优化生产流程，以保持行业领先地位，并满足国际市场的多元化需求。其次，优化管理流程、提高运营效率、降低生产成本也是民营企业保持市场竞争力的重要手段。这不仅能提高企业的响应速度，还能使企业在价格竞争中占据优势。此外，品牌建设对于民营企业在国际市场上的立足也至关重要。一个强大的品牌是企业形象和信誉的体现，对提升企业的国际知名度和影响力起着决定性作用。民营企业应重视品牌形象的塑造，通过广告、公关活动和社交媒体等多渠道传播，增强品牌的全球认知度和声誉。最后，提供优质的产品和服务是赢得国际客户信任和忠诚度的基石。民营企业需确保产品在质量、性能和安全性方面达到高标准，并提供及时、周到的售后服务。这样的承诺有助于建立稳固的客户关系，为国际化发展打下坚实基础。

扩展阅读

8个国家代表来了，RCEP朋友圈聚在温州聊什么

2023年5月17日至19日，温州迎来一拨特殊的客人，RCEP国家驻华大使馆商务参赞经贸考察团一行20人专程前来考察，力求开拓合作“朋友圈”。RCEP全称“区域全面经济伙伴关系协定”，是由东盟十国和中国、日本、韩国、澳大利亚、新西兰共同制定签署的区域自贸协定。这是全球人口、经济总量、货物贸易规模体量最大的自贸区，通俗来讲，这是个互帮互助的“大群”，最大利好是降低关税和非关税壁垒，建立一个统一的市场。此次经贸考察团，由中国—东盟商务理事会发起，缅甸、泰国、老挝、柬埔寨、韩国、马来西亚、菲律宾、澳大利亚8个RCEP国家的驻华使节、工商界代表参与。他们为什么而来？来温州重点看了什么？碰撞出哪些产业机遇？

这是一次双向奔赴的活动。作为全国新时代“两个健康”先行区、全国民营经济示范城市，当前的温州，正朝着传统支柱产业和新兴主导产业总值全面突破万亿元的目标前进。两大产业要实现两个万亿级，势必要把国内国际双循环彻底打通和激活。RCEP是促进贸易和投资便利化的新动力，抓住RCEP带来的产业发展机遇、深度融入RCEP大市场、推动贸易投资高质量发展，是温州的必然选择。2022年，温州对RCEP国家进出口额达913.9亿元，同比增长33.9%，占全市进出口总额的30.9%。其中，出口660.8亿元，同比增长43.4%；进口253.1亿元，同比增长14.5%。温州出口产品主要为机电产品、电工器材、高新技术产品、文化产品、家具等；进口产品主要为铁合金、消费品、钢材、农产品、塑料、金属矿及矿砂、基本有机化学品等。温州与RCEP国家具有产业互补性，有很大的互利共赢空间。就在一个多月前，温州市委副书记、市长张振丰，就率温州市政府代表团和商务代表团赴印尼、越南和新加坡对接深化经贸交流合作，推介温州投资创业环境，也在向外释放加强交流合作的强烈意愿。

而对于RCEP国家来说，此次活动也是一个非常好的契机。据统计，RCEP国家在温投资企业超200家，实际外资超3亿美元。韩国驻上海总领事馆副总领事韩相国说，中国是韩国最大的贸易伙伴、最大出口市场和最大进口来源国，两国的商品贸易以资本货物和原材料为主。温州有不少韩资企业和韩资项目，他希望借由此次活动，进一步激发双方合作热情，为以后的合作提供助力。马来西亚驻上海总领事馆投资副领事瑞泽乌丁介绍，温州产业发展与马来西亚有非常高的契合度，特别

是在电子电气、机械制造、日常消费品制造等方面，他期待有这方面的合作。

考察团在温虽然只有3天，但取得的效果非常显著。老挝驻华大使馆经济商务参赞宽赞·燕素提表示，他会在老挝宣传温州，促进温州企业与当地企业深度合作。泰国驻华大使馆公使衔参赞吴月婷说，她在温州看到了欣欣向荣的产业，这是将来双方合作发展的方向。全国日本经济学会副会长、中国—东盟商务理事会执行理事吕克俭认为，此次活动将推动RCEP成员国与温州市的合作再上新台阶，助力温州市乃至浙江省高质量发展，打造对外开放新前沿。

如何将考察的良好印象转变为持续交流的桥梁、加强合作的催化剂？温州市贸促会相关负责人认为，后续，温州还要在多方面予以加强。比如，与来访人员建立长期联系。与来访国家和来访人员建立日常沟通，及时做好温州优势产品、合作项目推介，实现信息最有效最直接的交流。再如，乘势而上进行产业对接。目前，温州的鞋革产业与缅甸、越南，电子电气产业与泰国、越南、菲律宾，新能源产业与印尼、菲律宾、马来西亚、澳大利亚等国家已经有了深入合作。要乘势而上，进一步搜集和响应温州企业"走出去"的实际意愿和产业链发展需要，有序引导温州企业与有关国家的产业对接。

企业始终是产业发展和国际经贸发展的主体，温州企业如何借助RCEP更好地"走出去"？RCEP产业合作委员会主席、中国—东盟商务理事会执行理事长许宁宁建议，温州的企业可以从成员国之间率先下调关税的产品、互相关切度高的领域、经贸互补性强的行业入手。同时，发挥温州开放优势、产业优势、区位优势、温商广泛国际渠道优势，助力企业叠加用好自由贸易协定，在RCEP建设中打造出新温州模式和范本，在参与RCEP建设中彰显温州的作为和高质量的发展。

资料来源：张银燕.8个国家代表来了，RCEP朋友圈聚在温州聊什么［N］.浙江日报，2023-05-24.

五、人才培养与团队建设

面对复杂多变的全球市场，企业迫切需要构建一个精英团队。这个团队不仅要有国际视野和跨文化沟通能力，还要掌握专业知识和技能，熟悉国际市场的规则和运作方式，以推动企业在国际市场上的快速发展。然而，许多民营企业仍缺乏具备国际经验的高级管理人才和专业技术人才，这导致企业在国际化进程中往往难以做出正确的战略决策，难以有效管理海外业务，以及难以应对复杂的国际市场环境。

为了吸引国际化人才，民营企业需要建立完善的人才引进机制。这包括提供具有竞争力的薪酬福利、职业发展机会和良好的工作环境。同时，企业还可以加强与高校、科研机构的合作，共同培养具有国际视野和跨文化沟通能力的人才。除了引进人才，民营企业还需要加强内部培训，提升员工的国际化素养和跨文化沟通能力；通过组织员工参加国际交流、海外研修、跨文化培训等学习活动，使员工了解不同文化的背景和习俗，提高员工的跨文化沟通能力和国际竞争力。

在团队建设方面，民营企业需要建立健全的人才激励机制，确保团队成员能够充分发挥其潜能。这包括制定公平合理的薪酬体系、提供广阔的职业发展空间、实施个性化的职业规划等，以激发团队成员的积极性和创造力。同时，打造一个多元化、高效率的国际团队也是民营企业国际化的关键。团队成员应来自不同国家，具有不同文化背景，具备多样化的技能和经验，形成互补优势。此外，企业还需注重团队沟通和协作能力的培养，确保团队成员能够在跨文化环境中高效协同工作，共同应对国际市场的挑战。

本章小结

1. 新发展格局与民营企业国际化：本章强调了新发展格局下民营企业国际化的重要性，指出民营企业通过国际化战略，能够更好地利用国内国际两个市场、两种资源，推动企业及国家经济的高质量发展。

2. 民营企业国际化的背景与动因：分析了民营企业国际化的背景，包括国内市场饱和、全球化趋势、国家层面的支持等，以及这些背景如何推动企业寻求国际市场作为新的增长点。

3. 民营企业国际化的路径与策略：探讨了民营企业国际化的主要路径，如产品出口、海外投资、跨国并购和技术研发合作，并讨论了各路径的特点、优势及潜在风险。

4. 民营企业国际化的挑战与应对：识别了民营企业在国际化过程中面临的挑战，如文化差异、法律法规、财务税务问题等，并提出了相应的应对策略，以帮助企业有效管理风险并把握机遇。

· 关键术语

新发展格局；国际化；跨国经营策略

· 思考与练习

1. 解释新发展格局下民营企业国际化的背景，并探讨推动这一进程的主要动因。

2. 阐述民营企业在国际化过程中为何必须关注文化差异，以及这些差异如何影响企业的国际战略。

3. 讨论民营企业国际化如何促进国家经济全球影响力的提升，包括其在国际产业链和价值链中的作用及其对国际话语权和规则制定权的影响。

· **案例分析**

联想集团的国际化之路

联想集团的国际化之路始于2004年。通过收购IBM的全球PC业务，联想不仅迅速打开了国际市场，也为其后续的国际化发展奠定了坚实的基础。这一并购不仅让联想获得了IBM的ThinkPad品牌和全球的销售网络，还使得联想一跃成为全球个人电脑市场的领导者。随后，联想在全球范围内建立了子公司和研发中心，形成了全球120个研发中心的庞大网络，这一全球布局使得联想能够有效推动跨国业务拓展，同时也能够充分利用全球各地的优势资源。

联想一直将创新作为发展的核心驱动力，不断推出新技术和产品，以保持在全球市场的竞争力。联想构建了全球供应链、全球研发体系、全球市场营销体系等三大支柱，以及数字化与ESG两大基座，形成了"全球资源、本地交付"的运营模式。这种模式使得联想能够充分利用全球各地的优势资源，同时保持对本地市场的敏捷性和灵活性。

面对出海过程中的不确定性，联想打造了一种类似于中国传统建筑中"榫卯结构"的企业内嵌力，以应对各种挑战。同时，联想与多个国际巨头建立了合作关系，如与电讯盈科的合作，进一步加速了联想集团由硬件和基础设施公司转型为以方案服务为导向的全球领先IT企业。同时，联想注重环境、社会和治理（ESG）的实践，致力于提供创新优质的绿色产品，并以诚信正直的方式开展业务，尊重当地市场的法律法规和文化习俗。

联想的国际化之路体现了长期主义的价值观，专注于"计算"和"技术创新"，从个人计算机PC市场占有率全球第一，到向千行百业输出智能化解决方案，联想集团的国际化之路是一个不断探索和创新的过程，通过并购、全球布局、品牌推广、创新驱动等策略，联想成功地将自己打造成为一个全球性的企业，赢得了全球市场的认可和信任。

阅读上述资料，思考下列问题：

1. 分析联想集团决定国际化的背景因素和推动其国际化的主要动因。

2. 分析联想集团在国际化过程中可能面临的主要挑战，并探讨联想集团可能采取了哪些策略来应对这些挑战。

第七章

民营企业财务风险防范

本章导入

企业家是不确定性的承担者，因此只要从事企业经营必然有可能面临各种风险。民营企业家置身于瞬息万变的市场环境中，每一步经营决策都如同在未知的海域上航行，时时刻刻面临着来自四面八方的风险挑战。财务风险作为企业经营风险中的重要一环，更是如影随形。它贯穿于企业的资金流动、投资决策、融资活动等各个环节，稍有不慎便可能引发财务危机，甚至危及企业的生存与发展。因此，对于企业家而言，增强财务风险意识，提升风险管理能力，不仅是保障企业稳健运营的基石，更是推动企业持续发展的重要动力。本章将深入剖析民营企业财务风险的多维度特征，探讨其成因，并提出针对性的防范策略。

本章从财务风险的定义出发，探讨其在不同经济周期和市场环境中的表现形式，分析财务风险的五大特征：客观存在性、不确定性、全面性、收益与损失的共存性以及多样性，这些特征共同构成了财务风险的复杂性。另外，本章还将详细讨论民营企业财务风险的类型，包括融资风险、投资风险和运营风险，并分析这些风险如何影响企业的战略决策和日常运营。

通过案例分析，本章展示了民营企业如何通过财务风险评价工具，如杜邦分析法、Z-score 模型和层次分析法，对自身的财务状况进行诊断，并据此制定相应的风险管理策略。本章通过对民营企业财务风险的深入分析，使学生能够全面理解财务风险对企业的影响，掌握评估和防范财务风险的方法，从而在实际工作中能够有效识别、评估和应对财务风险，保障企业的财务安全和稳健发展。

学习目标

（1）知识目标：掌握风险的内涵与财务风险的基本概念和分类；理解财务风险的特征和民营企业财务风险的特定类型；了解财务风险评价的常用方法；认识民营企业财务风险的内外成因。

（2）能力目标：能够运用财务风险评价方法对民营企业的财务状况进行分析和诊断；通过案例分析，识别和评估民营企业面临的财务风险；设计和实施有效的财务风险防范措施，提高企业的财务稳健性；在模拟经营环境中，运用所学知识解决实际财务问题。

（3）综合目标：分析不同民营企业在面对财务风险时的应对策略和效果，以及这些策略对企业长期发展的影响；通过比较研究，综合理论知识与实际案例，全面而深入地理解民营企业财务风险管理；评价财务风险管理在企业战略决策中的作用，以及对企业价值创造和社会责任履行的影响。

第一节 财务风险概述

一、风险与财务风险的内涵

（一）风险的内涵界定

风险这一概念的探讨最早可以追溯到中世纪的欧洲，起初学者们将研究内容聚焦于保险业等少数领域。随着国内外学者对风险认识的不断深化，关于风险的界定逐渐形成了多种观点。

1. 风险危害可能说

此观点认为风险是带来损失或损害的可能性。1895 年，美国学者海尼斯（Haynes）在其著作 *Risk as an Economic Factor* 中提出，风险即发生损害的可能性。一个行为是否具有风险，可以通过其不确定性来界定。若该行为具有不确定性，则表明其承担了风险。

2. 结果差异观

此观点将风险定义为实际结果与预期结果之间的差异。1985 年，美国学者威廉姆斯（Williams C. Arther）在其著作 *Risk Management and Insurance* 中指出，风险是在特定情况下可能发生的事件结果之间的差异。若存在多个可能的结果，则表明存在风险，且结果差异越大，风险程度越高。这种观点认为风险是可以通过客观尺度进行衡量的。

3. 可度量的不确定性

此观点由美国经济学家富兰克·H. 奈特（Frank Hyneman Knight）于1921年在其著作*Risk*，*Uncertainty and Profit*中指出，风险是可以度量的不确定性。奈特区分了风险与不确定性，认为风险是可以知道其概率分布的不确定事件，可以根据历史数据推测未来的可能性；而不确定性则源于人类的无知，无法预测未来的事件。

综合上述三种观点，我们可以发现，尽管对风险的界定各有侧重，但它们均将“风险”与“不确定性”紧密联系在一起。基于此，本章认为，风险是在特定情况下，未来事件的实际结果与预期结果之间的差异，并且这种差异是可度量的不确定性。具体而言，当未来事件的实际结果优于预期结果时，会产生风险收益；反之，则会产生风险损失。这些收益与损失都是风险不确定性的体现，并且可以通过客观尺度来获取其不确定性的概率分布。

（二）财务风险的内涵界定

企业财务风险（Financial Risk）亦称财务危机（Financial Crisis），是企业在财务管理过程中可能遭遇的一系列风险。目前，国内外学者对于财务风险的内涵尚未达成一致共识，但普遍从狭义和广义两个维度进行探讨。

1. 狭义的财务风险

亦称筹资风险，主要从资金的角度出发，指的是企业资不抵债或面临财务损失的风险。这种风险通常源于企业采取了不恰当的筹资方式、融资规划不合理，以及举债后资金使用与企业经营活动不匹配等，导致企业在债务到期时无法偿还，从而产生不确定的风险。

2. 广义的财务风险

广义的财务风险是从企业日常资金运动的角度出发，涵盖了企业在正常生产经营活动中对预期财务成果的不确定性。企业资金流动涉及筹资、投资、日常运营和分配四个阶段，因此广义的财务风险不仅包括筹资风险，还涵盖了投资风险、运营风险与分配风险。

与狭义的财务风险相比，广义的财务风险内涵更为广泛，它涉及企业日常经营的多个方面，是对企业面临的财务风险的全面反映。在全球化的大背景下，民营企业虽然快速发展，但同时也面临着更多的挑战，如在资金运用的各个方面都可能遭遇风险。因此，本章基于广义的财务风险内涵，全面考虑引发民营企业财务风险的相关因素，以实现对风险的综合评价和有效防范。

二、财务风险的特征

财务风险贯穿于企业的生产经营活动中，具体表现为以下五种特征：

（一）客观存在性：财务风险之必然属性

财务风险以其固有的客观存在性，成为企业运营中无法回避的现实。它不受个人意志的左右，亦不因企业规模或经营状况的差异而有所改变。企业虽无法彻底消除或规避财务风险，但可通过科学的风险管理策略，将其控制在可承受的范围之内。此特性根植于企业生产经营及投资筹资活动中，是企业必须正视并应对的挑战。

（二）不确定性：财务风险之随机性与难测性

财务风险的不确定性，使得企业的财务结果充满了未知与变数。企业难以准确预测风险的发生时机与影响程度，这种随机性与难测性构成了财务风险的重要特征。风险的发生既非完全无迹可寻，亦非完全可控，而是介于确定与不确定之间的灰色地带。因此，企业需要建立灵活的风险防范机制，以应对随时可能出现的风险挑战。

（三）全面性：财务风险之无处不在的渗透性

财务风险如同一张无形的网，全面渗透于企业财务活动的各个环节。从财务规划的制定，到决策的执行，再到效果的评估，每一步都可能隐藏着潜在的风险。即便是在看似微不足道的细节中，财务风险也如影随形。这种全面性要求企业必须对财务活动进行全方位的监控与管理，确保在每一个环节都能及时发现并应对风险。

（四）收益与损失共存性：财务风险之双刃剑效应

财务风险与机遇并存，如同双刃剑般具有双重性。企业在面临风险的同时，也面临机遇和潜在的收益。这种特性要求企业管理层具备敏锐的洞察力与判断力，能够准确识别风险中的机遇，并采取有效的措施进行规避与应对。通过深入分析财务风险，企业可以化险为夷，将风险转化为推动企业发展的动力。

（五）多样性：财务风险之复杂多变的挑战

在大数据与全球化的背景下，财务风险的多样性越发凸显。风险的来源、经营环境以及财务行为均呈现出多样化的特征。信息技术的飞速发展带来了海量且复杂的数据，使得财务风险的来源更加难以捉摸。同时，全球市场的波动、国际政治经济形势的变化以及高科技手段的应用，都使得企业的经营环境变得日益复杂与多变。此外，企业在投资、筹资、资金运营与收益分配等财务活动中，也面临着各种各样的风险挑战。这种多样性要求企业必须建立全面的风险管理体系，以应对不断变化的风险环境。

三、民营企业财务风险的类型

财务风险可以根据不同的维度进行分类。从财务活动的维度来看，可以分为筹资风险、投资风险和运营风险。从财务状况的维度来看，可以分为资本结构风险、资产质量风险、偿债风险等。从经营财务成果的维度来看，可以分为盈利风险、营运风险、发展风险等。

（一）筹资风险

筹资风险通常指企业无法偿还到期债务的风险。在民营企业中，这种风险具体体现为资金成本过高、融资渠道受限、现金流不足、资金链紧张等。我国民营企业多数是通过自有资本创立起来的，在创业初期由于资金少、抵押少、经营风险大、信用低，获得贷款的难度较高，导致融资成本大大高于大型企业。

（二）投资风险

投资风险是指由于市场条件、投资决策等不确定性因素使企业的投资行为不能获得预期的回报，存在发生亏损甚至破产的可能性。导致发生投资风险的主要原因有：变动的政府政策、波动的市场环境、错误的投资决策、投资对象表现不佳、筹资成本上升等。以汇源果汁为例，它曾经是国内果汁品类当仁不让的老大哥，在2008年可口可乐并购案失败后，为弥补对上游产业投资带来的损失而进行了大量投资，由此背负了巨额的债务。过度投资、巨额债务使得汇源果汁的财务困境进一步加剧，最终导致2021年取消上市。

（三）运营风险

运营风险贯穿于企业的所有运营过程，包括生产、供应、销售和物流运输等，这些生产经营活动都会对企业的资金链构成影响，从而与财务风险产生关联。这类风险一般都和企业生产经营活动相联系，不良的管理团队、经营失败、市场竞争压力等因素都可能导致营运风险。这种风险可能损害企业的品牌、声誉和市场地位。

第二节 民营企业财务风险评价与成因分析

一、民营企业财务风险评价

财务风险评价是一种监督行为，贯穿于企业的日常经营活动中，主要是利用模型从定量层面对企业的财务风险进行评价。随着市场规模的不断扩大和各行业快速发展，财务风险相关理论日益完善，财务风险评价的手段也更加多样化和精细化。常用的评价方法包括杜邦分析法、Z - score 模型、层次分析法等。

（一）杜邦分析法

杜邦分析法由美国杜邦公司（DuPont）于1919年率先采用，故得此名。该方法在考虑各财务指标内在联系的条件下，通过建立各种财务指标的综合财务分析体系考察企业财务状况。杜邦分析法的基本结构如图7－1所示。

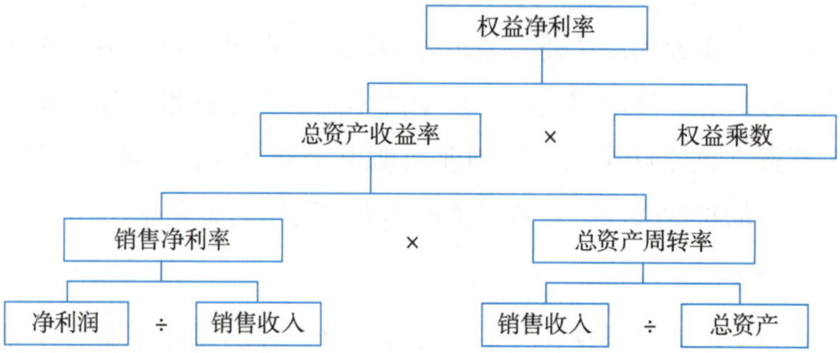

图7－1　杜邦分析法基本框架

传统杜邦分析法将各指标层次统一为一个整体，使指标分析更具条理性。但与其他量化模型相比，杜邦分析体系即使选取的财务指标全面，也不能准确量化财务风险水平。此外，杜邦分析法主要关注企业短期内的经营业绩，而忽视了外部宏观环境因素，如国家政策、自然条件、发展方向、行业产能等对企业财务风险的影响，且缺乏对非财务信息的有效分析。

案例拓展

美特斯邦威变身一元股

2024年11月25日，上海美特斯邦威服饰股份有限公司（美邦服饰）的股价跌至1.74元，成为市场上一元低价股。截至午间收盘，该公司总市值为43.72亿元。根据股票上市规则，如果上市公司股票连续20个交易日收盘价低于1元，可能被强制终止上市。这一消息引发了广泛的市场关注及投资者的不安。

2024年9月30日季报显示，公司实现营业总收入5.25亿元，同比下降37.28%；扣非净利润亏损5811万元；报告期内，美邦服饰基本每股收益为0.02元，净资产收益率8.92%。基于杜邦分析体系（如图7－2所示），我们可得出如下财务状况诊断和财务风险评价。

1. 高财务杠杆风险：权益乘数较高，表明公司依赖债务融资，财务风险较高。同时，流动比率和速动比率较低，表明公司面临短期偿债压力。

2. 资金周转风险：总资产周转率低，意味着资产利用效率不高，表明公司存在资产闲置或管理不善的风险。

3. 现金流风险：现金运营指数低，公司现金流紧张，可持续经营能力恶化。

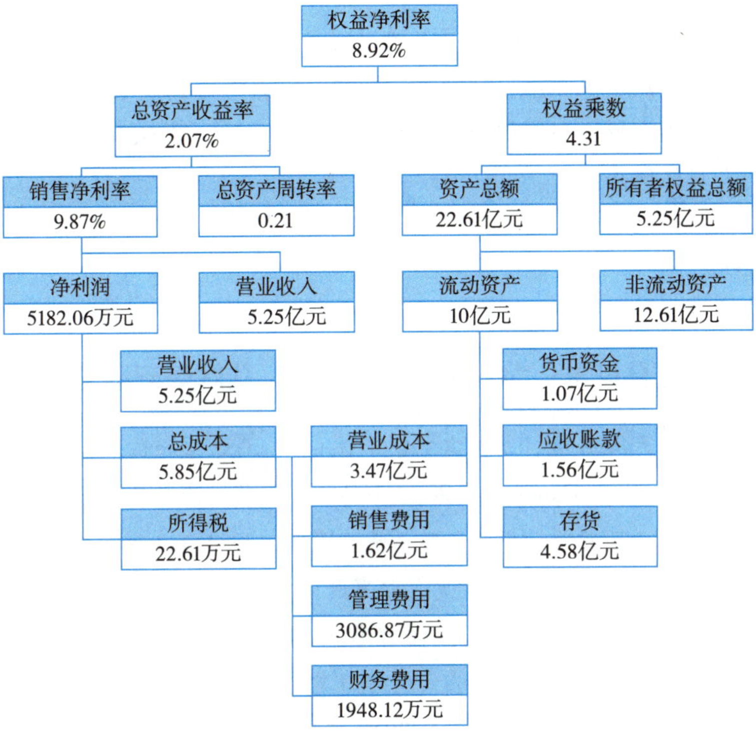

图 7-2　美特斯邦威杜邦分析体系

（二）Z-score 模型

Z-score 模型也称 Z 值模型，由爱德华·阿特曼（Edward Altman）教授于 1968 年提出。该模型通过选取财务指标中的五项关键指标，构建一个多元线性判定模型，通过对 Z 值的计算来评价企业的财务风险。Z 值越大，表明企业的财务状况越脆弱，财务风险越高；反之，则表明企业财务风险较低。Z 值模型的公式为：

$$Z = 1.2X_1 + 1.4X_2 + 3.3X_3 + 0.6X_4 + 0.999X_5$$

其中，X_1 等于营运资本/资产总额；X_2 等于留存收益/资产总额；X_3 等于息税前利润/资产总额；X_4 等于普通股市场价值总额/负债账面价值总额；X_5 等于销售收入/资产总额。

Z-score 模型财务风险预警临界值如表 7-1 所示。

表 7-1 Z-score 模型财务风险预警临界值

Z 值范围	结果描述	财务风险预警
Z<1.8	差	面临破产风险
1.8≤Z<2.99	不稳定	面临一定的财务风险
Z>2.99	较好	财务风险较低

Z-score 模型的优点在于操作简便，数据处理便捷，直接从财务报表中就能截取数据并进行计算。同时，分析者可以通过财务风险水平的取值范围直接得出企业的风险情况。其缺点是仅侧重盈利因素的衡量，没有考虑到其他的风险维度。此外，风险区域分类较为宽泛，只能得出企业是否有破产风险，无法深入探究企业在行业中的地位以及具体风险所在。

案例拓展

拉夏贝尔："中国女装第一股"从辉煌到陨落

拉夏贝尔创立于1998年，是国内首家"A+H"两地上市的服装企业，巅峰时期拥有 LaChapelle、Puella、Candie's 等20多个品牌，直营门店数量近万家，被誉为"中国版 ZARA"。然而，因营收亏损、业绩下滑等问题，2022年4月，上交所终止拉夏贝尔 A 股股票上市。2024年11月，拉夏贝尔离开港交所，彻底告别了资本市场。

数据显示，2017年底，拉夏贝尔拥有高达9448家门店，2018年末，公司直营品柜数量9269个，到2021年底，公司有300家门店，2022年底，公司境内经营网点数量仅剩218个，目前仅存百家。从2017年至2022年，6年的时间，从辉煌到陨落，拉夏贝尔到底发生了什么？

表 7-2 拉夏贝尔 Z 值计算表

变量	2017 年	2018 年	2019 年	2020 年	2021 年	2022 年
X_1	0.1676	0.0571	-0.2852	-0.7657	-1.0815	-1.1597
X_2	0.1822	0.1171	-0.1458	-0.8632	-1.5908	-1.3317
X_3	0.0949	-0.0124	-0.2525	-0.3902	-0.2642	-0.0149
X_4	1.0701	0.6947	0.1636	-0.1649	-0.3854	-0.6527
X_5	1.1432	1.1711	0.9569	0.5219	0.1787	0.0345
Z 值	2.5431	1.7677	-0.3343	-2.9925	-4.2183	-3.6623
财务状况	不稳定	危机	危机	危机	危机	危机

资料来源：根据拉夏贝尔2017—2022年年度报告计算所得。

通过表7-2，我们可以更直观地观察到，拉夏贝尔在这2017—2021年的Z值是持续下滑的，这意味着公司的财务状况在持续恶化。拉夏贝尔的Z值在2017年就已经开始逼近安全值，表示公司已出现财务问题，运营情况开始发生转折；从2018年起，拉夏贝尔的Z值开始低于阈值1.8，这意味着公司的财务状况已经出现危机，公司的运营遇到了很大的困难；到了2020年，Z值持续下跌至−2.9925，表明此时拉夏贝尔陷入了更大的财务困境。

（三）层次分析法

层次分析法，简称AHP法，由美国运筹学家萨蒂（T. L. Saaty）于20世纪70年代初提出。该方法通过对问题的性质和目标进行分析，将问题层层分解，即根据问题影响因素的关联关系和隶属关系将其分层，构建一个多层次的风险评价体系，具体应用步骤如下：

1. 根据目标，建立递进式的指标体系

为了获得准确的风险评价结果，企业管理者必须事先确立评价的总目标，即目标层；然后再对目标的成因逐步细化分解，建立递进式的评价指标体系。为了使分析结果更加真实可靠，为企业管理者提供决策依据，在确立整体目标时就应考虑所选取评价指标的全面性，尽可能将企业所面临的风险因素都考虑进去。表7−3为某医药公司运用层次分析法建立的评价模型。

表7−3　某医药公司财务风险评价指标体系

目标	子目标	评价准则	评价指标
财务风险评价指标	定量评价财务指标	偿债能力	资产负债率
			速动比率
			已获利息倍数
		盈利能力	总资产报酬率
			销售净利率
			净资产收益率
		营运能力	总资产周转率
			应收账款周转率
			存货周转率
		发展能力	总资产增长率
			销售收入增长率
			净利润增长率
		现金流能力	现金净流量比率
			净利润占净现金流量比率

续表

目标	子目标	评价准则	评价指标
财务风险评价指标	定性评价非财务指标	偿债能力	企业财务政策
			对外获取融资能力
			现金流充裕持续能力
		盈利能力	企业拥有的核心竞争力
			主要产品预期盈利能力
			发展前景及盈利质量
		经营管理能力	人力资源管理团队及员工积极性
			产品及技术的研发创新能力
			财务报表操纵现象

2. 建立两两比较的判断矩阵

判断矩阵用来描述层与层之间的关联性，是本层某因素对上层相关因素的相对重要性。运用层次分析法进行评价过程中，为了建立准确的定量判断矩阵，需要将不同层次的任意两个因素的重要程度进行量化。一般情况下，相同的准则下两个不同的因素总有轻重之分。在层次分析法中用1～9标度方法对不同的重要程度进行量化，从而得到量化的判断矩阵。1～9标度方法各级标度的含义如表7－4所示。

表7－4　1～9标度方法各级标度的含义

标度	定义	含义
9	极端重要	两因素相比，一个因素比另一因素极端重要
7	强烈重要	两因素相比，一个因素比另一因素强烈重要
5	明显重要	两因素相比，一个因素比另一因素明显重要
3	稍微重要	两因素相比，一个因素比另一因素稍微重要
1	同样重要	两因素相比，一个因素与另一因素同样重要
2、4、6、8	相邻标度中值	表示相邻两标度之间折中时的标度

在实际应用过程中，首先通常会从企业选取相关管理人员、部门负责人、财务专业人员与会计师事务所专家等组成综合评审专家组，专家组成员根据两两评价指标之间的相互重要程度，结合自身的判断，按照1～9标度方法给出相应元素的值；其次综合各评审专家的意见，得到判断矩阵各元素的值；最后在确定判断矩阵各元素的值后，通过计算得出各评价指标的权重。表7－5即为基于上述标度方法对表7－3的定量评价财务指标的评价准则判断矩阵及权重。

表 7－5　某医药公司定量评价财务指标的评价准则判断矩阵及权重

指标	偿债能力	盈利能力	营运能力	发展能力	现金流能力	权重
偿债能力	1	1	2	2	2	0. 2857
盈利能力	1	1	2	2	2	0. 2857
营运能力	1/2	1/2	1	1	1	0. 1429
发展能力	1/2	1/2	1	1	1	0. 1429
现金流能力	1/2	1/2	1	1	1	0. 1429

3. 基于行业平均水平确定标准值

为量化被评价公司相应指标在同行业中的水平，通常会基于同行业相应指标的平均值来计算评价指标的标准值。以指标资产负债率为例，若被评价公司资产负债率为22%，同行业平均资产负债率为36. 82%，则根据以下公式可计算得出该指标的标准值为59. 75。

$$R_i = \frac{R}{\bar{R}} \times 100$$

其中，R_i 代表指标的标准值，R 代表被评价公司的指标值，$\bar{R}$ 代表指标的行业平均值。

4. 确定评分并评价财务风险

在明确指标权重与标准值后，即可根据以下公式计算得出被评价公司的财务风险评分。

$$N = \sum_{i=0}^{n} W_i R_i$$

在得出财务风险评分后，基于一些国内外针对财务风险状况比较常用的判断标准，即可判断被评价公司的财务风险状况。其中五色信号灯分析法（见表 7－6）是常用的评判标准之一。

表 7－6　五色信号灯分析法

综合评分值	所属色系	所处的风险状况
$N \geq 90$	绿灯	低风险
$75 \leq N < 90$	黄灯	较低风险
$60 \leq N < 75$	蓝灯	中等风险
$45 \leq N < 60$	橙灯	较高风险
$N < 45$	红灯	高风险

表 7－7 为基于上述步骤对表 7－3 的指标体系的指标评分结果，被评价公司当

年财务风险综合评分值为35.71。参照表7-6的判断标准，能够判断出该企业正处于红灯区，即该企业具有很高的财务风险。

表7-7 某医药公司财务风险综合评分表

评价准则	评价指标	权重	标准值	得分
偿债能力	资产负债率	6.176	59.75	3.69
	速动比率	3.236	21.19	0.69
	已获利息倍数	10.588	52.65	5.57
盈利能力	总资产报酬率	3.236	11.86	0.38
	销售净利率	6.176	31.55	1.95
	净资产收益率	10.588	12.14	1.29
营运能力	总资产周转率	5	37.45	1.87
	应收账款周转率	2.5	81.36	2.03
	存货周转率	2.5	67.51	1.69
发展能力	总资产增长率	2.5	44.07	1.10
	销售收入增长率	2.5	-24.95	-0.62
	净利润增长率	5	-66.01	-3.30
现金流能力	现金净流量比率	5	48.85	2.44
	净利润占净现金流量比率	5	-32.63	-1.63
偿债能力	企业财务政策	2.4	64.02	1.54
	对外获取融资能力	4.8	52.79	2.53
	现金流充裕持续能力	4.8	53.33	2.56
盈利能力	企业拥有的核心竞争力	4	59.03	2.36
	主要产品预期盈利能力	4	61.36	2.45
	发展前景及盈利质量	4	60.85	2.43
经营管理能力	人力资源管理团队及员工积极性	2.4	77.90	1.87
	产品及技术的研发创新能力	2.4	73.13	1.76
	财务报表操纵现象	1.2	87.88	1.05
财务风险综合评分		35.71		

综上所述，层次分析法原理容易理解，适用不同行业的企业，具有简洁实用、系统清晰的优点。然而，该方法在确定指标权重时，需要进行两两比较，这要求较高的专业判断水平，主观性较强。

二、民营企业财务风险成因分析

财务风险成因分析通常从外部环境和内部环境两个维度展开，外部环境主要关注宏观经济环境、地缘政治、市场竞争环境及外部融资渠道等因素；内部环境则侧重于企业的管理层财务风险意识、财务管理体制、项目投资决策流程等。

（一）外部环境

1. 宏观经济环境

经济周期性波动、通货膨胀和利率水平等宏观经济指标对企业财务状况有着深远的影响。在经济下行周期，市场需求减少可能导致企业销售收入和利润下降，进而引发财务风险。另外，通货膨胀会导致企业成本上升、利润下降，进而影响企业的财务状况。

2. 地缘政治

贸易战、国际政治局势的不稳定性可能对企业的出口和国际业务造成负面影响，引发财务风险。此外，地缘政治风险还可能影响企业的供应链和业务合作伙伴，从而对财务状况产生间接影响。

3. 市场竞争环境

对于中小民营企业而言，如果行业内的竞争非常激烈，企业为了保持市场份额，可能需要投入更多的资金和精力，这会对企业的财务状况造成负面影响。此外，如果企业的产品或服务缺乏独特性或差异性，难以获得市场份额，也可能导致企业陷入财务困境。

4. 外部融资渠道

中小民营上市企业一般规模小、信用评级低，难以获得充足资金支持，常面临融资难题。资本市场的高准入门槛也限制了企业通过发行股票、债券等方式融资的能力。这种融资渠道的不足可能导致企业在突发事件或扩张需求面前资金不足，引发财务风险。然而，国家和地方政府近年来推出的财税政策及金融机构贷款政策缓解了这一状况。

（二）内部环境

1. 管理层财务风险意识

中小民营企业往往采用较为简单的经营模式，并常带有家族性特征和“自己人思维”。企业管理者普遍缺乏现代化财务管理理念和有效的风险防范措施，这增加了财务风险发生的概率。在家族型企业中，亲情往往凌驾于制度之上，导致决策层政策多变、指令复杂，使中低层管理人员无所适从。在许多民营企业中，尽管制度完善，但管理者常常独断专行，忽视财务人员的多次风险提醒，导致财务人员的风险意识在人为忽略中逐渐淡薄。这种淡薄的风险意识长期存在，对企业的健康发展极为不利。

2. 企业内部财务管理体制

在民营企业的初创阶段，由于规模较小，普遍存在内部控制不完善和财务管理体制不健全的问题。为了控制成本，企业常常精减人员配置，导致一人多岗，岗位间的互相监督因工作交叉而难以落实，内控作用未能充分发挥。体制不健全可能导致财务管理混乱和财务信息不准确，在影响企业经营效率的同时，也增加了财务风险。民营企业往往在达到一定规模后，才开始重视建立健全内部控制和财务体制。

3. 项目投资决策流程

部分民营企业在投资决策前未能进行全面的财务风险评估，决策层的冲动投资行为常常导致投资失败。由于缺乏对财务风险的深入了解，仅依赖个人经验和主观判断，容易出现过度投资或投资不足的情况。不当的投资决策可能导致企业面临巨额财务损失，而投资不足则可能错失重要机会，造成不可弥补的损失。决策失误是产生财务风险的主要原因，一旦失误，不仅预期收益无法实现，投资款项无法按期收回，企业还可能面临无法按期偿还债务的风险，加剧了运营风险，甚至可能导致企业破产。

4. 财务风险反馈机制

大多数民营企业的财务风险反馈机制尚处于起步阶段。企业必须建立一套符合自身发展状况的完善的财务风险管控机制，其中最关键的一步是建立及时、准确的财务风险反馈机制，以确保可持续发展。然而，目前民营企业在财务风险管理方面不仅缺乏完善的管理机制，而且缺乏有效的反馈机制，无法确保企业财务安全。由于缺乏完善的反馈机制，企业很难及时发现并解决存在的问题，严重影响了财务管理的质量和效率。

扩展阅读

温州民间借贷危机

2011 年国庆前夕，拟在 A 股和 H 股上市的温州眼镜行业龙头企业浙江信泰集团，因资金链断裂、老板跑路，18 年的企业生命戛然而止。从 2011 年 3 月开始，温州多家企业发生老板失踪、公司破产、员工讨薪事件，其中包括信泰集团、三旗集团、波特曼、江南皮革等一批知名民企，一场由民间借贷风险传导至实业的危机爆发了。

民间借贷是温州的传统，根据人民银行温州市中心支行发布的 2011 年第二季度报告，温州约89%的家庭、个人和60%的企业都参与了民间借贷。在温州，民间借贷最早的形式叫“呈会”。比如一群朋友呈会，由一个最急需用钱的人来牵头。每月每人都拿出1000元，把钱凑起来给需要用钱的人。领钱的顺序由所有人商量确定，最终会排出一个资金领用表，牵头的人就排在这个表的第一位。所有人都轮过一遍后，“呈会”就结束了。“呈会”是最原始的民间资金流动模式，也是温州民间金融的基础，它的基本特征是熟人网络、信用基础和资金的封闭式循环。后来，民间资金的互助方式因民间资本量的增加而逐渐改变。随着中小企业的财富积累，民间的资金流动呈现出专业化的分工趋势。在双方的资金联系中，借方贷方截然分开，不再分享资金的使用权，而是以资金的利息作为联系纽带。

民间借贷看起来是一种既能快速获得资金，又能保证企业经营效率的模式。但这些优势也是它的风险所在：为满足实用性，民间借贷牺牲了契约的完整性。借款因为是基于一种人情关系，所以很可能借钱的人家里急用钱，会随时把借款收回。这条环环相扣的资金链条庞大却脆弱，它利用的是所有参与这场逐利游戏的个体使用资金的时间差。信心是游戏根本，一旦信心丧失，所有人都害怕有限的资金被别人拿走，同时提款，形成挤兑，资金使用的时间差就丧失掉了。民间挤兑发生之后，你即使给再高的利息，也没有人愿意把钱借给你。即便民间还有庞大的存量资金，也无法补充进这个已经出现缺口的链条中。

到底是什么原因导致温州民间借贷这条资金链条爆发了2011年的危机呢？

原因一：紧缩的货币政策成“导火索”

2010年10月，由于通货膨胀持续上升以及宏观总量调控政策的实施，整个经济体系的资金成本快速上升。资金利率水平上升到历史罕见的高位，短期票据贴现利率一度达到了12%～13%，超过了2008年金融危机时期的水平。

银根收紧，民间借贷利率也逐渐处于阶段性高位。2011年，温州民间借贷综合利率持续上扬，9月份民间借贷综合利率比1月份高了2.43个百分点，创历史新高。其中，融资中介市场（担保公司）的利率甚至高达40%，为同期基准利率的3～5倍。而一些融资性中介机构的月利率普遍达到5分以上，短期拆借利率甚至达到1角，为同期基准利率的近20倍。

原因二：中小民营企业融资难度提升

中小企业、民营企业融资难有技术上的原因，比如能够提供的合格担保品比较少、没有长期健全的信用记录、经营风险大、信息不对称问题突出等，使得无论在银行体系中，还是在资本市场上，它们的融资都更为困难。在银根紧缩的形势下，短缺的信贷资金和旺盛的借款需求，让中小企业的融资出现前所未有的困难，民间资金也格外活跃起来，派生出一种依附于银行又游离于银行体系之外的间接融资模式。资金紧张的企业只能找担保公司或者典当行，以较高的利率进行短期的资金周转。

原因三：小企业的投机行为使实体经济空心化

温州炒房团、炒煤团的大量出现，及民间资本的热钱化使温州实体企业空心化。根据当时人民银行温州市中心支行的调查报告，1100 亿元温州民间借贷资金中，用于一般生产经营的占35%，用于房地产项目投资或集资炒房的占20%，由一般社会主体（以个人为主）借给民间中介的借贷资金占20%，民间中介借出的被借款人用于还贷垫款、票据保证金垫款、验资垫款等短期周转的占20%，剩余5%为其他投资、投机及不明用途。即40%（440 亿元）的资金处于"空转"状态，并未投入实体生产经营。

有专家列出了危机产生的完整链条，认为这场借贷危机的背后，投机意识膨胀才是问题的根源：温州人靠创业完成资本积累抽离实业赚快钱（炒房炒矿炒物资）→被套或亏损→贷款→孤注一掷想扳本（加倍炒房、炒黄金白银期货）→银行信贷收缩→借高利贷还贷→想继续贷款→贷不到→借高利贷借新还旧→演化成金融传销炒钱→房地产难出货及金银期货大跌→借债人跑路→金融传销击鼓传花游戏中止→高利贷资金链断裂→民间债务危机。

第三节 民营企业财务风险的防范

民营企业财务风险不仅关乎企业自身的稳定，也牵动着国家经济的稳健与可持续发展。对于企业而言，财务风险的防范是确保财务安全、维护企业利益的重要措施，需要综合运用一切有效的保护性策略以规避财务风险带来的损害。同时，政府、企业管理者和研究机构需携手合作，共同制定并执行更有效的政策、战略和解决方案，以支持民营企业的健康发展。本节将以民营企业为主体，探讨相应的风险防范策略。

一、民营企业财务风险防范措施

（一）关注相关政策文件

近年来，国家出台了一系列旨在支持民营企业发展的政策文件，例如《关于支持民营企业加快改革发展与转型升级的实施意见》和《中共中央 国务院关于促进民营经济发展壮大的意见》等，为民营企业提供了更加公平、公正、稳定的融资环境和政策支持。民营企业应积极、全面地了解最新政策动态，发挥其灵活性优势，及时调整发展计划和资金使用计划，以扩大政策效益。同时，企业应认真贯彻国家关于融资政策文件的精神，加强财务制度建设，提高财务信息的透明度和准确性，积极寻求多元化融资渠道，降低融资成本和风险。

拓展阅读

2019 年 2 月 14 日，《关于加强金融服务民营企业的若干意见》

实施差别化货币信贷支持政策，合理调整商业银行宏观审慎评估参数，鼓励金融机构增加民营企业、小微企业信贷投放。

加大直接融资支持力度，积极支持符合条件的民营企业扩大直接融资，加快民营企业首发上市和再融资审核进度。

2023 年 11 月 27 日，《关于强化金融支持举措 助力民营经济发展壮大的通知》

明确金融服务民营企业目标和重点，提高服务民营企业相关业务在绩效考核中的权重，逐步提升民营企业贷款占比。

积极开展产业链供应链金融服务，支持供应链上民营中小微企业开展订单贷款、仓单质押贷款等业务。

主动做好资金接续服务，对暂时遇到困难但产品有市场、项目有发展前景、技术有市场竞争力的民营企业，按市场化原则提前对接接续融资需求，不盲目停贷、压贷、抽贷、断贷。

2024 年 3 月 28 日，《统筹融资信用服务平台建设 提升中小微企业融资便利水平实施方案》

强化全国信用信息共享平台的信用信息归集共享“总枢纽”功能，统一归集各类信用信息，并作为向金融机构集中提供公共信用信息服务的“唯一出口”。

努力实现普惠型小微企业贷款增速不低于各项贷款增速，加大首贷、续贷投放，增加小微企业法人贷款。

（二）建立健全财务管理体系

建立健全财务管理体系是中小民营上市企业防范财务风险的重要措施之一，包括制定科学、规范的财务管理流程，建立完善的财务报表制度和财务分析体系，以及实施有效的内部控制和风险管理措施。建立全新的财务管理体系有助于中小民营上市企业实现财务管理的规范化、科学化和精细化，提高财务信息的准确性和透明度，降低财务风险，增强企业竞争力。同时，政府和社会各界也应加强对中小民营企业的支持和引导，为其提供更加完善的市场环境和政策支持。

（三）做好筹投资预算管理

筹投资预算管理能够帮助企业合理规划和管理筹资活动和投资活动，确保企业资金的合理分配和有效利用，避免因筹资、投资不当引发的财务风险。民营企业在实践中可以通过以下几个方面加强筹投资预算管理工作：

首先，制订科学合理的筹资、投资预算计划，充分考虑市场环境、风险性、筹资成本及投资回报等因素，确保预算的合理性和可行性。

其次，建立健全项目投资决策机制，规范决策流程，充分评估和筛选项目，避免因个人主观意愿导致的决策失误和财务风险。

最后，加强预算执行和监督，在筹资、投资实施过程中，严格按照预算计划进行筹资、投资活动，并加强过程中的监督和控制，及时发现和解决出现的问题，规避财务风险。

（四）在经营中融入业财融合理念

融合业务和财务管理有助于更全面地了解企业的经营状况。通过将财务数据与经营数据相结合，企业管理者可以更好地把握经营状况，实时监控业务运营和财务健康情况，及时做出决策，应对财务风险；同时，业财融合能够提高企业的财务透明度。财务数据和经营数据的融合可以帮助企业建立更加透明的财务管理体系，降低潜在的财务风险。最重要的是，业财融合有助于提高企业的灵活性和战略决策能力。在竞争激烈的市场中，企业需要不断调整战略，根据市场需求做出灵活的经营决策。通过融合业务和财务数据，企业可以更好地分析和预测市场走势，制订更具战略性的经营计划。

二、案例分析：蛋壳公寓的资金链风险①

"蛋壳公寓"成立于2015年1月，企业正式注册名称为"紫梧桐（北京）资产管理有限公司"，2020年1月在美国纽交所上市。2015年正处于长租行业的发展期，大量长租公寓品牌涌现，蛋壳公寓凭借其优秀的互联网管理团队，独得资本青睐。截至2020年1月17日上市，蛋壳公寓共完成八轮融资（见表7－8）。在资本加持之下，蛋壳公寓快速扩张，公司员工从3人发展到5000余人，五年内运营公寓超40万间，市场覆盖范围先后从北上广深一线城市延伸至全国共13个主要一、二线城市。2015年至2018年底，蛋壳房间数年复合增长率居行业第一，达到360%，成为国内长租公寓规模第二大的运营商，也解决了行业内租赁房源存量不足的痛点。

---

① 资料来源：《累卵之危——蛋壳公寓的资金链风险》，中国管理案例共享中心案例库。

表 7－8　蛋壳公寓融资历程

披露日期	融资轮次	交易金额	投资方
2015－01－01	天使轮	不详	领英中国总裁沈博阳
2015－07－29	A 轮	不详	开物投资
2017－06－28	A＋轮	不详	愉悦资本、优客工场、开物投资
2018－02－26	B 轮	1 亿美元	高榕资本、CMC 资本、酉金资本、元璟资本、BAI 贝塔斯曼亚洲投资基金、愉悦资本
2018－06－06	B＋轮	7000 万美元	Tiger Global Management、BAI 贝塔斯曼亚洲投资基金、元璟资本、酉金资本、愉悦资本、高榕资本、CMC 资本
2019－03－01	C 轮	5 亿美元	Tiger Global Management、蚂蚁金服、春华资本、CMC 资本、高榕资本、愉悦资本
2019－10－29	D 轮	1.9 亿美元	CMC 资本、春华资本
2020－01－17	IPO 上市	1.49 亿美元	公开发行

（一）利润微薄，高开低走

承载着市场厚望的蛋壳以疾速扩张开局，“互联网公司”的名号在长租公寓品牌中打响，业务亏损却逐年扩大。2017 年至 2018 年营业收入增速高达 307.29%，之后营业收入逐年上升，2020 年受到新冠疫情影响大幅下降。然而营业收入的增长和净利润的增长呈反比关系，即规模越大，亏得越多。

基于财报数据，投资者发现蛋壳公寓几年来的持续亏损主要原因有以下几点：第一，长租公寓行业资金回报周期较长、资金回笼慢。第二，长租公寓赚的是租金差和服务费，租金利润低。第三，除了行业给蛋壳公寓带来的桎梏，其本身的运营模式也将成本提高，再度压缩利润空间。

（二）高收低租，资金紧张

蛋壳公寓 5 年 8 轮的快速扩张之路，实现融资 54 亿元，导致资金成本、运营成本负担较大。为了跑马圈地，在竞争中获得较大的市场份额，即使是地段较好租金较高的房源，蛋壳也不惜花费高昂的拿房成本将其收入囊中，再加上维修改造费用，成本已不容乐观，而面对选择租房的年轻人，租价过高根本没有竞争力，蛋壳只好低价出租。

在这种“高收低租”模式中，一方面，蛋壳公寓大量高价收集储存房源，根据蛋壳 2019 年财报数据，2018 年 3 月，蛋壳的房源规模为 27 万套，年底增加为约 44 万套。另一方面，蛋壳公寓以低价招揽顾客，吸引流量。蛋壳公寓在疯狂的市场扩张中，把公司轻资产变成了高负债的现金黑洞。在此期间，蛋壳公寓用提前收取的租金进行投资来补足差价，但是租客越来越多，需要交付给房东的租金也越来越多，于是，资金链陷入了恶性循环。从2017年开始，蛋壳公寓的现金及现金等价物就远远不能承担借款和房东租金等支出，在这种情况下，一旦出现市场波动，如扩张不顺、入住率低或者大量退租等，蛋壳公寓就会面临资金链断裂的风险。

（三）疫情寒冬，平台爆雷

从蛋壳公寓的商业模式来看，蛋壳公寓、房东、租客本就是一条生态链，如果蛋壳公寓能够正常支付房东租金，租客就能继续住房，蛋壳公寓也就继续收到租客的租金，也就能继续拿房、租房。但是，2020年10月开始，部分房东发现租金未能按时到账，部分租客也发现，公寓配套的保洁和维修服务开始中断，一些租客甚至收到房东要求收回房屋的通知，为房东和租客解决问题的蛋壳管家也不见踪影。可见，蛋壳公寓的资金链断了，继而出现了房东赶人、租客退租的连环效应（见图7－3）。

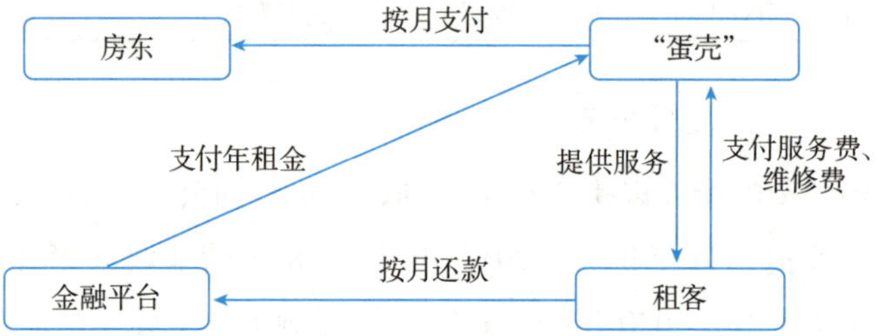

图7－3　蛋壳公寓资金流转示意图

（四）结束语

蛋壳公寓其实赶上一个好时代，2015年，国家出台政策大力扶持住房租赁项目，租赁住房刚刚兴起，每个长租企业都摩拳擦掌、跃跃欲试。但是，租客预先缴纳的季度或年度租金使得蛋壳公寓迷失了方向，以为自己现金流充裕，资金链牢固，将眼光投向无休止的市场扩张中。

基于上述案例资料我们可以发现，蛋壳公寓在经营过程中面临着筹资风险、投资风险与运营风险。究其成因，主要有以下三点：

（1）高杠杆快速扩张：蛋壳公寓经过多轮融资快速扩张，导致资金成本和运营成本负担较大，杠杆率高。同时，快速扩张导致资金链紧张，一旦市场波动，如入住率低或大量退租，资金链容易断裂。

（2）市场判断失误：对市场趋势判断失误，在租金较高地区高价获取房源。高价收取房源，低价出租，导致利润微薄。

（3）疫情外部冲击：新冠疫情导致市场需求下降，加剧运营困难。此外，原运营模式导致成本提高，进一步压缩利润空间。

为确保企业财务安全与稳健发展，蛋壳公寓应：拓展多种融资渠道，降低对单一融资方式的依赖；控制债务水平，避免过度借贷，保持财务结构稳健；加强市场研究，合理预测市场趋势，避免盲目扩张；对每一个投资项目进行严格的回报评估，确保投资效益；加强现金流管理，确保有足够的流动资金应对突发的市场波动，并根据市场变化灵活调整租金，以适应市场需求。

本章小结

1. 财务风险的内涵与特征：本章探讨了财务风险的定义，分析了财务风险的特征，包括其客观存在性、不确定性、全面性、收益与损失的共存性以及多样性，这些特征共同构成了财务风险的复杂性。

2. 民营企业财务风险的类型与成因：本章进一步讨论了民营企业可能面临的财务风险类型，包括筹资风险、投资风险和运营风险，并深入分析了这些风险的成因，帮助学生理解财务风险如何在企业的日常运营中产生和演变。

3. 财务风险评价工具的应用：介绍了杜邦分析法、Z-score 模型和层次分析法等财务风险评价工具，并结合实际案例，展示了如何应用这些工具进行财务风险的诊断和评估，为学生提供了实际操作的框架。

4. 财务风险防范策略：提出了一系列财务风险防范措施，包括关注相关政策文件、建立健全财务管理体系、做好筹投资预算管理和在经营中融入业财融合理念，旨在帮助民营企业构建全面的财务风险管理体系。

·关键术语

筹资风险；投资风险；运营风险；杜邦分析法；Z-score 模型

·思考与练习

1. 描述风险的三种观点，并解释它们如何影响你对风险的理解。

2. 根据本章内容，分析民营企业在筹资、投资和运营方面可能面临的具体财务风险。

3. 选择一个民营企业案例，应用杜邦分析法对其财务状况进行评价，并提出改善建议。

4. 讨论 Z-score 模型在财务风险评价中的优点和局限性。

5. 针对民营企业的财务风险，提出一个综合的管理策略，并解释其重要性。

·案例分析

被“榨干”的汇源果汁

中国汇源果汁集团有限公司成立于 1992 年，主要从事制造及销售浓缩果汁、果浆及果汁饮品业务，是国内屈指可数的全产业链果蔬汁生产商。虽然汇源宣称"人才决定企业的业绩，业绩决定企业的兴衰"的企业价值观，但实际上汇源内部的职工，80%来自创始人朱新礼的家乡，朱新礼曾表示："文化和习俗的接近性，自然产生信任感，这是全球通行的道理。"汇源的管理层中，有不少都是朱新礼的亲属：女儿朱圣琴多年主管广告业务、女婿高勇担任集团副总裁、弟弟朱新德管理浓缩果汁工厂……在财务状况出现问题后，汇源也曾改革治理模式，多次引入职业经理人，但每一次引入的任职期都很短，汇源的职业经理人治理模式改革也一直没有取得成功。

一、初创风光

汇源果汁的创造史，也是朱新礼本人的血汗史。作为汇源的创始人，曾经他只是山东沂蒙一个普通的"村官"，1992 年春天，邓小平的南方谈话，激励了一批创业者"下海经商"，朱新礼也是其中之一，他义无反顾选择辞职，接手了一家负债千万元的县办水果罐头厂，创建了汇源果汁的前身——山东淄博汇源食品饮料有限公司，开始了汇源的果汁路程。

1993 年，朱新礼只身一人前往德国慕尼黑参加食品展销会，并拿到了汇源的"第一桶金"——瑞士公司价值 500 万美元的浓缩果汁出口订单；1994 年，朱新礼带领团队北上，前往北京顺义"开垦荒地"，创立了北京汇源食品饮料有限公司；1995 年汇源第一包 250ml 纯果汁成功上市并热销；1997 年，汇源以 7000 万元的高价，中标央视新闻联播 5 秒标版广告权，一举打开了品牌在全国的知名度，开启"国民品牌"之路；1999 年，汇源荣获"中国饮料工业十强"；2000 年组建了全国八大营销区，汇源搭建起全国营销网络。

汇源的初创时期可谓一帆风顺，在创业过程中，朱新礼凭借敏锐的洞察力决定转型做浓缩果汁，抢先占据了国内高、中浓度果汁的空白市场，凭借独特的产品竞争力，此后几年，朱新礼带领汇源走向了辉煌的高光时刻，一路狂奔成为中国的果汁巨头。早在 2000 年，汇源果汁就占据了当年国内果汁饮料 23% 的市场份额，产量高达 22 万吨，远超第二品牌十倍之余，同时销售业绩也高达 12 亿元。

二、持续扩张

虽然果汁事业如日中天，朱新礼却发现，汇源果汁生产产品的果浆高度依赖进口，这使得产品成本偏高，自身利润增长受到局限，且纵观整个中国果汁行业，果浆的生产量都很小，行业发展的瓶颈更多存在于上游产业。此时朱新礼仿佛看到了一片尚待开垦的新大陆，他坚信，如果可以率先建立起原料生产的产业链，汇源会有质的飞跃，甚至可以带动整个果汁行业的发展。果农业建设必须搞起来，但如此巨大的工程，汇源自身的资金能力是远远不够的，因此，汇源需要志同道合的融资伙伴。就此，汇源开始了漫长的扩张战略布局。

随着销量的提升，企业的规模不断扩大。汇源果汁先是与其他企业合作建立了北京汇源集团，几年之后又创立了中国汇源果汁控股企业，汇源果汁在和其他企业合作多年后，最终发展为中国汇源果汁集团有限公司。汇源果汁经过多年的发展，于2007年成功上市，上市的第一天，公司股价的增长就已经超过了66%。汇源果汁一路发展壮大，在全国各地发展经销商，公司拥有了成熟的生产和销售线路，并且产品质量得到了广大人民的认可，深受全国人民的喜爱。汇源果汁生产的产品在我国以及国外市场都占据很大的销售额，长期保持销量增长。

三、收购失败

汇源果汁自成功上市后多年处于行业领先地位，销量占据果汁行业第一，公司经营状况良好。2008年，可口可乐宣布收购汇源果汁。在相关部门对这次收购案进行审查期间，为了满足收购的条件，汇源果汁按照与可口可乐的约定，对公司做出了大刀阔斧的调整，对于公司发展多年建立起的销售渠道，汇源果汁直接减掉了大半，并辞退了很多员工，使得公司的销售规模变小，汇源果汁建立多年的销售体系分崩离析。朱新礼一直对上游产业很感兴趣，收购案如果成功进行，朱新礼就有足够的资金对上游产业进行投资。在收购案还没有彻底敲定的时候，朱新礼先对上游产业投入了大量资金，这一举动不仅可以使企业在资产评估时市值增加，而且为收购完成后企业接下来的工作提前作了铺垫。

汇源果汁为成功出售企业做了很多准备工作，但是第二年商务部阻止了这次收购，因为收购可能造成业内垄断。由于汇源果汁的一系列行动都是以收购案顺利进行为前提的，最终收购的失败，使得汇源果汁作出的所有努力都付诸东流。预期的资金没有到账，汇源果汁的转型计划失败了，公司背负的债务增多，加大了财务压力，并且由于汇源果汁之前砍掉了大部分销售渠道，汇源果汁多年经营才形成的销售规模已经被打破了，很难再恢复到原来的局面。这些因素最终导致了汇源果汁的业绩直线下滑，利润多年出现负增长，长期依靠政府补贴来支撑企业的运营。

四、深陷泥潭

自2008年起，公司的负债规模逐年扩大，汇源果汁年度财务数据显示，从2014年至2017年，汇源的负债总额从65.35亿元飙升至114.02亿元，负债比率高达51.8%（汇源果汁2013—2017年负债规模如图7－4所示）。食品饮料分析专家韩亮曾解释："当年的汇源果汁一心是想往上游发展的，可口可乐收购失败之后，汇源果汁不得不重新布局，而新建工厂、买基地、买种子都属于重资产的投资行为，这么多年下来，公司的资产负债率必然会升高。"

2017年，汇源果汁被爆出存在一笔并未对外公布的违规贷款，并且数额巨大，

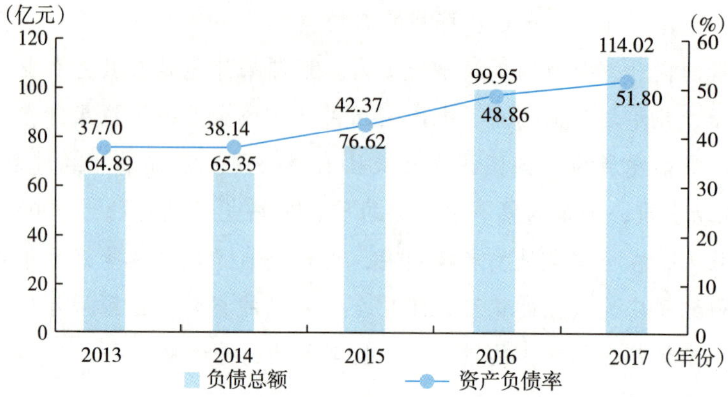

图7－4 汇源果汁2013—2017年负债总额及资产负债率

这一消息的爆出让汇源果汁陷入了前所未有的危机。这笔数额巨大的贷款没有经过严格的审核程序，也没有签订协议，直接造成汇源果汁停牌（见图7－5）。在有效期限内公司一直没有满足复牌条件，导致汇源果汁在2021年退市，最终走向破产重组。

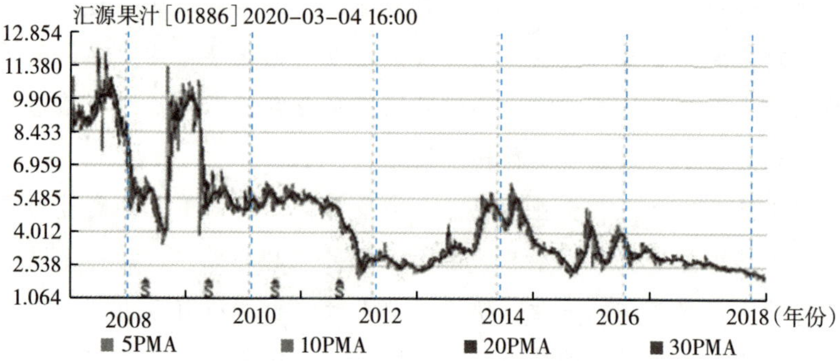

图7－5 汇源果汁2007—2018年市值情况

五、尾声

回首汇源的29年，实乃坎坷曲折。初创时期快速问鼎果汁市场，扩张时期为配合产业建设，采取激进的财务战略，多次融资又始终如一地投资。虽然汇源一直坚持自己的扩张战略，但在实施过程中并不顺利：扩张速度失控、受到政策限制、销售业绩下滑……无论是筹资还是投资，都反映出汇源的财务战略存在一系列问题，而错误的背后也暗藏着重重财务危机。上市后汇源完成基本布局，进入成熟期，继续采取扩张型财务战略，并购融资失败、销售渠道瓦解后汇源负债累累，陷入了"融资—投资"的死循环中，而后业绩亏损、违规贷款、被迫停牌。

资料来源：《被"榨干"的汇源果汁》，中国管理案例共享中心案例库。

阅读上述资料，思考下列问题：

1. 汇源果汁在扩张过程中遇到了哪些财务风险？这些风险是如何产生的，又是如何影响公司财务健康的？

2. 汇源果汁在产业扩张中进行了大规模的投资，这些投资是否带来了预期的回报？如何评估这些投资的效益与风险？

3. 汇源果汁的家族化管理模式对其财务风险管理有何影响？

4. 鉴于汇源果汁的历史经验和当前市场环境，你认为公司未来应采取何种发展战略？应如何规划以防范财务风险？

第八章

民营企业现代化治理与党组织建设

本章导入

在当前经济全球化和市场竞争日益激烈的背景下，民营企业作为我国经济发展的重要力量，其现代化治理水平的高低直接关系到企业的生存和发展。因此，提高民营企业现代化治理水平，不仅是企业自身发展的需要，也是推动我国经济持续健康发展的关键。

本章将深入探讨民营企业现代化治理的内涵、面临的挑战及解决路径。首先，介绍现代企业制度的历史发展，解释企业所有权与经营权的分离，从而引出单边治理理论、共同治理理论和代理理论等企业现代化治理的理念与框架。其次，分析当前民营企业现代化治理面临的几大主要困境，并介绍优化股东会与董事会的结构设计、强化监事与高层管理激励约束机制等民营企业现代化治理路径。最后，本章还探讨了中国特色企业制度，以及新时代背景下党建融入民营企业治理的意义、内容和对策。

通过本章的学习，读者将理解现代化治理体系对于民营企业发展的重要性，并学会如何在实践中应用这些理念与方法，共同推动我国民营经济的繁荣与发展。

学习目标

（1）知识目标：深刻理解现代企业制度的起源、发展和演变过程；掌握企业所有权与经营权分离的含义；了解民营企业现代化治理的核心理论和有效途径；学习中国特色现代企业制度的演进历程；理解非公企业党建工作的重要性。

(2) 能力目标：培养识别和分析民营企业现代化治理问题的能力；通过案例研究和实践模拟，增强运用企业现代化治理知识解决实际问题的技能，鼓励提出创新性的解决方案。

(3) 综合目标：深化对民营企业现代化治理重要性的认识，树立正确的企业治理观念，培养对民营企业党建工作的认同感和责任感，激发参与和推动民营企业现代化治理的热情，培养新时代商业领袖的责任感。

第一节 企业现代化治理的制度演进与核心理论

一、现代企业制度的历史与发展

（一）企业制度的演进

要理解民营企业的现代化治理，要先了解企业制度的演进。企业制度是一个随着经济和社会变迁而不断演进的过程。

1. 业主制企业

业主制企业（sole proprietorship）起源于14—15世纪，是最早出现的企业组织形式之一。这种企业模式由个人全权拥有和独立经营，往往规模较小，以手工作坊或家庭作坊的形式存在，其生产的产品主要服务于当地市场。作为最原始的企业形态，业主制企业的结构简洁。所有者与经营者角色合一，两者的利益是完全重合的，使得业主有充分的积极性对企业的经营过程和成果进行监督。而且业主对企业拥有完全的控制权，减少了经营管理中的制约因素，使得企业的决策过程迅速且灵活。

然而，业主制企业也存在明显的局限性。由于缺乏多元化的融资渠道，企业的成长和扩张能力受到限制。此外，业主的个人财产与企业财产之间缺乏明确的界限，导致业主必须承担企业的所有债务和风险。例如，一个人将自己的全部积蓄投入到了一家小店中，如果小店经营不善，不仅店铺的资产会受到影响，业主个人的积蓄也会面临风险，甚至可能需要用个人资产来偿还店铺的债务。这种无限责任意味着业主的个人生活和财务安全与企业的经营状况紧密相连，一旦企业遇到财务危机，业主的个人财产也将受到威胁。这种无限责任显著提高了经营风险。

2. 合伙制企业

18世纪中期，第一次工业革命使得生产技术发生了翻天覆地的变革。机器在生产中的广泛应用极大地提高了生产效率，推动了生产规模的持续扩大。面对这一变化，企业需要更多的资金来购买机器、扩大生产设施和雇用更多的工人。然而，业主制企业下的业主个人已无法承担日益增长的资金需求，企业开始寻求新的组织形式。在此背景下，业主制企业逐渐向合伙制企业（partnership）转型。

合伙制企业是由两个或更多的合伙人共同拥有和经营的企业，合伙人共同承担企业的风险和收益。这种形式允许企业通过合伙人的共同投资来筹集更多的资金。与业主制企业相比，合伙制企业在资金筹集方面具有明显的优势。合伙人之间的合作，不仅有助于分散风险，还能集中资源，提高企业的竞争力。

然而，合伙制企业也存在一定的局限性。由于合伙人的数量和投资能力有限，企业的规模仍然受到一定程度的限制。此外，合伙制企业的决策和管理也面临着一定的挑战。合伙人之间的意见分歧和利益冲突，可能会影响企业的运营效率和发展方向。同业主制企业一样，合伙制企业中的合伙人承担的是无限责任，这意味着合伙人的个人财产可能被用于清偿企业的债务。这种责任形式增加了合伙人的风险，但也激励了他们更加谨慎地管理企业，确保企业的稳健运营。

尽管存在这些局限性，合伙制企业在工业革命时期仍然发挥了重要作用。它们为企业的扩张提供了必要的资金支持，推动了生产技术的进步和产业结构的升级。同时，合伙制企业也为后来的公司制企业奠定了基础，为现代企业制度的形成和发展做出了贡献。

3. 公司制企业

随着企业规模的不断扩大和资本市场的日益成熟，公司制企业（corporation）在19世纪成为现代企业制度的典型代表。这种企业形式的特点在于其拥有独立的法人地位，即公司在法律上被视为一个独立的实体，与业主或合伙人个人分开。这种独立性使得公司能够拥有自己的财产、签订合同、起诉和被起诉，就像一个独立的"人"一样进行商业活动。这使得公司能够独立于其所有者进行商业活动，增强了企业的稳定性和预测性。

在公司制企业中，股东是公司的所有者，他们通过购买公司的股份来拥有公司的一部分。股东的责任通常限于其投资额。如果公司出现债务或法律问题，股东的个人财产不会受到影响，除非他们自愿承担更多的责任。这种有限责任的设置极大地降低了投资者的风险，使得更多的人愿意将资金投入到企业中，从而促进了企业的成长和扩张。

在我国，有限责任公司和股份有限公司是公司制企业的两种主要形式，它们在法律结构和所有权方面有所不同。有限责任公司是指由多名自然人或法人作为股东，根据各自的出资比例承担有限责任的企业组织形式。股东对公司债务承担有限责任，其责任限于各自认缴的出资额。这种类型的公司通常规模较小，管理结构相对简单，适合中小型企业。

股份有限公司又称股份公司，其总资本被分为等额股份。多名自然人或法人作为股东，根据各自持有的股份比例分享公司收益和承担风险与责任。股份有限公司可以通过发行股票来筹集资金，股票可以在股票市场上交易。这种类型的公司通常规模较大，管理结构相对复杂，需要遵守更多的法律法规，适合大型企业。

有限责任公司和股份有限公司的差异如表 8－1 所示。

表 8－1　有限责任公司和股份有限公司的主要差异

特征/类型	有限责任公司	股份有限公司
定义	由多名自然人或法人作为股东，根据各自的出资比例承担有限责任的企业组织形式	总资本被分为等额股份，多名自然人或法人作为股东，根据各自持有的股份比例分享公司收益和承担风险与责任
规模和管理	通常规模较小，管理结构相对简单	通常规模较大，管理结构相对复杂
股东人数	1～50 人	发起人在 2 人以上 200 人以下，但股东人数没有上限
责任限制	股东以其认缴的出资额为限，对公司债务承担有限责任	股东以其认购的股份数量为限，对公司债务承担有限责任
资本结构	股东出资比例不同，资本结构相对灵活	总资本被分为等额股份，资本结构相对固定
资本筹集	通过股东出资筹集资金，不能公开募集股份，不能公开发行股票	可以通过发行股票来筹集资金
股票交易	股票通常不公开交易	股票可以在股票市场上交易
财务报告	一般不需要公开财务报告	需要定期公开财务报告
法律法规	需要遵守相关的法律法规，但相对较少	需要遵守更多的法律法规，尤其是上市公司的监管要求

4. 不同企业类型的比较

在企业制度的演进过程中，不同类型的企业各具特色，在不同的历史阶段和经济环境下发挥着重要作用。比较这些企业类型的差异有助于我们更深入地了解现代企业制度的多样性和复杂性。它们的主要特征差异如表 8－2 所示。

表 8－2　不同企业类型的特征差异

类型	业主制企业	合伙制企业	公司制企业
业主数量	1 个	2 个或以上	多个股东
责任限制	无限责任，个人财产与企业财产无明确界限	无限责任，合伙人对企业债务承担无限责任	有限责任，股东以其出资额为限承担责任
法律地位	无独立法人地位	无独立法人地位	有独立法人资格，企业作为法律主体独立存在

续表

类型	业主制企业	合伙制企业	公司制企业
资本筹集	主要依靠业主个人信用，融资能力有限	合伙人共同筹集，融资能力较业主制企业强	通过发行股票、债券等多种方式筹集资金，融资能力强
利润分配	利润全部归业主所有	根据合伙协议分配利润	根据股东持股比例分配利润
企业公开性	较低，无须公开财务信息	较低，通常无须公开财务信息	较高，上市公司需定期公开财务报告
适用法律	《中华人民共和国个人独资企业法》	《中华人民共和国合伙企业法》	《中华人民共和国公司法》

（二）企业治理与企业管理的异同

从业主制企业、合伙制企业到公司制企业的制度演进，反映了企业组织形式随着经济发展和社会变迁而发生的深刻变化。在这一发展过程中，企业治理与企业管理的异同逐渐清晰，成为现代企业制度不可或缺的组成部分。

企业治理主要涉及企业权力结构和利益相关者之间的协调与制衡，确保企业决策的合理性和有效性。这种治理结构通常集中在企业的高层，如董事会和高级管理层，他们负责制定企业的重大决策和监督机制，包括经营计划、投资决策以及高级管理层的聘用等。企业治理的目标是实现股东利益的最大化，同时保护其他利益相关者的权益。它关注的是企业的整体方向和长期利益，考虑的是企业的长远发展和可持续性。

相对而言，企业管理侧重于企业内部的日常运营和管理工作。包括计划、组织、指挥、协调和控制等一系列职能，涵盖了从高层管理到基层员工的所有层级。企业管理的对象是企业的日常运营活动，如生产、销售、财务、人力资源等，其目标是提高企业的运营效率和盈利能力，确保企业目标的实现。这种分工与合作，使得企业能够在复杂多变的市场环境中保持竞争力，实现可持续发展。企业管理关注的是企业的短期目标和日常运作，考虑的是企业的效率和效益。

以大型农场为例，企业治理类似于农场的董事会，负责制定长期战略，如作物种植、资源分配和市场应对等，确保农场的持续繁荣。而企业管理则像是农场的日常运营团队，负责具体的种植、收割和销售等日常工作，确保农场的运营顺利进行。

企业治理为企业管理提供了一个框架，确保企业在正确的轨道上运行，而企业管理则是在这个框架内实现企业的具体运营目标。两者相互依存，共同推动企业的发展。企业治理确保企业运营的正确性，而企业管理则确保企业运营的效率和效果。通过这种相互配合，企业能够在保护股东和利益相关者权益的同时，实现商业目标和社会责任的双赢。

二、所有权与经营权的分离

随着企业制度的演变，所有权与经营权的分离已经成为现代企业制度的一个重要特征。

（一）两权分离的原因

1. 资本扩张的需要

企业规模的增长带来了对资本需求的增加。为了筹集更多的资金，企业必须引入更多的投资者，这自然导致了所有权的分散。在资本主义经济的理论体系下，资本与劳动的分离允许资本所有者和劳动提供者各自专注于他们最擅长的领域。资本所有者负责提供必要的资金，而专业的管理者则运用这些资金来推动企业的有效运营。

2. 专业化管理的需求

在市场竞争加剧的背景下，企业面临的业务环境日益复杂多样。此时，专业化管理变得尤为重要。企业所有者可能缺乏必要的专业知识或时间来全面管理企业，但专业的管理人员能够运用其专业知识和技能，更有效地管理企业，提升生产效率和市场竞争力。因此，将经营权交给专业的管理者成了企业发展的必然选择。

3. 分散风险

所有权与经营权的分离有助于降低企业和投资者的风险。投资者通过购买股票成为企业的所有者，无须直接参与企业的日常管理，这不仅降低了个人风险，也为企业带来了更稳定的资本支持。同时，管理者的专业知识和经验有助于识别和降低企业的经营风险，从而保护投资者的利益。

4. 构建激励机制

两权分离还为企业提供了建立有效激励机制的空间。通过股票期权、绩效奖金等激励手段，企业能够激发管理人员的积极性，促使他们更加努力地工作以提升企业效益。这种激励与约束机制的建立，有助于吸引和保留优秀的管理人才，为企业的长期发展提供人才保障。

（二）两权分离的结果

1. 企业规模扩大

所有权和经营权的分离为企业提供了发行股票和债券等筹集资金的途径，为企业的扩张和投资提供了必要的资金支持。同时，这种分离还有助于保护投资者的权益，因为投资者可以通过企业治理结构参与到企业的管理和决策中，确保企业运营的透明度和责任性。

2. 企业绩效提升

所有权和经营权的分离允许所有者专注于资本投入，而将日常管理委托给专业团队。专业化管理的引入有助于提高企业的决策质量和市场响应速度，使得企业能够更有效地应对市场变化，提高生产效率和竞争力。管理者的专业知识和经验使他们能够迅速做出决策，优化企业运营，从而提升企业的整体绩效。

3. 代理问题出现

由于所有者和管理者之间的利益可能不一致，管理者追求个人利益而非股东利益，代理问题随之产生。为了解决这一问题，企业需要建立有效的企业治理机制，确保管理者的行为与股东的长期利益相一致。

4. 企业治理机制进一步完善

所有权与经营权的分离促成了企业治理结构的建立，包括董事会、监事会在内的机构开始出现，以监督和管理企业的经营活动。这是一个企业治理机制逐步完善、不断创新和充实的过程，这一过程打破了资本对控制权的垄断，体现了对人力资本等非物质资本的重视。

三、企业治理的核心理论

为了应对所有权与经营权分离所带来的问题，学术界发展出了一系列企业治理理论。这些理论构成了企业治理研究的基石，主要包括单边治理理论、共同治理理论和代理理论，分别从不同的角度探讨了企业治理的本质和机制。

（一）单边治理理论

单边治理理论亦称股东治理理论，主张企业决策权应由股东掌握。这种理论以股东利益为核心，认为企业的主要目标是实现股东价值的最大化。因为股东是企业风险的主要承担者，理应获得相应的投资回报。因此，单边治理理论强调保护股东权益，防止管理层的权力滥用，确保股东利益不受损害。在单边治理的框架下，企业治理结构的设计以股东利益为出发点，董事会和监事会的作用是代表股东，监督管理层，确保企业运营符合股东的期望和利益。这种治理模式确保了股东在企业决策中的主导地位，从而在理论上保障了股东的权益。

然而，单边治理理论也受到了一些批评，认为它过于强调股东利益，而忽视了其他利益相关者（如员工、客户、供应商等）的权益。这种偏重可能导致企业在追求股东利益最大化的过程中，牺牲其他利益相关者的利益，从而影响企业的长期可持续发展。

特别是在20世纪80年代美国的“恶意收购”浪潮中，单边治理理论受到了严峻挑战。在这一时期，许多企业为了抵御收购，采取了各种措施（如“毒丸计划”），这些措施虽然短期内保护了股东利益，但长期来看可能损害了企业的稳定和员工的福祉，引发了对单边治理理论的广泛质疑。

扩展阅读

瑞幸的“毒丸计划”，毒的是谁？

10月15日凌晨，瑞幸在美国证券交易委员会官网发布公告，宣布董事会一致通过一项股东权益计划（shareholder rights plan），以保护公司股东的利益。瑞幸在公告中表示，这份权益计划如果被触发，将会显著稀释任何收购方的所有权。瑞幸董事会认为，这份股东权益计划将会是董事会履行受托责任，帮助瑞幸股东实现长期投资价值的有效行动方案。公告也强调，该份权益计划已经通过了公司外部法律顾问的仔细评估，并且得到了公司联合临时清算人的支持。

毒丸计划（poison pill），又名股权摊薄反收购措施，是公司面临敌意收购时给予股东或债务人的特权。大多数毒丸计划通过允许另一方以大幅低于市场价的价格购买公司股票，来降低目标公司的收购吸引力。

瑞幸之所以启动“毒丸计划”，很可能是看到了“瑞幸前董事长”陆正耀的小动作。一月前，市场传闻物美创始人张文中控制的投资公司试图与瑞幸债权方谈判，想要打包收购债券，进而通过“债转股”拿下瑞幸10%的股权。而稍早时候，也有一家名为中国光实国际投资有限公司的香港企业，放话称要收购瑞幸的债权。有知情人表示，物美和光实国际都与陆正耀有着千丝万缕的关系。由此可见，陆正耀被踢出局后，看到现在风生水起的瑞幸，心中不免“酸”了，想要拿回控制权。

新的管理层辛辛苦苦将破产边缘的瑞幸一步一步挽救回来，自然无法接受努力的成果被陆正耀窃取。此时推出“毒丸计划”，完全情有可原。如今的瑞幸，可能只想安安静静做好中国的咖啡品牌。一手捧起瑞幸又一手毁掉它的那批人，瑞幸不想再碰，但前路如何，我们也只能边走边看。

资料来源：富途安逸，2021－10－15，https://mp.weixin.qq.com/s/9muegTMSGGt FZl7BtS4yFA。

（二）共同治理理论

共同治理理论作为单边治理理论的重要补充和批评，提出了一种更为全面的企业治理视角。这种理论认为，企业治理不应仅仅以股东利益为核心，而应广泛考虑所有利益相关者（stakeholder）的利益，包括员工、供应商、债权人、客户以及社区等。共同治理理论强调企业不仅是经济实体，也是社会机构。董事会作为企业资产的受托人，有责任平衡不同利益相关者的利益，以实现企业与社会的和谐共生。

在共同治理理论的指导下，企业治理结构被设计为包含代表不同利益相关者的董事会成员，这样的多元化代表有助于确保各方利益得到充分考虑和平衡。这种治理模式倡导利益相关者的广泛参与，通过参与企业决策过程，他们可以更好地保护自己的权益，同时也为企业的可持续发展提供支持。

共同治理理论还强调企业在社会责任方面的角色，主张企业在追求经济利益的同时，应承担环境保护、社会公益等社会责任，以实现企业的长期可持续发展。这种理念认为，企业的社会责任实践不仅有助于提升企业的社会形象，从长远看也能为股东创造更大的价值。

然而，共同治理理论也面临一些挑战和批评。比如，过度强调利益相关者的参与可能导致决策过程变得复杂和缓慢，从而影响企业的决策效率。此外，如何确保不同利益相关者之间的利益平衡，以及如何避免少数利益集团对企业决策的不当影响，也是共同治理理论需要解决的问题。尽管存在挑战，但共同治理理论对于推动企业治理的现代化和可持续发展具有重要的指导意义。

（三）代理理论

代理理论是企业治理领域的关键理论之一，专注于解决所有权与控制权分离所引发的代理问题。在企业中，所有者通常不直接参与日常管理，而是委托给专业的经营者（即代理人）。代理理论指出，所有者和经营者之间可能存在利益冲突，因为经营者可能会追求个人利益，如过度投资、薪酬过高、内部交易等，而这些利益可能与股东的长远利益不一致。

为了缓解这种冲突，代理理论提出了多种机制，包括激励合同、绩效评估和监督制度。这些机制旨在确保经营者的行为与所有者的利益相一致。比如通过提供股票期权和绩效奖金等激励措施，可以鼓励管理层的行为与股东的利益保持一致。此外，代理理论还强调了企业治理结构的重要性，包括董事会和监事会的监督作用，以确保管理层的决策符合股东的利益。

尽管代理理论在企业治理中具有重要价值，但它也面临着一些批评。一些观点认为，代理理论可能过于侧重于内部治理机制，没有充分考虑外部治理因素的重要性，如市场竞争、法律法规、行业标准等。这些外部因素同样对企业治理和管理层行为产生显著影响。

第二节 民营企业现代化治理的发展现状

一、民营企业现代化治理的主要困境

（一）各方利益冲突

在民营企业现代化治理的过程中，一个显著的挑战是各方利益冲突的存在。这些冲突可能源于企业内部不同利益相关者之间的目标差异和权力分布不均。

1. 股东与管理层之间的冲突

股东与管理层之间的冲突是民营企业现代化治理中一个核心困境。这种冲突的根本原因在于双方目标的不一致。股东作为资本的提供者，自然追求投资回报的最大化，这往往导致他们倾向于关注企业的短期业绩和股价表现。相对而言，管理层作为企业运营的直接负责人，更多关注企业长期稳定和增长，以及个人职业发展和工作稳定性。这种目标上的不一致可能导致管理层在决策时优先考虑个人利益，而不是股东的长期利益。例如，管理层可能会为了个人薪酬和福利的增加，或者为了扩大自己的权力和影响力，而做出一些对企业长期发展不利的决策，如过度投资、实施风险较高的项目，或者忽视成本控制和效率提升。

这种冲突的影响是多方面的。首先，它可能导致企业资源的错配和浪费，因为管理层可能会将资源投入那些对个人有利但对企业整体不利的项目中。其次，这种冲突可能会损害企业的经营效率，因为管理层的决策可能不是基于企业整体利益的最大化。最后，长期的股东与管理层冲突还可能影响企业的声誉和市场信心，导致股价波动，增加融资成本，甚至可能引发监管机构的关注。

扩展阅读

国美电器控制权之争：股东博弈，资本得利

2006 年，国美收购永乐电器。原永乐电器创始人陈晓，出任国美电器 CEO。黄光裕对陈晓这位曾在家电行业叱咤风云的老将礼遇有加，两人座驾及办公室都一模一样。作为国美第一大股东，黄光裕传达了“陈晓和自己平起平坐”的想法。但实际上，黄光裕把控国美电器的战略和资本，由其心腹组成的七人决策委员会负责日常运营，陈晓成了被架空的 CEO，无法施展的他曾向黄光裕提出离开国美。

2008年，黄光裕、杜鹃因涉嫌内部交易被警方带走调查，引发了供应商大规模追讨货款，银行集中上门追债，导致现金流断裂。陈晓临危受命，一方面，他亲自出面安抚供应商，另一方面，他将自己的股权质押给银行，换取银行不对国美提前收贷，才得以化解这个危机。陈晓也因力挽狂澜，赢得企业内部上下支持，树立了威信。

受困于资金紧张的问题，陈晓主持国美电器，引进贝恩资本的投资，改变了公司的权力结构。摆脱危机之后，陈晓为取得企业实际控制权，对包括执行董事及高管在内的百余名管理层，开展大规模的股权激励。在黄光裕掌权时，国美没有对高层的股权激励，所以陈晓成功收揽黄曾经的心腹，掌控了董事会。值得一提的是，虽然陈晓提出的股权激励方案遭到狱中黄光裕的反对，他却无法阻止陈晓，哪怕彼时黄光裕依旧是国美第一大股东。因为国美在黄光裕主导时，根据他设定的公司治理章程，股权激励的事项可以由董事会自行决定，无须通过股东大会表决。当时，黄光裕为不受其他股东干涉才做此决定，但他不会想到自己入狱，更不会想到，他赋予董事会的过大权力，会被陈晓利用来对付自己。随后，为了让黄光裕彻底出局，陈晓用增发股票的方法，逐步稀释黄光裕的股权，使狱中的黄光裕失去了第一大股东的地位。

在二人的博弈对战中，陈晓处于优势的地位。然而，黄光裕妻子杜鹃的出狱彻底改变了这个局面。杜鹃通过和贝恩资本沟通，使得贝恩资本在董事会保持中立位置，陈晓的根基被动摇。同时，她力邀亲友加入董事会，尤其是邀曾被国美收购的大中电器的创始人张大中，出任董事会主席。股东间的权力斗争通过董事会展开，董事会的结构成了股东掌控它的关键，每个席位都是兵家必争之地，安排什么人也有它的含义。至此，陈晓被彻底请出局，黄光裕赢得了最终胜利。但老板与职业经理人的斗争，使得公司严重内耗，虽然找到了让多方股东都能接受的方案，但国美家电行业老大的龙头地位也不保，退居第二。

资料来源：创业酵母，2022-02-24，https：//zhuanlan.zhihu.com/p/471892693。

2. 股东与员工之间的冲突

股东与员工之间的利益冲突是一个不容忽视的问题。股东作为企业的所有者，通常追求企业利润最大化，在某些情况下，这可能意味着降低运营成本，包括劳动力成本，以提高企业的盈利能力。相比之下，员工则更关注自身的薪酬水平、工作条件和职业发展机会。他们期望获得公平的报酬、安全健康的工作环境以及个人成长和晋升。当股东追求利润最大化的努力与员工对改善工作条件和提高薪酬的期望发生冲突时，可能会导致劳资关系紧张。这种紧张关系如果处理不当，可能会引发更广泛的冲突，如罢工、抗议或其他形式的劳资对抗。

这种冲突的存在不仅影响员工的工作满意度和忠诚度，降低他们的士气和工作效率，还可能对企业的整体声誉和长期发展造成负面影响。员工的不满和冲突可能会破坏团队合作精神，抑制创新和知识共享，这些都是企业竞争力和市场表现的关键因素。此外，长期的劳资冲突还可能导致人才流失，增加招聘和培训新员工的成本，影响企业的稳定性和连续性。在极端情况下，冲突还可能引起公众的负面关注，引发监管机构的干预，甚至可能导致法律诉讼。因此，民营企业在治理过程中需要妥善处理股东与员工之间的利益冲突，寻求平衡双方利益的解决方案。

3. 企业与客户之间的冲突

企业与客户之间的利益冲突是一个不容忽视的问题。企业在追求利润最大化的过程中，可能会面临牺牲产品质量或服务水平的诱惑。这种行为虽然可能在短期内提高企业的盈利能力，但从长远来看，却可能损害客户的利益，导致客户满意度下降，甚至失去客户的信任和忠诚。客户作为企业产品和服务的最终使用者，他们的核心需求是获得高质量的产品和服务。当企业为了降低成本而削减产品质量，或者为了提高效率而忽视客户服务时，客户的这些基本需求就无法得到满足。这种冲突不仅会影响客户的购买决策，还可能通过口碑传播，对企业的品牌形象和市场声誉造成负面影响。

此外，企业与客户之间的冲突还可能引发法律和监管问题。如果企业的产品或服务存在质量问题，或者未能满足客户的合理期望，客户可能会采取法律行动，要求赔偿或寻求其他形式的救济。这不仅会给企业带来经济损失，还可能引起监管机构的关注，导致额外的合规成本和声誉损失。

4. 企业与供应商之间的冲突

企业与供应商之间的利益冲突是一个常见的问题。企业为了提高竞争力和盈利能力，往往会寻求降低采购成本，这可能包括对供应商的价格施加压力。然而，供应商作为企业供应链的重要组成部分，他们需要获得合理的利润以维持运营、投资研发和保证产品质量。这种基于价格和成本的利益冲突可能导致双方关系紧张。如果企业过分压低采购价格，可能会影响供应商的盈利能力和服务质量，甚至导致供应商为了降低成本而牺牲产品质量，这最终可能损害企业自身的利益。此外，短期的价格竞争可能会破坏长期的合作关系，影响供应链的稳定性和可靠性。

5. 企业与社会、环境之间的冲突

企业与社会、环境之间的冲突是一个日益凸显的问题。企业在追求经济利益的过程中，可能会对社会和环境造成负面影响，如出现资源过度消耗、环境污染、社会不公等问题。这些行为不仅违背了可持续发展的原则，而且可能导致企业面临法

律诉讼、监管处罚和公众抵制，从而影响企业的长期发展和社会形象。

（二）风险管理

民营企业在经营过程中会面临多种风险，这些风险的识别、评估和应对策略的制定对于企业的长期成功至关重要。可以说，如何做好风险管理是确保企业稳健发展的关键环节。

1. 市场风险

市场风险主要涉及市场竞争的激烈程度、消费者需求的变化、市场趋势的不确定性等因素。这些因素可能导致企业收入和利润的波动，甚至影响企业的生存和发展。这些因素包括：

（1）竞争因素：市场上竞争对手的策略变化、新竞争者的加入或市场份额的重新分配都可能对企业构成威胁。

（2）需求因素：消费者偏好的转变、新产品的推出或经济周期的变化都可能影响消费者对企业产品或服务的需求。

（3）价格因素：原材料价格的波动、产品定价策略的失误或市场价格战都可能导致企业利润的下降。

（4）技术因素：技术进步可能导致现有产品或服务迅速过时，如果企业不能及时跟上技术发展的步伐，可能会失去竞争力。

2. 财务风险

财务风险涵盖了资金链断裂、债务违约、利率变动、汇率波动等多种情形，它们可能对企业的生存和发展产生深远影响。

（1）资金链断裂风险：企业在运营过程中，可能会因为销售收入下降、应收账款回收困难或过度扩张等，导致资金链紧张甚至断裂。这种风险可能导致企业无法按时支付债务，影响企业的正常运营。

（2）债务违约风险：企业在面临财务困境时，可能会无法履行偿债义务，导致债务违约。这不仅会损害企业的信用记录，还可能引发法律诉讼和额外的财务负担。

（3）利率和汇率风险：对于有大量借贷或国际业务的企业来说，利率和汇率的不利变动可能导致成本增加或收益减少，影响企业的盈利能力和市场竞争力。

（4）流动性风险：企业可能因为资金管理不当，导致在需要资金时无法及时变现资产，满足短期债务或运营需求，这种流动性风险可能导致企业陷入财务危机。

（5）信用风险：企业在与客户、供应商或金融机构进行交易时，可能会面临对方违约的风险。这可能导致企业遭受损失，影响企业的财务稳定。

3. 运营风险

运营风险是民营企业在现代化治理中需要特别关注的一类风险，它直接关系到企业的日常运营和长期稳定。这类风险可能源自企业内部的运营流程、供应链管理、人力资源配置等多个方面。

（1）生产风险：生产过程中遇到的设备故障、生产效率低下、产品质量问题等，都可能导致生产中断或成本增加，影响企业的交付能力和市场竞争力。

（2）供应链风险：供应链中的不稳定因素，如原材料供应中断、物流延迟、供应商财务问题等，都可能影响企业的生产和销售活动，导致成本上升或客户订单无法按时完成。

（3）人力资源风险：员工的招聘、培训、留存以及劳动关系管理等方面的问题，可能影响企业的运营效率和团队稳定性。此外，员工流失率高、技能不足或劳动争议都可能对企业造成负面影响。

（4）技术风险：技术更新换代快，企业如果不能及时采用新技术或在技术投资上失误，可能会落后于竞争对手，影响企业的创新能力和市场地位。

（5）合规风险：企业在运营过程中需要遵守的法律法规和行业标准日益增多，合规风险管理不当可能导致企业面临法律诉讼、罚款或其他监管处罚。

4. 法律风险

法律风险是民营企业在现代化治理过程中必须认真对待的一类风险，它涉及企业运营的法律合规性，包括合同纠纷、知识产权侵权、劳动争议等多个方面：

（1）合同纠纷风险：企业在商业活动中签订的合同可能因为条款不明确、执行过程中的误解或违约行为而引发纠纷，导致法律诉讼和经济损失。

（2）知识产权侵权风险：在创新驱动的商业环境中，知识产权的保护至关重要。企业可能因为侵犯他人的专利权、商标权或著作权而面临法律诉讼，这不仅可能导致赔偿损失，还可能损害企业的声誉。

（3）劳动争议风险：劳动关系管理不当可能引发劳动争议，如工资支付、工时安排、解雇程序等方面的问题，都可能导致员工提起劳动仲裁或诉讼。

（4）合规风险：企业在运营过程中需要遵守的法律法规日益增多，包括环境保护、数据保护、反垄断等多个领域。合规风险管理不当可能导致企业面临法律制裁，如罚款、业务限制或刑事责任。

（5）监管变化风险：法律法规的变动可能对企业的运营产生影响，企业需要及时调整策略以适应新的法律环境，否则可能面临不合规的风险。

（三）内部控制

在民营企业的治理过程中，内部控制体系的建立和维护是一个不可忽视的环节。

然而，这一过程面临诸多挑战。首先，许多民营企业未能充分认识到内部控制的重要性，缺乏全面而系统的内部控制理念。这种认识的不足导致了内部控制意识的薄弱，使得内部控制政策的制定和执行往往流于形式，未能真正落实，从而影响了内部控制的效果。

其次，家族式的管理模式在许多民营企业中占据主导地位，这往往导致权力的过度集中和监督机制的失效。这种管理模式常使决策过程缺乏科学性和透明度，降低决策效率，并增加企业经营风险。同时，任人唯亲的现象在这些企业中也很普遍。关键岗位往往由家族成员而非专业人才担任，导致了企业的人才结构不合理。

此外，信息沟通不畅也是民营企业内部控制面临的一个重要问题。在许多民营企业中，由于信息渠道往往局限于家族或者小团体内部，管理层难以获得全面而准确的企业运营数据。这不仅影响了决策的准确性，也削弱了企业对市场变化的响应能力。

二、民营企业现代化治理的主要路径

（一）优化股东会与董事会的结构设计

1. 股东会的规范化

股东会作为企业的最高权力机构，负责审议和决定企业的重大事项，如选举董事会成员、审议财务报告、决定利润分配等。股东会的规范化对于民营企业现代化治理至关重要。首先，需要确保股东会的召开和决策程序符合法律法规和企业章程的规定。这意味着股东会的召集、通知、议程设置和表决过程都应公开透明，保障所有股东的知情权和参与权。其次，股东会应重视小股东的权益保护，避免大股东的过度控制，确保决策的公正性。最后，股东会还应加强对企业管理层的监督，通过定期召开股东会，对企业的经营状况和管理层的业绩进行评估，以促进企业的健康发展。

2. 董事会的专业化

董事会是企业的执行机构，负责企业的日常管理和决策。董事会的专业化能有效提高企业治理效率。首先，董事会成员应具备多元化的背景和专业知识，以确保能够从不同角度对企业运营提出建设性意见。其次，董事会应保持独立性，引入独立董事，以增强董事会的客观性和公正性。独立董事不应与企业管理层有直接的利益关联，他们代表所有股东，特别是小股东的利益，职责是对管理层进行监督。再次，董事会还应建立有效的内部监督机制，如设立审计委员会、薪酬委员会等专门委员会，以提高决策的专业性。通过这些措施，董事会能够更好地履行其职责，对企业的长期发展战略进行指导和监督。最后，董事会应鼓励成员之间充分讨论和交流，以形成更加全面、深入的决策。董事会应定期向股东报告企业的经营情况和财务状况，以便股东了解企业的运营情况。同时，董事会应积极听取股东的意见和建议，及时调整经营策略，以更好地满足股东的需求。

（二）强化监事会职能与高层管理激励约束机制

这一部分探讨如何建立有效的监事会和高层管理激励约束机制，以促进高层管理人员的责任和绩效，包括监事会的职责、高层管理人员的薪酬激励、绩效评估等。

1. 监事会的有效运作

监事会作为企业治理结构的重要组成部分，负责监督董事会的决策和高层管理人员的行为，确保企业的经营管理和财务状况符合法律法规和企业章程的要求。监事会的有效运作对于确保企业运营的合规性和透明度至关重要。因此，首先，监事会应当独立于董事会和管理层，并拥有足够的权力和资源来独立、公正地执行其监督职责。其次，监事会成员应具备专业的财务知识和法律素养，以便对企业的财务报告、内部控制以及董事会和管理层的行为进行有效监督。最后，监事会应当定期向股东会报告其监督活动的结果，确保所有股东都能及时了解企业的监督情况。

2. 高层管理激励约束机制的平衡

高层管理的激励约束机制是推动企业战略目标实现的关键。一个合理的激励机制能够鼓励管理层追求企业的长期利益，而约束机制能够防止管理层的不当行为。激励机制通常包括股权激励、绩效奖金、长期激励计划等，这些措施能够将管理层的利益与企业及其股东的利益紧密绑定，以激发其工作积极性和责任感。同时，约束机制如对管理层的绩效评估、责任追究制度、合规性要求等，确保对高层管理人员的工作表现进行客观、公正的评价，让管理层在追求业绩的同时，能够遵守法律法规和企业政策。通过这种平衡的激励约束机制，可以促进高层管理团队的责任心和创新精神，同时保护企业免受不当决策的风险。

（三）完善企业治理的外部机制

民营企业的现代化治理不仅依赖于内部结构的优化，还需要外部机制的有力支持。外部机制是指在企业外部发挥作用的因素，包括法律法规、监管机构、市场约束以及社会责任等方面。它们会通过多种渠道塑造企业的治理行为和提升企业绩效。

1. 法律法规的遵循与应用

法律法规为民营企业运营提供了一套基本的行为规范。企业需严格遵守包括公司法、税法、劳动法在内的相关法律法规，以及特定行业的规范。这些规则不仅明确了企业的组织结构、决策程序和信息披露要求，也确保了股东、债权人、员工等利益相关者的权益得到保护，防止了权力的滥用，为企业合规经营提供了坚实的法律基础。同时，企业也应积极参与法律环境的建设，通过合法途径反映行业和企业的合理诉求，推动法律法规的持续完善和发展。

2. 监管机构的互动与合作

监管机构作为企业治理的监督者和指导者，确保了企业遵守法律法规和行业标准。通过检查、调查和处罚等手段，监管机构能够及时纠正和惩罚违规行为，从而维护市场秩序和公平竞争。民营企业应与监管机构建立和维护良好的沟通机制，确保运营的透明度和公正性。通过定期的信息披露、审计报告的提交和对监管要求的积极响应，来增强监管机构的信任，降低运营风险。同时，企业应充分利用监管机构提供的培训和咨询服务，提升自身的治理水平和合规能力。

3. 市场约束的适应与利用

市场约束机制通过市场竞争和投资者行为对企业治理产生深远影响。在市场经济体系中，民营企业必须适应市场的变化，利用市场机制来优化治理结构。这涉及对股东价值的重视、对市场反馈的敏感性以及对企业声誉的管理。通过提升市场竞争力和品牌影响力，企业能够在市场中吸引更多资源和支持，从而推动企业治理向现代化转型。

4. 社会责任的履行与推广

履行社会责任是企业治理的关键组成部分。面对环境保护、可持续发展等日益受到关注的社会议题，民营企业应积极承担起社会责任。通过实施可持续发展策略、保护环境、维护公平的劳动关系以及对社会的积极贡献，企业能够提升社会形象和品牌价值。社会责任的履行不仅有助于企业的长期发展，还能增强企业在社会中的合法性和道德权威，为企业赢得更广泛的社会支持和市场机会。

三、中国特色现代企业制度与民营企业现代化治理

民营企业现代化治理是中国特色现代企业制度的重要内容之一。要想深入贯彻民营企业现代化治理，必须了解中国特色现代企业制度的演进历程及其内在逻辑。

（一）中国特色现代企业制度的演进历程

中国特色现代企业制度始于对国有企业现代企业制度的探索，随着社会主义基本经济制度的建立而逐步完善，并在中国式现代化进程中实现系统化。

在计划经济时代，我国的国有企业由政府直接管理，缺乏经营自主权和活力。1978 年 12 月，党的十一届三中全会提出增加企业的经营管理自主权，开启了我国

以“放权让利”为重点的国有企业改革历程。随后，通过推广工业生产经济责任制和承包经营责任制，国有企业逐步转变为自主经营、自负盈亏的市场主体。1992 年 7 月，国务院颁布《全民所有制工业企业转换经营机制条例》，从制度层面保障了企业的经营自主权。

尽管放权让利和承包经营责任制提升了生产积极性，但所有权体制问题尚未解决。1993 年，党的十四届三中全会提出要“进一步转换国有企业经营机制，建立适应市场经济要求，产权清晰、权责明确、政企分开、管理科学的现代企业制度”。同年，《中华人民共和国公司法》的出台，为国有企业公司化改制提供了法律依据，推动了股份制改造和法人治理结构的建立，深化了人事、劳动、分配制度改革，显著提升了国有企业的经营效益。

进入 21 世纪，国有企业改革取得初步成果，绝大部分试点企业完成公司制改造。然而国有企业的战略重组和产权多元化仍存在体制机制障碍。此时，改革重点转向发展混合所有制经济与推进国有企业重组，产权制度改革在此过程中不断深化。经过 30 多年改革，国有企业产权关系基本明晰，现代企业制度逐步健全，经营状况显著改善。

党的十八大以来，中国特色现代企业制度进入系统建构阶段。2024 年 6 月 11 日，习近平总书记主持召开二十届中央全面深化改革委员会第五次会议，会议审议通过的《关于完善中国特色现代企业制度的意见》指出，要“完善中国特色现代企业制度，必须着眼于发挥中国特色社会主义制度优势，加强党的领导，完善公司治理，推动企业建立健全产权清晰、权责明确、政企分开、管理科学的现代企业制度，培育更多世界一流企业”。这表明，在新的发展阶段，完善现代企业制度已成为改革重点。

（二）中国特色现代企业制度的内在逻辑

中国特色现代企业制度融合了现代企业制度的一般特点与中国的特殊国情，是适应中国现代化需求的企业制度创新。本章前文已经介绍过，现代企业制度是随着公司规模的扩大和所有权与管理权的分离而发展起来的。它构建了股东所有、董事会决策、经理层执行和监事会监督的现代公司治理结构，以及层级化、职能化的运营体系。同时，随着信息化技术的发展，企业运营趋向扁平化和网络化，降低了内部信息成本，提升了运营效率。

中国特色现代企业制度在国有企业改革中积累了丰富的经验和鲜活的素材。在中国特色社会主义经济制度的大框架下，中国特色现代企业制度不仅满足了现代大规模生产的需要，也适应了以公有制为主体的多元化所有制经济。在技术和市场的新环境下，中国特色现代企业制度不断创新，如建立党组织、探索双重股权结构、设计平台组织和实施"以人为本"的人才观等。

从本质上看，中国特色现代企业制度以党的领导为根本前提，旨在实现经济高质量发展，依托科学的治理结构，形成了国有、民营等多种所有制企业共同遵循的"产权清晰、权责明确、政企分开、管理科学"的现代企业制度框架。在此框架下，民营企业的现代化治理成为推动中国特色现代企业制度完善和发展的关键所在。通过提升民营企业的治理水平，可以进一步巩固和发展中国特色现代企业制度的优势和特色。

第三节 党建融入民营企业现代化治理

在完善中国特色现代企业制度的过程中，强化党的领导是关键。这有助于实现党的领导与公司治理的深度融合，加快构建一个既符合社会主义基本经济制度，又能适应现代企业运营需求的企业制度。因此，加强和改进民营企业党建工作，推动党建工作提质增效，是促进非公经济健康发展和非公经济人士健康成长的重要保证。

一、新时代加强民营企业党建的重要意义

（一）夯实党的执政基础，凸显中国特色现代企业特征

民营企业基层党组织是基层党组织的重要组成部分，更是推进民营企业转型发展、优化升级的政治核心和战斗堡垒。改革开放 40 多年来，民营经济已成为我国社会主义市场经济的重要组成部分和促进社会生产力发展的重要力量。民营经济的庞大数量、巨大经济体量和就业容量，迫切要求加强民营企业党的建设，提高民营企业党的建设质量。习近平总书记指出，"非公有制企业是发展社会主义市场经济的重要力量。非公有制企业的数量和作用决定了非公有制企业党建工作在整个党建工作中越来越重要，必须以更大的工作力度扎扎实实抓好"。进入新时代，进一步加强和改进非公经济组织党的建设工作，既是坚持和完善我国基本经济制度、引导非公有制经济健康发展的必然要求，也是夯实党的执政基础、推进党的建设新的伟大工程的迫切需要。因此，要增强党组织政治功能和组织功能，把民营企业基层党组织建设成为有效实现党的领导的坚强战斗堡垒。

（二）加强与政府沟通，帮助企业及时获取并深入理解政策信息

作为企业内部的政治核心，党组织在民营企业与地方政府、上级党委之间架起沟通的桥梁，帮助企业及时获取并深入理解政策信息，有效应对政策不确定性带来

的挑战。一方面，民营企业通过党建活动，使决策层能够迅速掌握最新政策动态。党组织作为党和政府在经济基层的“神经末梢”，对政策法规有着全面而深入的理解，能够充分发挥组织优势，及时、准确地将政策信息、市场变化等传递给企业，降低因政策认知不足而引发的经济风险。此外，设立党组织的民营企业因履职需要，会更加主动地关注政策信息，对政策环境的变化保持高度敏感。另一方面，党组织的嵌入有助于民营企业准确解读和分析政策信息。党组成员长期接受党的治国理政思想熏陶，学习政策方针，具备较高的政策理解能力，能够纠正企业的政策认知偏差，为企业的投资决策提供科学支撑。同时，党组织通过组织党员高管学习党的重要文件和思想，开展民主生活会、党员活动日、“三会一课”等活动，进一步提升企业管理层的政策理解水平。

（三）维护各方权益，化解企业内部矛盾

构建和谐劳资关系是维护社会稳定的关键环节，民营企业已成为这一领域的重要力量。长期以来，我国部分民营企业工会作用弱化，导致劳资纠纷频发，员工权益难以得到充分保障。因此，维护员工权益成为民营企业党组织的重要职责。《中国共产党章程》明确指出，非公有制企业党组织要领导工会、共青团等群众组织，团结凝聚职工群众，维护各方合法权益，推动企业健康发展。同时，党组织通过强化员工权益保护和发挥劝导力，提高劳动收入份额。在实践中，党组织可以通过领导工会、职工代表大会等群众组织参与企业民主管理，引导企业实施合理的劳资分配方案，改善职工福利，切实保护劳动者合法权益。

（四）促进与其他市场主体的互动交流

企业的生存与发展离不开与其他市场主体的紧密互动。当党建成为社会共识时，成立党组织、开展党建工作将成为企业间交流合作的亮丽名片，为企业赢得更多生存发展资源。通过结对共建等活动，非公有制企业能够与产业链上的龙头企业和体制内的大型国有企业建立业务联系或技术合作，有效拓展发展资源。通过共同研发项目、参加政治学习等方式，民营企业能够更好地与产业链龙头企业和国有企业展开合作，其产品也能更顺畅地进入国有企业产业链领域。因此，加强党建工作不仅帮助民营企业从党和政府那里获取更多资源，还促进了其与其他市场主体的互动交流，提高了组织的生存发展能力，进一步激发了民营企业加强党建工作的积极性。

（五）增强企业的凝聚力与战斗力，塑造企业文化

民营企业主动开展党建工作，不仅有助于对外争取企业发展资源，还能对内促进集体行动的达成，更好地实现企业目标。首先，党组织在政治动员方面发挥着重要作用。虽然民营企业党组织一般不直接参与企业生产经营决策，但其通过维护职

工群众合法权益、增强党组织凝聚力和号召力，动员职工群众积极投入企业生产经营活动。其次，党组织通过发挥党员的先锋模范作用，推动党员在工作岗位上发挥模范带头作用。许多民营企业通过开展"创先争优""党员示范岗"等活动，将党员培养成为业务骨干，并将业务骨干发展为党员。党员的高度组织纪律性、奉献精神和忠诚度等品质成为企业的重要人力资源优势。一些企业还充分利用党员的优秀品质，将其转化为企业生产经营的动力，如组成临时攻关小组攻克技术难题或生产突击任务，既增强了企业出资人对党组织的信任和对党员的认可，也激发了民营企业主动开展党建工作的动力。

二、党建融入企业现代化治理的主要内容

企业党组织是中国共产党在企业的基层组织。《中国共产党章程》（以下简称《党章》）规定，企业正式党员为3人以上，都应该建立党的基层组织；同时，要根据工作需要和党员人数，经上级党组织批准，分别设立党的基层委员会、总支部委员会和支部委员会。《党章》第三十三条规定：非公有制经济组织中党的基层组织，贯彻党的方针政策，引导和监督企业遵守国家的法律法规，领导工会、共青团等群团组织，团结凝聚职工群众，维护各方的合法权益，促进企业健康发展。因此，个体、民营企业党支部的建立，要严格按照《党章》的规定执行：如果正式党员为3人以上，则要单独建立党支部；党员不足3人的，可以按照就近的原则，建立联合党支部。

（一）民营企业党组织的主要职责

1. 政治引领

民营企业党组织需以党的路线方针政策为指引，确保企业的健康发展。包括向企业业主和职工深入传达党的路线、方针、政策，提升他们遵循党的方针政策和法律法规的自觉性。同时，加强思想政治工作，引导企业树立正确的价值观，妥善处理经济效益与社会效益的关系，确保企业始终沿着正确的经营道路前行。

2. 参与管理

通过"双向进入、交叉任职"的方式，将党组织的意见融入企业的发展战略中。对于关乎企业发展方向和职工重大利益的问题，党组织应及时与决策层沟通，提出建设性建议。通过深入的调查研究，广泛收集党员职工的意见，激发职工的参与热情，促进企业的生产经营和决策管理更加合理、科学。此外，党组织还应积极推动职工代表大会的建立健全，组织民主听证、民主恳谈等活动，以加强企业的民主决策和民主管理，并积极为企业发掘、培养和推荐人才。

3. 推动发展

围绕“促进企业实现又好又快发展”的核心目标，党组织应精心设计和开展党的工作，充分发挥其战斗堡垒作用和党员的先锋模范作用。通过党组织和党员的示范引领，调动一切积极因素，特别是在企业生产技术创新和经营管理等关键领域，为企业的快速发展贡献力量。在助力企业发展的同时，党组织还应引导企业积极履行社会责任，依法纳税，更好地服务于国民经济的发展大局。

4. 促进和谐

民营企业内部利益关系复杂，党组织需积极参与协调，公正处理各方利益关系，以维护企业内部的和谐稳定。这包括关爱职工、协调劳资关系、维护职工合法权益，以及调解员工之间的矛盾。党组织应发挥思想政治工作的优势，消除员工之间的思想隔阂，增强企业的凝聚力。同时，协调企业与外部的关系，向上级党组织和政府有关部门反映企业的合理诉求，促进企业与地方、企业与企业之间的良好互动，争取各方面的支持。

5. 塑造文化

以党的基本理论、基本路线、基本纲领、基本经验为指导，引领企业的文化建设。党组织应教育和引导企业全体人员树立正确的世界观、人生观、价值观，弘扬爱国主义和集体主义精神，恪守社会公德和职业道德。同时，引导企业主将自身发展与国家发展相结合，将个人富裕与社会共同富裕相统一。通过创建团队文化、培育团队精神、发挥团队作用，让员工在文化上认同企业，营造出团结和谐、共谋发展的良好氛围，从而激发各方面的积极性、主动性和创造性，为企业的健康发展注入强大动力。

（二）民营企业加强党组织建设的主要路径

1. 健全企业党建工作机制

第一，完善重大事项议事机制。遵循《中国共产党支部工作条例（试行）》的指导，民营企业党组织应严格执行“三会一课”、主题党日等组织生活制度。同时，建立企业重大事项的党组织参与议事机制，确保党组织能够深入了解企业发展动态，并结合政治引领与法律法规要求，为企业决策提供有力建议。通过明确党组织在决策中的权限与监督职责，形成更加科学、透明的决策流程。

第二，创新党建评价激励机制。建立一套适合民营企业的党建评价激励机制，围绕提升企业核心竞争力与文化凝聚力、治理水平、社会责任及人才培养等多方面工作，制定明确的评价标准。通过采用定性与定量相结合的方式，全面客观地评价党建工作成效，激发党组织的争先创优精神。

第三，优化企业人才培养机制。党组织应与人力资源部门紧密合作，共同构建完善的人才选育机制。通过"党建+岗位技能"等活动平台，吸引业务骨干向党组织靠拢，并将其培养为入党积极分子、党员及专业技能人才。同时，加强员工的政治认同、制度认同及文化认同教育，提升员工的综合素质与创新能力。

第四，建立内外联动沟通机制。党组织应发挥桥梁纽带作用，建立内外联动沟通机制，加强与政府、行业、客户及合作伙伴的沟通协调。通过党建联动机制，主动对接政府惠企政策，优化企业营商环境，推动项目落实与执行。同时，做好企业内部的沟通协调工作，营造和谐稳定的干事创业环境。

第五，完善党建经费保障机制。确保党建经费的充足与合理使用是党建工作顺利开展的基础。企业应严格按照制度标准，确保党建经费的及时足额拨付，并建立健全党务经费的使用与管理制度，确保专款专用、高效使用。

2. 深化民营企业党建与业务融合

一是党建与企业文化建设的深度融合。通过党员形势与政策教育、思想交流会等活动，企业党组织可以有效传达党和国家方针政策，增强员工对企业文化的认同感。同时，以党建为引领塑造积极向上的企业文化氛围，提高企业的凝聚力和员工的拼搏精神。

二是党建与企业人才培养的紧密融合。党建工作应与企业人才培养体系紧密结合，通过培养员工树立正确的人生观和价值观，为企业打造一支德才兼备的高素质人才队伍。通过党规党纪学习教育、团队建设及志愿服务等活动，增强员工的法治意识、社会责任感及团队合作精神。

三是党建与企业经营管理的有效融合。探索"党建+业务工作"的创新机制，将党建工作融入企业经营管理的各个环节。通过党组织的监督与指导作用，确保企业经营活动合法合规；通过"党建+业务工作"项目的实施，发挥党组织和党员在技术研发、市场开拓等方面的示范带头作用；通过构建专业化的党建工作队伍，推动党建工作在民营企业的有形覆盖与有效覆盖。

四是党建与企业社会责任的深度融合。民营企业应积极履行社会责任，党组织应主动与社会各部门沟通协调，组织党员参与社会志愿服务及公益捐赠等活动。以党建为引领构建和谐企业、诚信企业，树立良好的社会形象，为企业的健康可持续发展奠定坚实基础。

三、民营企业党建工作的制约因素

随着改革开放的深入，特别是20世纪90年代以来社会主义市场经济体制的确立，民营企业党建工作逐渐受到重视，并成为推动中国特色社会主义事业发展的重要力量。然而，尽管国家层面关于民营企业党建的制度不断完善，机制日益健全，但在基层实践层面，尤其是民营中小企业中，党建工作仍面临诸多挑战。本书将从企业主认知、党企融合度以及党建资源保障三个方面，深入剖析民营企业党建工作的制约因素。

（一）企业主对党建工作认知的局限性

民营企业主作为企业的核心决策者，其对党建工作的认知直接影响着党建工作的开展效果。部分民营企业主受经营管理理念的局限，将追求经济效益最大化视为企业发展的唯一目标，而忽视了党建工作在企业发展中的重要作用。他们可能将党组织的政治要求视为企业发展的束缚，对党建工作存在抵触情绪。同时，由于担心党组织介入会影响企业决策效率和领导地位，部分企业主对党建工作的支持度和参与度不高，甚至存在消极应对的情况。

（二）党建工作与企业生产经营的融合度不足

民营企业党建工作与企业生产经营活动的有效融合是破解“两张皮”现象的关键。然而，在实践中，由于企业治理结构的内生性与党组织的外部嵌入性之间存在差异，党建工作往往难以与企业生产经营活动形成有效契合。一方面，企业主可能过于关注经济效益，而忽视了党建工作的政治引领和凝聚作用；另一方面，党组织在推动企业发展中可能缺乏足够的权威和影响力，难以有效参与企业决策和经营管理。这种融合度的不足，使得党建工作往往流于形式，难以发挥实效。

（三）党建资源保障的不足

民营企业党建工作的顺利开展需要充足的人力、物力和财力支持。然而，在现实中，许多民营中小企业由于规模较小、资源有限，往往难以提供足够的党建资源保障。党务工作力量薄弱、工作方法单一、保障措施不足等问题普遍存在。同时，由于企业基层党组织的稳定性不足，党建经费和场所难以得到保证，导致党建工作难以常态化开展。此外，党员的流动性增强也增加了管理难度，部分党员对党建工作的兴趣和参与度不高，甚至存在“口袋党员”“两不找”“两不管”现象，进一步削弱了党建工作的效果。

四、新时代加强民营企业党建的主要对策

（一）教育引导企业积极开展党组织建设

当前民营企业党建要牢牢抓住三个方面的人：一是企业出资人，让他认同、认可开展非公党建的价值。二是党组织负责人，让他真正承担主体责任。三是党建工

作指导员。首先，运用宣传、培训等各种方式对民营企业宣传开展党建工作的意义、目标，尤其是要做到两个"讲清楚"：其一，从制度的层面讲清楚中国特色社会主义的最本质特征是中国共产党领导，中国特色社会主义制度的最大优势是中国共产党领导。其二，讲清楚加强和改进民营企业党的建设工作，能够充分发挥党组织的政治核心作用，确保民营企业健康发展；能够切实维护民营企业中各方切身利益，实现企业和谐发展；能够贯彻党管人才原则，通过人才培养，推动民营企业可持续发展；能够创造出具有组织自身特点的企业文化，促进民营企业组织发展。最终实现党组织、企业主、职工相互协作和"互利共赢"。其次，各级领导干部要经常深入民营企业进行调研，加强与企业领导人员的交流和沟通，并做好思想政治工作。对民营企业经营过程中遇到的各种困难予以及时协调解决，有效发挥党组织在民营经济健康发展中的重要作用。

（二）扩大民营企业党的组织和工作覆盖

在实践中，就党组织组建而言，主要采取以下几种做法：一是规模较大、党员人数在 3 名以上，符合建立条件的非公有制企业，应尽快单独建立党组织；二是规模较小、党员不足 3 名，不具备单独建立条件的，应按照区域相邻、行业相近的原则建立联合党支部；三是对有一定规模、发展前景好、企业没有支部书记合适人选而不能建立党组织的企业，所在乡镇或街道应选派党支部书记或党建工作指导员，帮助建立党组织；四是大量仅有个别党员、不具备建立党组织条件的，应把党员的组织关系挂在乡镇（街道）、村（居委会）等党组织，统一开展党的活动；五是新办的非公有制企业，从一开始就要重视党建工作，避免党的工作出现盲点和空白区。除此以外，根据非公企业党员的集中度，在园区、商会、产业链、创客空间、企业孵化区等抓好"两个覆盖"，也是可行的探索。随着大数据、互联网的广泛应用，依托互联网平台组建党组织，开展党的活动，也是探索开展非公党建的一个着力点。

（三）坚持双强融合发挥党组织实质作用

习近平总书记强调，党组织的真正覆盖不仅在于形式上的建立，更在于其宗旨和作用的深入渗透。为了实现这一目标，我们必须创新党组织的形式、活动和保障机制，确保企业不仅发展强劲，而且党建同样坚实，达到"双强六好"的标准，即发展强、党建强，生产经营好、企业文化好、劳动关系好、党组织班子好、党员队伍好、社会评价好。

第一，深度融合企业发展与党建工作。将党建工作融入企业的战略规划、生产经营、文化建设等各个环节，确保党组织的活动与企业的发展目标相契合。通过党组织的引领，推动企业转型升级、技术创新，提升企业的市场竞争力和社会影响力。

第二，强化党组织在企业治理中的作用。党组织应积极参与企业重大决策的制定和执行，发挥政治核心作用，确保企业的决策符合国家法律法规和党的方针政策。同时，加强对企业经营管理层的监督，促进企业廉洁经营、合规发展。

第三，构建特色鲜明的党建活动体系。结合企业的实际情况和党员的需求，设计具有针对性、实效性和吸引力的党建活动。例如，开展“党员先锋岗”创建活动，鼓励党员在岗位上发挥模范带头作用；组织“党建＋技术创新”项目，推动党员在技术创新中发挥引领作用；举办“党建文化周”等活动，加强党员对企业文化的认同和传承。这些活动不仅能够增强党组织的凝聚力和战斗力，还能够激发员工的积极性和创造力，为企业的发展注入新的活力。

第四，加强党员队伍建设与人才培养。注重党员的培养和发展，提高党员的政治素质、业务能力和创新能力。通过党组织的培养和推荐，将优秀的党员选拔到企业的关键岗位和领导层，为企业的发展提供坚实的人才支撑。同时，加强对员工的思想政治教育和职业技能培训，提高员工的整体素质和工作能力。

第五，积极履行社会责任，树立良好企业形象。党组织应引导企业积极履行社会责任，关注环境保护、公益事业等方面的发展。通过组织党员参与志愿服务、扶贫帮困等活动，展现企业的社会责任感和良好形象。这不仅能够提升企业的社会声誉和品牌价值，还能够增强员工的归属感和自豪感。

本章小结

1. 现代企业制度的历史发展：从业主制企业到合伙制企业，再到公司制企业，企业制度不断演进以适应经济和社会的变迁。公司制企业以其独立的法人地位、有限责任和强大的融资能力，成为现代企业制度的典型代表。

2. 所有权与经营权分离的原因包括资本扩张、专业化管理需求、风险分散和激励机制的建立，由此带来了企业规模扩大、绩效提升、代理问题出现和治理机制完善等结果。

3. 企业治理的核心理论包括单边治理理论、共同治理理论和代理理论，这些理论为我们提供了不同的视角来理解和解决所有权与经营权分离所引发的问题。

4. 民营企业现代化治理的主要困境包括各方利益冲突、风险管理、内部控制等问题，这些问题的存在严重影响了企业的健康发展。

5. 民营企业现代化治理的主要路径包括优化股东会与董事会的结构设计、强化监事会职能与高层管理激励约束机制、完善企业治理的外部机制等，这些路径有助于提升企业的治理水平，实现企业的可持续发展。

6. 中国特色现代企业制度基于现代公司制度，结合中国特色社会主义优势，以党的领导为基石，追求经济高质量发展。这一制度形成了包括国有和民营企业在内的“产权清晰、权责明确、政企分开、管理科学”的企业治理模式。

7. 加强民营企业党建工作，不仅能够夯实党的执政基础，凸显中国特色现代企业特征，还能够加强企业与政府的沟通，帮助企业及时获取并深入理解政策信息，维护各方权益，化解企业内部矛盾，促进与其他市场主体的互动交流，以及增强企业的凝聚力与战斗力，塑造企业文化。

8. 民营企业党组织在发挥政治引领、参与管理、推动发展、促进和谐以及塑造文化等方面承担着重要职责。

·关键术语

公司制企业；所有权与经营权；中国特色现代企业制度；民营企业党建

·思考与练习

1. 有限责任公司和股份有限公司有什么相同点和不同点？
2. 企业现代化治理的核心矛盾是什么？
3. 民营企业如何提升企业治理水平？
4. 中国特色现代企业制度包含了什么内容？
5. 民营企业党组织的主要职责是什么？

·案例分析

以“三感融合”为支撑，找准中外合资企业党建工作的发力点

嘉利特荏原泵业有限公司是一家生产特种工业泵和汽轮机的中外合资企业，国内高端泵市场份额连续5年超40%，拥有国家高新技术企业、国家专精特新“小巨人”等28项省级以上“金名片”。起初，该公司由浙江嘉利特实业股份有限公司和日本株式会社荏原制作所于2003年缔约组建，组建时原中方公司党支部整建制植入合资公司。合资以后，由于中日观念分歧，发展时常受限碰壁，党组织因时制宜实施了“三感融合”工程，助推企业从“简单合资”到“高度和谐”的转变，以“减少排斥感、增强认同感、形成依赖感”为出发点，走出了一条中外合资企业党建工作新路子，为企业顺利融合发展注入强劲的“红色动力”。截至目前，公司党委下辖5个党支部，共有党员135名，占职工总人数的32%，曾获全国非公有制企业“双强百佳党组织”、浙江省“双强百佳党组织”等荣誉。2011年，以嘉利特案例开头的材料为蓝本，习近平总书记对温州非公企业党建作出重要批示。

一、主要做法

（一）在“三个不”上着眼，努力减少日方业主对党建工作的排斥感

公司党组织通过有礼有节沟通逐步消除日方“怕组建党组织导致企业政治化、怕党组织活动影响生产经营”的排斥，成功迈出党建工作第一步。一是讲明原则不退让。时任嘉利特公司党支部书记、中方业主李国斌的立场十分坚定，明确要求把建立党组织作为合资谈判的重要内容，并把党组织机构设置、活动场地和工作经费纳入合资整体建设，保证了党组织不落空。二是积极沟通不气馁。党组织始终从坚持政治底线、助推企业发展、维护职工利益等角度出发，建立党组织与日方管理层协调、沟通、联系机制，围绕党组织的目标任务和活动内容，定期约见日方管理层，沟通党建工作情况，进一步增进其对党建的认识。三是找准定位不越位。党组织与日方多轮沟通，最终树立了“三个核心一个保证”（即思想政治工作、活力和谐企业建设、企业文化建设的核心，企业发展方向的保证）工作定位，日方明确表态保证对党建工作积极参与不置身事外、有效支持、不一味抵制。

（二）在“三个环节”上用劲，努力增强日方业主对党建工作的认同感

党组织注重刚柔并济，通过党员带头、典型宣传等方式树好导向、激发活力，赢得了日方业主认可。一是在决策环节中听建议。创新建立“红色直通”制度，通过设立意见箱、开通党务微博和微信公众平台等渠道，听取员工声音、征集生产建议，并在进行论证后提交管理层决策。去年采纳建议24条，为公司节省成本300多万元。二是在生产经营中比业绩。开展“三亮三比三满意”活动，构建比学赶帮超的工作平台。以35个党员示范岗为窗口，组建技术攻关队，引导党员在管理提升、技术创新、降本增效中发挥先锋模范作用。组织党员职工开展“精细化、零缺陷”活动，产品合格率同比提升2.5%。三是在关爱服务中树形象。牵头开展“十面关怀、共建和谐”行动，积极建议公司不断提高职工福利待遇，公司30%的职工在职已超过10年。牵头实行“茶歇”制度，在每层生产区域设置休息吧台，提供茶饮和冰制品，切实提升员工的幸福感。组建青年党员志愿服务队，对各类急难险重任务积极作为，每年开展志愿活动20余次。日方副总感慨道，“在抗台抢险的时候，在关键岗位上，谁是共产党员我看得出来”。

（三）在“三个融合”上施力，努力增强日方业主对党建工作的依赖感

公司党组织从班子配备、组织设置、活动开展、文化建设等方面着手，积极破解合资中党建与业务“两张皮”的困局，实现了“合资”到“合力”的突破。一是推进党组织班子配备与行政架构相融合。积极推行党组织班子成员与企业董事会、中高层干部、社团组织“交叉任职，双向进入”的互动机制，成员由公推直选民主产生，列席总经理办公会，参与企业重大问题决策。目前，9名高管中有7名是党

员，中层干部84%是党员，技术骨干60%是党员。二是推进党组织设置与车间班组建设相融合。以"支部建在车间"为抓手，健全党的组织体系，把党支部、党小组和群团组织延伸到一线。目前已在生产、技术、行政、联合车间、销售等系统中建立5个党支部，并按照党员年龄层次、工作岗位特点等分类建立13个党小组，形成了高效快捷的组织体系。各部门、车间的核心力量都是党员，5年来发展16名业务骨干为党员。三是推进中方文化与日方文化相融合。积极引导双方理念融合与公司文化构建，提炼形成"精益求精、兼容并蓄、追求卓越、报效社会"的企业文化内涵。定期举办各种文体娱乐活动，并教唱融中日文化为一体的《嘉利特荏原之歌》，增进中日双方交流与沟通，增强企业团队精神和凝聚力。

二、成效评价

通过"三感融合"工程，企业精神焕发，员工齐心协力，先后获得全国模范劳动关系和谐企业、全国模范职工之家、浙江省文明单位等荣誉称号。中日文化在企业里得以融通，员工关系在企业里得以融合，企业呈现出和谐有活力的良好态势。实践证明，只要做强党建工作，发挥党组织的实质作用，做到"有为有位"，不断推进企业发展，党的旗帜就一定能够在合资企业高高飘扬。

资料来源：《非公有制企业党建》杂志发布的"年度百个两新党建创新案例"。

阅读上述资料，思考下列问题：

1. 党建在中外合资企业中发挥作用有哪些阻力？嘉利特荏原公司是如何克服的？

2. 党建如何帮助中外合资企业提升内部治理和员工凝聚力？

第九章

民营企业社会责任与共同富裕

本章导入

任何企业存在于社会之中，都是社会的企业。社会是企业家施展才华的舞台。只有真诚回报社会、切实履行社会责任的企业家，才能真正得到社会认可，才是符合时代要求的企业家。习近平总书记指出："民营企业家富起来以后，要见贤思齐，增强家国情怀、担当社会责任，发挥先富帮后富的作用，积极参与和兴办社会公益事业。"

本章深入探讨了民营企业社会责任在推动共同富裕中的重要作用。首先，定义了企业社会责任的八大核心维度，强调了企业承担社会责任的必要性。其次，分析了共同富裕的关键问题，包括提升整体富裕水平、缩小城乡与区域收入差距等。民营经济作为中国经济的重要组成部分，通过创造财富、提供就业、诚信纳税及参与公益等方式，为共同富裕奠定了坚实基础。本章以浙江为例，介绍了浙江政府通过政策支持、产业结构优化、区域协作和绿色发展等策略，助力民营企业有效推动区域均衡发展，实现了先富带动后富，不仅展示了民营企业在履行社会责任方面的积极成果，也为其他地区实现共同富裕提供了有益借鉴和路径支持。

学习目标

（1）知识目标：通过本章学习，学生将深入理解企业社会责任和共同富裕的内涵，以及民营经济在推动共同富裕中的重要作用。

（2）能力目标：通过本章学习，学生将具备分析企业社会责任对企业健康可持续发展促进作用的能力，能够评估不同民营企业在履行社会责任方面的表现与影响。

（3）综合目标：本章旨在培养学生的综合应用能力，鼓励学生将理论知识与实际案例相结合，探索民营企业在新时代背景下如何更好地履行社会责任，促进共同富裕。

第一节 企业社会责任的内涵

一、企业社会责任的定义和范畴

（一）企业社会责任的定义

“企业社会责任”（Corporate Social Responsibility，CSR）的概念最早可追溯至1924年，由欧利文·谢尔顿（Oliver Sheldon）在其著作中首次提出。谢尔顿（1924）主张，企业应将其社会责任与经营者满足消费者需求的各项责任紧密结合；他强调，企业社会责任蕴含着道德层面的考量，且企业对社区的服务有助于增进社区的整体福祉。

随后，在1932年，美国两位杰出的公司法学家阿道夫·伯利（Adolf Berle）与梅里克·多德（Merrick E. Dodd）就企业是否应服务于社会展开了经典辩论，双方均触及了企业社会责任的议题（伯利，1932；多德，1932）。然而，学界普遍公认，最早系统性定义企业社会责任的是霍华德·鲍恩（Howard R. Bowen）。鲍恩（1953）提出，商人的社会责任在于按照社会的目标和价值观来制定政策、作出决策，并强调尽管社会责任并非解决社会问题的万能钥匙，但它却蕴含着引导企业未来发展的重要宗旨。因鲍恩在此领域的开创性贡献，他被誉为“企业社会责任之父”。时至今日，学术界对于企业社会责任的定义，较为广泛地接受了阿奇·卡罗尔（Archie B. Carroll）的阐述。卡罗尔（1979）认为，企业社会责任是指某一特定时期社会对组织所寄予的经济、法律、伦理及自由决策等多方面的期望，它涵盖了经济责任、法律责任、伦理责任和慈善责任四大层面。这一定义不仅超越了传统将企业利润视为唯一目标的狭隘观念，更强调了企业在生产过程中应高度关注人的价值，积极对环境、消费者和社会做出广泛贡献。

我国从20世纪90年代开始推广企业社会责任，并在2007年将国有企业承担社会责任明确为法定义务，企业社会责任也提升到国家政策层面，进入高速发展的快车道。特别是在2015年联合国通过可持续发展目标（SDGs），习近平总书记发表《携手构建合作共赢新伙伴 同心打造人类命运共同体》讲话之后，企业社会责任在中国掀起了一股热潮。

（二）企业社会责任的范畴

当前，关于企业社会责任的探讨主要围绕八大核心维度展开：经济责任、法律责任、环保责任、顾客优先、股东权益、员工成长、公平原则以及社会公益/慈善贡献（见表9-1）。

表9-1 企业社会责任核心维度概览

企业社会责任维度	具体内涵
经济责任	致力于创造经济价值，提供高质量产品与服务，确保企业稳健发展，促进经济增长与效率提升
法律责任	严格遵守法律法规，秉持诚信经营原则，在法律框架内规范运营
环保责任	积极履行环保使命，避免环境损害与生态破坏，主动承担环境治理与保护责任
顾客优先	以顾客为中心，确保产品质量与消费者安全，秉持诚信宣传原则，保障信息透明
股东权益	为股东创造长期价值，确保信息披露的透明度，防范交易不当行为，保护中小股东合法权益，完善公司治理体系
员工成长	关注员工职业发展与健康安全，提供培训与发展机会，营造积极健康的工作环境，提升员工满意度与归属感
公平原则	倡导公平竞争与机会均等，建立公正的保障体系，确保经济收入稳定，反对任何形式的歧视与垄断
社会公益/慈善贡献	积极参与社会公益活动，关注弱势群体福祉，支持教育与文化艺术事业，为构建和谐社会贡献力量

资料来源：徐尚昆，杨汝岱．企业社会责任概念范畴的归纳性分析［J］．中国工业经济，2007(5)：71-79.

在深入研究的基础上，本书从利益相关者角度出发，将企业的社会责任进一步精练为六个核心维度，以更全面地反映企业在不同层面的社会责任担当。

1. 对股东的责任

在市场经济背景下，企业与股东的关系实质上是企业与投资者的关系，构成企业内部关系的核心。传统经济学认为，企业作为股东的代理人，首要任务是最大化股东利益。随着市场经济的成熟和人们投资方式的多样化，股东群体日益庞大且多元化，涵盖了社会各界的各类职业。因此，企业与股东的关系逐渐演化为企业与社会的关系，对股东的责任也具备了社会性。这主要体现在尊重法律赋予的股东权利，向股东提供真实的经营和投资信息，以及确保股东资金的安全与收益。

2. 对员工的责任

企业与员工之间最基本的关系是建立在契约基础上的经济关系，同时还伴随着法律关系和道德关系。除了承担提供劳动报酬这一基本经济义务外，企业还承担着法律上的义务和道德上的责任，包括尊重员工、信任员工，以及促进员工的成长与发展。具体责任涵盖劳动法规定的各项劳动权利，如就业择业权、劳动报酬权、休息休假权等，以及按照高于法律标准承担的道德义务。为实现这些责任，企业需提供安全健康的工作环境、平等的就业机会与升迁机会，以及教育培训的机会。

3. 对消费者的责任

消费者作为企业产品的购买者和使用者，其生活质量和水平直接受到产品品种、质量、价格等因素的影响。鉴于消费者的分散性、求偿能力的有限性，以及现代科技导致的产品缺陷隐蔽性，消费者往往处于弱势地位。因此，企业有责任为消费者提供安全、优质、价廉、舒适且耐用的产品，满足其物质和精神需求。包括维护消费者的安全权、知情权、选择权和听证权，通过提供产品使用指导、确保产品安全性，以及尊重消费者的自由选择权来实现。

4. 对政府的责任

企业作为社会经济的微观基础，是构成国家与社会不可或缺的一环。政府作为宏观管理的主体，对民营企业实施监管、协调与指导，旨在维系社会秩序，推动社会持续健康发展。因此，企业对政府承担着重要的责任，具体体现在以下两方面：一是“合法经营、照章纳税”。“合法经营、照章纳税”是民营企业作为社会成员的基本职责。企业必须严格遵守国家法律法规，规范自身经营行为，诚实守信履行纳税义务，为国家的财政稳定和公共服务提供坚实的资金支持。这是企业展现其社会责任感与公民素养的基石。二是企业应依据自身实力，积极参与政府倡导的社会公益活动、福利事业及慈善事业。通过捐赠资金、物资或提供服务等方式，企业可以助力政府解决社会问题，改善民生福祉，促进社会和谐与进步。这种支持不仅体现了企业的社会责任感，也是其回馈社会、实现可持续发展的重要途径。

5. 对社区的责任

企业与社区之间存在着紧密的联系和相互影响。建立和谐的企业与社区关系对于民营企业的持续发展和社区的繁荣至关重要。企业应积极参与社区活动，利用自身优势和资源支持社区的文化教育事业，吸纳社区人员就业，参与公益救助等活动，为社区建设贡献力量。这种参与不仅有助于提升企业的声誉和形象，还能转化为企业的无形资本，带来长远的经济效益和社会效益。

6. 对环境的责任

企业对环境和资源负有重要的责任，这关乎当代人的利益以及子孙后代的生存和发展。民营企业应摒弃人类中心主义的价值观，树立人与自然和谐的伦理观，合理利用自然资源，承担对环境和资源保护与合理利用的责任。包括倡导绿色生产和消费，实施绿色管理，开发有效的环境评估系统，以及严格按照绿色审计的要求进行自我管理。民营企业应主动履行环保责任，在生产等各个环节中严格自律，确保不对环境造成任何危害。

二、企业承担社会责任的必要性

作为社会的构成单元，所有企业均肩负着社会责任，其生存与发展均依赖于特定的社会环境，积极响应社会需求是企业理性的表现。当前企业所承担的社会责任，日益成为社会各界及企业自身关注的焦点议题。

（一）彰显企业的社会属性

企业作为社会性组织，在市场经济环境下与社会紧密相连。国家作为公共服务的提供者，为企业创造了物质资源、人力资源、文化资源、优惠投资条件、安全保障等优良的社会环境，以及公正、法治、稳定的市场秩序等必要条件。因此，企业有责任为人类生活品质的持续提升提供所需的物质与精神产品，并承担推动社会全面进步与人的全面发展的义务。否则，企业将失去其存在的价值与意义。总而言之，企业因社会需求而存在，社会则为其提供发展空间；企业源自社会，最终也将回馈社会，企业与社会间存在着共生共荣的关系。故而，企业在追求自身利益的同时，必须兼顾社会利益，承担起对社会的责任。

（二）市场主体地位的必然要求

企业是市场经济的核心主体。它不仅是一个独立的法人实体，更需要各类利益相关者的共同参与。这些利益相关者主要包括四类：一是劳动力提供者；二是资源（包括资本、土地、半成品等）提供者；三是顾客或消费者；四是社会及其代表——政府。这四种关系对于企业的存续至关重要。在市场经济体系中，这些利益相关者之间基于平等交易的契约关系相互依存，共同推动企业的发展与财富的增长。企业必须维护这种相互依存关系，以确保自身的生存与发展。而企业履行社会责任，正是对契约关系各方利益的最大保障，自然有助于巩固与发展这种契约关系。

（三）企业文化的重要构成要素

一个企业的强大与发展，不仅取决于其经济实力、管理水平、技术实力、员工素质等多方面因素，还深受企业文化的影响。企业文化的形成与发展，是企业成熟的标志。因此，企业在为股东谋取更多利润的同时，必须遵循一定的道德准则，承担起社会责任，以实现企业、市场与社会的共同繁荣与发展，使企业成为维护社会良心的力量。任何组织的存在与发展，只有在其具备为社会（至少为大多数人）所接受的道德正当性时，才能被公众视为正义，从而获得社会的认可与接纳，并不断发展壮大。罗宾斯指出，企业的社会责任“是工商企业追求有利于社会的长远目标，而非仅仅满足法律与经济义务"。

（四）经济全球化的必然趋势

经济全球化使得企业不再局限于某一地区或国家，而是成为国际经济体系中的一部分。随着全球化的深入发展，中国企业越来越多地参与到国际竞争中。中国企业要在全球关注的企业社会责任议题中破局，需知己知彼，深入地了解社会责任的内涵和全球趋势，也要掌握中国企业自己的话语权，让企业社会责任更好地适应、融入并促进企业长期高质量发展。经济全球化要求企业在追求经济效益的同时，一方面，遵守国际法规和标准，如遵守劳工权益保护、环境保护等方面的规定，以确保在全球市场的合规运营；另一方面，关注社会的可持续发展，包括节约资源、减少污染、推动绿色创新等，以实现经济、社会和环境的协调发展。

（五）实现共同富裕的必然要求

共同富裕是社会主义本质，企业作为经济核心，其责任重大。首先，企业通过积极履行社会责任，可以创造更多的就业机会，提高员工的收入水平。企业为员工提供稳定的工作岗位和合理的薪酬待遇，不仅保障了员工的基本生活需求，还为他们提供了实现自我价值的平台。其次，企业承担社会责任有助于缩小贫富差距。企业通过履行社会责任，如参与慈善事业、支持教育事业、参与扶贫项目等，可以将部分利润回馈给社会，帮助弱势群体改善生活状况，缩小贫富差距，促进社会和谐稳定。最后，企业承担社会责任是构建和谐社会的重要途径。企业通过履行社会责任，可以增进与社会各界的沟通与理解，树立良好的企业形象和社会声誉。这种正面的社会效应有助于增强企业的社会影响力和凝聚力，推动社会各界共同参与社会公益事业，形成共建共治共享的社会治理格局，为共同富裕目标的实现创造更加有利的社会环境。

三、承担社会责任对企业健康可持续发展的促进作用

实际上，企业主动承担社会责任，不仅为社会进步做出了应有贡献，更对企业自身的发展具有重大意义。

（一）塑造企业社会信誉

承担社会责任的企业必然是诚信的企业。它们以顾客为中心，提供优质服务与产品，赢得顾客的信赖，从而在顾客心中树立起良好的企业形象。企业形象是社会对企业的综合评价，涵盖企业的经营理念、经营作风、行为方式等多个方面。良好的社会形象是企业生存与发展的关键。企业善待社会、服务社会，在参与公益活动的同时，也提升了自身在社会中的声誉，创造了企业品牌效应，对产品销售与优秀

人才招聘产生积极影响。“良好的声誉有助于企业吸引顾客、投资者、潜在员工及商业伙伴。如今，众多消费者与投资者都期望从所交往的企业中寻找高水准的公司；越来越多的消费者不仅关注所购买的产品与服务，更对提供这些产品与服务的企业的行为感兴趣”。

（二）提升企业全球竞争力

经济全球化使企业间的竞争越发激烈，竞争范围也不断扩大。现代企业的竞争已超越市场份额、产品或品牌的竞争，更侧重于服务与企业形象的竞争。企业承担社会责任，能在公众心中树立良好口碑。企业竞争归根结底是人才的竞争，高质量的人力资源是获取竞争优势的可靠保障。承担社会责任的企业倡导尊重人权、保障工业健康与安全标准，践行以人为本的管理理念，促进劳动者自我价值的实现，是和谐商业伦理关系的具体体现。在管理实践中，企业秉持“人高于一切”的价值观，将员工视为最重要的资产，给予信任与尊重，从而激发员工的积极性与创造力，在公平的环境中发挥最大工作效率，提升企业的劳动生产率与整体竞争力。

（三）助推企业绿色转型与可持续发展

企业承担社会责任，不仅关乎当下的经营效益，更为企业未来的可持续发展奠定了坚实基础。在资源日益紧张、环境问题凸显的今天，企业若只追求短期利益，忽视对环境和社会的长远影响，必将面临资源枯竭、环境恶化、社会信任危机等严峻挑战。相反，那些积极履行社会责任的企业，会更加注重资源的节约与高效利用，致力于绿色生产、节能减排，推动循环经济的发展。

采用环保技术和生产方式，企业不仅能降低生产成本，提高资源利用效率，还能减少对环境的污染，树立良好的绿色企业形象，吸引更多关注可持续发展、注重环保的消费者和投资者。同时，企业积极参与社会公益事业，关注社区发展，能够增强与社区、政府及社会各界的互动与合作，为企业创造更加宽松、有利的外部环境，降低经营风险。

此外，承担社会责任还有助于企业构建稳定的供应链和合作伙伴关系。在供应链管理中，企业若能融入社会责任理念，要求供应商同样遵循高标准的社会责任规范，不仅能提升供应链的整体质量和效率，还能增强供应链的稳定性和抗风险能力，为企业的可持续发展提供有力支撑。

第二节 民营经济与共同富裕

一、共同富裕

（一）共同富裕的概念

共同富裕是社会主义的本质要求，是中国式现代化的重要特征，即坚持以人民为中心的发展思想，在高质量发展中促进共同富裕。

20 世纪 80 年代中期，邓小平同志提出"一部分地区、一部分人可以先富起来，带动和帮助其他地区、其他的人，逐步达到共同富裕"，为当时的改革开放指明了方向。在过去的 40 多年里，"让一部分人先富起来"成为改革开放的一个重要指导思想，为中国企业的发展提供了有效的政策环境，企业成为中国社会经济可持续发展的主体。进入新时代，共同富裕已经成为中国经济社会发展的最高议程之一，是中国特色社会主义的本质要求。《中华人民共和国国民经济和社会发展第十四个五年规划和 2035 年远景目标纲要》将"坚持人民主体地位，坚持共同富裕方向"作为经济社会发展必须遵循的原则，并明确提出，到 2035 年"人民生活更加美好，人的全面发展、全体人民共同富裕取得更为明显的实质性进展"。

共同富裕具有丰富而深刻的理论内涵，充分体现了中国共产党始终坚持以人民为中心的发展思想，充分体现了中国共产党始终增进民生福祉，提升人民群众获得感、幸福感、安全感的政策主张，充分体现了中国共产党为中国人民谋幸福、为中华民族谋复兴的初心使命。

实现全体人民共同富裕是一个总体概念，是习近平新时代中国特色社会主义思想的重要组成部分，是中国特色社会主义的本质要求，是自古以来中国人民的一个基本理想。习近平总书记指出："我们说的共同富裕是全体人民共同富裕，是人民群众物质生活和精神生活都富裕，不是少数人的富裕，也不是整齐划一的平均主义。"这一重要论述阐明了共同富裕的深刻内涵，为实现共同富裕提供了根本遵循。具体来看，共同富裕的理论内涵主要包括"四个统筹"。

共同富裕具有统筹物质文明与精神文明的含义。共同富裕是物质文明的不断丰富。进入新时代，推进中国式现代化将形成更高效率、更可持续的经济增长，实现更高水平的对外开放，释放更深层次的改革红利，不断扩大就业规模，提升人民生活水平，所形成的经济社会发展成果共同指向物质文明不断丰富的内涵。与此同时，共同富裕包含了精神文明的不断发展，中国特色社会主义精神文明建设将引领更深层次的物质发展，实现物质文明与精神文明发展的相辅相成、协同推进。

共同富裕具有统筹广泛覆盖与合理差距的含义。共同富裕不是部分群体的共同富裕，也不是部分地区的共同富裕，而是全体人民的共同富裕，“全体”体现在共同富裕群体范围、空间范围的广泛性上。共同富裕是不断优化社会保障体系、提升人民收入水平、促进社会和谐稳定的共同富裕。与此同时，共同富裕不等同于平均主义，是具有合理差距的共同富裕。我国不同地区在劳动生产力水平、技术人才储备、产业发展阶段上都具有一定的差异，不同群体在财富积累水平、智力水平、健康水平上也具有一定程度的差距，这种客观发展的差异性决定了共同富裕存在合理差距。因此，统筹广泛覆盖与合理差距，顺应了人类经济社会发展的客观规律，是共同富裕的应有之义。

共同富裕具有统筹发展效率与社会公平的含义。共同富裕是经济高质量发展下的共同富裕，通过全社会劳动的集中贡献和精密分工，分梯次、分阶段提升全社会劳动生产率，在实现效率增长的过程中不断强化对经济主体的激励，促进整体社会财富和居民收入的增长，以效率优势将社会财富资源“蛋糕”做大。与此同时，共同富裕是实现社会公平正义的共同富裕，在社会财富资源不断增长的基础上，消除社会居民收入和财富分配的两极分化，强化社会资源的合理性分配，实现社会的公平正义。因此，共同富裕充分体现了经济社会发展过程中效率和公平的辩证关系，体现了社会主义市场经济发展过程中激励与分配的实践内涵。

共同富裕具有统筹制度规范与综合治理的含义。共同富裕不是“劫富济贫”，是充分依托完善的制度体系推动形成的共同富裕。在实现共同富裕的过程中，需妥善处理好政府和市场的关系，引导实现按劳分配，推动实现转移支付，优化完善社会保障制度，让市场和政府的边界清晰、有机统一，通过系统的制度规范，持续推动共同富裕走深走实。与此同时，共同富裕具有社会全方位治理的深刻含义。共同富裕是经济、政治、社会、文化、生态等多个领域的共同富裕，实现共同富裕是全领域性、全系统性的治理过程。因此，共同富裕是系统思维观、是全局方法论，具有统筹制度规范与综合治理的深刻内涵。

（二）实现共同富裕的关键问题

1. 提升整体富裕水平

共同富裕的首要前提是富裕。共同富裕是生产力有较大发展条件下的产物，它不可能同低生产力水平并存。如果“蛋糕”本身就很小，那么无论以何种方式进行分配，都无法实现共同富裕，更可能面临的是共同贫困。因此，共同富裕的首要任务是驰而不息地解放和发展社会生产力，不断创造和积累社会财富，通过高质量发展把"蛋糕"做大做好。自1978年改革开放以来，我国在社会经济发展方面取得了令世界瞩目的辉煌成就。我国的GDP总量在2020年已超越100万亿元，成功晋升为世界第二大经济体，人均GDP也突破了1.13万美元，步入较为发达国家的行列，但与北欧发达国家平均的5.6万美元、美国的6.4万美元差距较大。在这一过程中，贫富差距问题也逐渐凸显。世界银行数据表明，当前我国的贫富差距状况较为严峻。80%的财富集中在不到20%的人群手中，基尼系数达到了0.4左右。这种财富的过度集中不仅导致贫富差距的过度分化，还成为社会不稳定的潜在隐患。

为实现2035年与2050年的富裕目标，我国需保持较高的经济增长率，逐步追赶并超越中等发达国家及发达国家的人均收入水平。这要求我们在劳动力稳定或略有下降的背景下，依靠劳动生产率的提升、科技创新与制度创新持续驱动。改革开放与制度创新作为经济增长的核心动力，在未来共同富裕的进程中仍需不断深化。同时，需平衡发展与共享的关系，避免单一追求经济增长或过度强调分配，通过做大"蛋糕"与分好"蛋糕"的良性互动，促进经济持续健康发展与居民收入稳步增长。

2. 缩小城乡与区域收入差距

城乡与区域收入差距是共同富裕必须解决的关键问题。长期以来，存在城乡居民收入差距是我国的基本国情。我国在计划经济时代实施经济赶超战略，在居民权利、要素配置、公共服务、产业布局等方面采取了一系列城乡二元制度安排，经过多年运行形成了城乡割裂发展的稳固形态，导致中国的城乡收入差距与全球普遍规律相比更大也更加持续。党的十八大以来，随着国家不断加大各项强农惠农富农政策扶持力度，特别是脱贫攻坚和乡村振兴的强力推进，城乡居民收入差距呈现逐步缩小的趋势。由于城乡发展差距具有倒"U"型变化规律，东部省份的城乡收入差距总体较小。2021年，许多东部省份的城乡人均收入比已降至2左右，其中浙江的比值已降至1.94，但不少中西部省份的比值仍高于2.5。缩小城乡差距不仅要减少收入差距，更要消除财产差距与基本公共服务水平上的不均衡。

区域收入差距是共同富裕面临的另一大挑战。当前我国在区域协调发展方面存在东中西部三大地带发展差距、城市群内外发展差距和省域中心与边缘差距的问题，还有革命老区、少数民族地区、边疆地区和欠发达地区与全国平均水平差距的问题。2020年，我国东部五省（上海、江苏、浙江、福建和广东）人均GDP平均达到10.5万元，西部六省（自治区）（新疆、内蒙古、青海、甘肃、宁夏、西藏）人均GDP平均为5.3万元左右。这表明经过多年的西部大开发，我国东西部地区间人均GDP比值已由2000年左右的4逐步缩小到2左右，这是一个伟大的成就。但我们还要看到，东部最富的省份如上海（人均GDP15.9万多元）与西部最落后的省份如甘肃（人均 GDP 3.4 万元）之间的差距仍然巨大。现在的问题是，怎样通过生产力的优化布局和供给侧结构性改革，让西部更快地发展起来，使得东部与西部之间人均 GDP 的比值缩小到 2 以内。笔者认为，如果能够把西部的各种资源禀赋扬长避短地发挥出来，那么西部人均 GDP 的提升可能会比东部还要快。从 1999 年提出实施西部大开发战略以来，我国持续加大对西部地区的支持力度，扭转了东中西部差距不断拉大的趋势。尤其是 2021 年，我国脱贫攻坚战取得了全面胜利。但是，差距仍然存在，实现区域协调发展、缩小区域收入差距的任务仍然艰巨，需要各区域相互支持，共同努力。

3. 加强精神文明建设

中华文明自古以来便将人的精神追求融入人生理想与社会愿景之中。在追求中华民族伟大复兴的中国梦之路上，不仅要实现物质财富的极大积累，更要达到精神财富的极大丰富。共同富裕与中国梦的实现，是一个物质文明与精神文明并驾齐驱、共同繁荣的过程。我们应致力于满足与实现民众的实际需求与迫切愿望，确保人民能够共享经济发展、政治进步、文化繁荣、社会和谐及生态文明等全方位的发展硕果，从而让人民群众拥有更多、更直接、更切实的收益感、满足感和安全感。发展文化产业是市场经济条件下繁荣社会主义文化、满足人民群众精神文化需求的重要途径。发展文化产业不仅能够创造经济价值，提升国民经济的整体实力，更重要的是，它能够丰富人民群众的精神文化生活，提升全民的文化素养和审美能力，促进人的全面发展。在推进文化产业发展的过程中，应注重文化的多样性和包容性，鼓励和支持各种健康有益的文化创作和文化活动，满足人民群众多层次、多样化的文化需求。

二、民营经济健康发展对共同富裕的促进作用

从改革开放和现代化建设的伟大实践来看，改革开放 40 多年来，在党的方针政策指引下，我国民营经济从小到大、由弱到强，具有“56789”的特征，即贡献了 50% 以上的税收、60% 以上的国内生产总值、70% 以上的技术创新成果、80% 以上的城镇劳动就业、90% 以上的企业数量。党的十八大以来，党中央、国务院继续毫不动摇鼓励、支持、引导非公有制经济发展，极大激发了民营企业发展活力。截至 2024 年 5 月底，我国民营经济主体数量占经营主体总量的 96.4%。其中，高技术制造业占 90.2%、高技术服务业占 93.3%、“四新”经济占 93.4%、数字经济核心产业占 94.6%。民营企业在稳定增长、促进创新、增加就业、改善民生等方面发挥了重要作用，成为推进中国式现代化的生力军。

（一）为共同富裕奠定物质基础

40 余载的改革开放历程中，民营经济从无到有、从小到大，已成长为推动国家经济腾飞和民众生活水平提升的关键力量。民营经济的崛起，极大提升了社会资本和生产要素的配置效率，这是我国经济能够快速摆脱短缺、实现繁荣的根本所在。此外，民营经济的发展还极大地促进了民间投资的增长，成为拉动经济增长的新动力。如今，民间投资已占据全国固定资产投资的半壁江山，成为推动生产、增加就业的重要力量。

（二）为社会提供了广泛的就业机会

就业是最大的民生，实现更加充分更高质量就业是践行以人民为中心的发展思想、扎实推进共同富裕的重要基础。习近平总书记强调，共同富裕需要以鼓励勤劳创新致富为原则，而就业机会则是实现这一目标的前提。

民营企业历来是吸纳就业的主力军，贡献了 80% 以上的城镇劳动就业，吸纳了近五成大学毕业生，为低收入群体提供了通过劳动改善生活的机会。自改革开放以来，我国新增城市就业人口主要来源于民营企业，而农村就业的增长也主要得益于民营经济的发展。尤其是随着新产业、新业态、新商业模式的涌现，民营经济为劳动者提供了更多元化的就业选择和收入渠道。

不仅如此，民营经济还具有更强的就业岗位创造能力，是岗位成本最低、效率最高的经济部门。据劳动经济学会就业促进专委会课题组测算，每新开设一家小微企业，将新创造 3 ~4 个就业岗位。

（三）扩大中等收入群体规模

共同富裕并非整齐划一的富裕，而是承认差异、允许先后、鼓励共进的富裕。民营经济中的广大中小企业、小微企业和个体工商户，不仅是民营经济的主体，也是中等收入群体的主要构成部分。他们通过合法经营、辛勤劳动，不仅改善了自身的生活条件，还带动了更多劳动者共同富裕，形成了良好的社会收入循环。改革开放的实践证明，多种所有制经济共同发展是实现全体人民共同富裕的必由之路。民营经济的发展不仅推动了国家经济的整体提升，也显著提高了人民的生活水平，使我国拥有了世界上规模最大的中等收入群体。因此，在共同富裕的道路上，民营经济不仅不能缺席，更需不断转型升级，成为更加健康、更加有利于人的全面自由发展的新力量。

（四）诚信纳税助力公共服务均等化

作为税收的重要来源之一，民营经济通过依法纳税为国家提供了稳定的财政收入。这些税收被政府用于教育、医疗、社会保障等公共服务领域，有效提升了公共服务的质量和覆盖面，推动了公共服务的均等化发展。特别是在农村地区和贫困地区，政府通过税收再分配机制，加大了对这些地区的投入力度，改善了基础设施条件，提升了教育、医疗等公共服务水平，从而有效缩小了城乡、区域间的差距，促进了共同富裕的深入实现。民营企业的纳税行为不仅体现了其作为社会公民的责任与担当精神，也通过税收的杠杆作用助力了社会公平与正义的实现。

（五）投身慈善事业促进社会和谐

民营企业以捐赠资金、物资、提供志愿服务等方式积极参与扶贫、助学、助医、环保等公益事业，不仅直接帮助弱势群体改善了生活状况，还传递了社会正能量、增强了社会的凝聚力和向心力。民营企业的慈善行动是其履行社会责任、回馈社会的重要体现，也是促进社会和谐与共同富裕的重要途径。通过慈善事业这一纽带，民营企业与政府、社会组织等各方携手合作、共同努力，构建了一个更加公平、包容、和谐的社会环境，为共同富裕的实现奠定了坚实的社会基础和精神基础。

扩展阅读

光彩事业

1994 年 4 月 3 日刘永好等十位非公有制经济代表人士发表了“让我们投身到扶贫的光彩事业中来”的倡议书，共同倡议开展以扶贫开发为主题，以互惠互利、自觉自愿为原则，以帮助“老、少、边、穷”地区开发资源、兴办企业、培训人才为主要内容的光彩事业。对这一顺应时代发展趋势和国家发展战略部署的新生事物，中央统战部和全国工商联给予了充分肯定和大力支持，迅速确定了把光彩事业“办大、办好、办出成效”的工作方针，下发了《关于大力推动光彩事业的意见》，并采取一系列措施，推动了光彩事业在各地的蓬勃发展。

光彩精神：致富思源、富而思进、扶危济困、乐善好施、义利兼顾、德行并重、发展企业、回馈社会。

光彩事业的主要内容：光彩事业是非公有制经济人士和民营企业响应国家号召，为帮助贫困地区发展经济而开展的开发式社会扶贫活动。它用市场经济的方式，投资扶贫的行为，把非公有制企业的资金、技术、人才和管理等优势同贫困地区的资源、劳动力等优势结合起来，优势互补，互惠互利、共同发展。

光彩事业作为一项开发式扶贫活动，不同于一般的社会纾困行为。它以广大非公有制经济人士和民营企业为参与主体，携手港澳台侨工商界人士共同参加，贯彻自觉自愿、互惠互利、义利兼顾的原则，是以共同利益为纽带的经济行为和企业行为。其主要内容是：面向"老、少、边、穷"地区和中西部地区，以项目投资为中心，开发资源、兴办企业、培训人才、发展贸易；以项目投资为主体，并通过包括捐赠在内的多种方式促进贫困地区经济和教育、卫生、文化等社会事业的进步。光彩事业作为一项德行并重、义利兼顾的扶贫举措，既是一种互惠互利的经济行为，也是一种充满感情的道德行为。

资料来源：根据"中国光彩事业"官网信息整理。

第三节　民营经济推动共同富裕的浙江实践

2021 年 5 月，中共中央、国务院联合发布了《关于支持浙江高质量发展建设共同富裕示范区的意见》。2023 年 9 月，习近平总书记在浙江考察时再次强调，浙江应成为推进共同富裕的先行示范者。

回望改革开放的历程，浙江在原有经济基础薄弱、资源匮乏的条件下，凭借坚韧不拔的努力迅速崛起，成为全国经济发展速度最快、实力最强、活力最足的省份之一。然而，随着经济的快速发展，一系列矛盾也逐渐浮现。21 世纪初，浙江经济社会发展面临诸多挑战，如电力短缺、资金匮乏、土地紧张等。如何带领 4700 多万浙江人民继续保持经济发展势头，实现更高质量的发展，成了当时亟待解决的重大课题。

在此背景下，习近平同志创造性地提出了"八八战略"，并结合浙江实际情况，推动经济增长方式的转变，使浙江在综合实力、创新能力、国际竞争力和可持续发展水平上都迈上了新的台阶。民营经济是浙江经济的最大特色，在"八八战略"的实施过程中，民营经济扮演了重要的角色。

一、"两个毫不动摇"——支持民营经济发展

坚持公有制为主体、多种所有制经济共同发展，是推进共同富裕的基本原则，也是激发社会财富创造活力的体制机制优势。到 2002 年底，浙江非公有制经济增加值已达 4065 亿元，占地区生产总值的 53%，个体私营经济成为推动浙江经济发展的重要力量。对此，"八八战略"明确指出要进一步发挥浙江的体制机制优势，大力推动多种所有制经济共同发展。

浙江作为民营经济的发源地之一，其民营经济的先发优势得到了习近平同志的高度重视。他早在 2002 年就指出，要充分发挥浙江的民营经济优势。2004 年，他更是主持出台了《关于推动民营经济新飞跃的若干意见》，提出了一系列鼓励、支

持、引导民营经济快速发展的政策措施。在2006年的浙商大会上，习近平同志进一步强调了浙商在共同富裕中的重要作用，称他们是浙江人民的骄傲和自豪。

二、“腾笼换鸟”——推动产业结构升级

形成既节约资源又具备强大竞争力的产业结构，是实现经济增长方式根本性转变的关键，也是共同富裕做大“蛋糕”的产业基础。针对浙江当时产业结构存在的问题，习近平同志提出了“优农业、强工业、兴三产”的战略思路，着力优化产业结构，实现产业升级。他明确提出了“凤凰涅槃”和“腾笼换鸟”的理念，推动浙江从粗放型增长向集约型发展转变。

针对浙江工业“轻小集加”的特点，习近平同志既肯定了其优势，也指出了存在的问题，并提出了建设先进制造业基地的战略部署。他强调要以信息化带动工业化，以工业化促进信息化，加快建设“数字浙江”。在“数字浙江”战略的指引下，浙江的信息产业得到了快速发展，成为经济增长的新引擎。

三、“山海协作”——促进先富带动后富

“七山一水二分田”是浙江的基本地貌。长期以来，浙江山区发展速度远慢于沿海地区。为解决浙江“山”“海”协调发展的难题，习近平同志站在统筹区域发展的高度推进实施了“山海协作工程”。在他看来，“山海协作”是缩小地区差距、促进区域协调发展的有效载体，是培育新的经济增长点、不断提高浙江综合实力的必然要求，是促进共同富裕、实现人民群众根本利益的重要举措。

2002年4月，浙江省委、省政府正式启动实施“山海协作工程”，将沿海的发达地区与山区的欠发达地区“结对捆绑”起来，实现优势互补。习近平同志到浙江工作后，把“山海协作工程”摆在更加突出的位置。2002年至2006年，习近平同志每年参加“山海协作工程”情况汇报会。在2003年“山海协作工程”情况汇报会上，习近平同志提出，“实施‘山海协作工程’，就是要通过发达地区和欠发达地区之间经济、社会、劳务等全方位的协作，推动欠发达地区加快发展”。也是在这一年，浙江成立了“山海协作工程”领导小组，出台了《关于全面实施“山海协作工程”的若干意见》等一系列政策文件，形成了“山海协作”的政策指导体系。在2004年“山海协作工程”情况汇报会上，习近平同志进一步指出，“把合作重点放在优化产业结构和促进经济增长方式转变上，放在推动体制创新、技术创新和管理创新上，放在提高劳动力的素质上，放在资源集约利用和改善生态环境质量上”。经过几年的实践，各地不断探索和丰富活动内容，使得“山海协作工程”在深度与广度上不断得到发展。

随着"山海协作工程"的系统性、整体性、协同性日益增强，全省发达地区和欠发达地区构建起宽领域、多层次和全方位的合作格局，区域经济布局不断优化改善。可见，习近平同志大力推动实施的"山海协作工程"，不是一般意义上的扶贫，而是从一开始就着眼于全省生产力和人口的空间布局优化，促进发达地区加快发展、欠发达地区跨越式发展的携手共进式协调发展。

四、"两山"理论——坚持绿色发展

党的十八大以来，以习近平同志为核心的党中央高度重视生态文明建设，提出"绿水青山就是金山银山"的创新理论，简称"两山"理论。生态环境是人类生存发展的根本，也是推进共同富裕不可逾越的底线。在主政浙江期间，面对浙江生态环境压力逼近临界点的严峻形势，习近平同志旗帜鲜明地提出了绿色发展的理念。他强调生态环境是资源、是资产、是潜在的发展优势和效益，并亲自谋划实施了《浙江生态省建设规划纲要》。浙江围绕产业生态化和生态产业化，扎实推动经济结构调整，实现了产业布局向绿色惠民、生态富民的方向不断优化。

为了推动产业的生态化转型，习近平同志提出了发展循环经济的战略思路。他强调发展循环经济要全方位覆盖到企业、区域、产业、社会等各个层面，并充分发挥政府的主导作用，建立生态环境有偿使用制度与完善支持资源节约和环境保护政策。这一战略的实施有效扭转了浙江单位 GDP 能源消耗水平不断上升的态势，盲目追求经济指标导致环境污染加重的态势也得到了有效遏制。

五、"地瓜经济"——支持民营企业"走出去"

地瓜的藤蔓向四面八方延伸，为的是汲取更多的阳光、雨露和养分，但它的块茎始终是在根基部，藤蔓的延伸扩张最终为的是块茎能长得更加粗壮硕大。这是习近平总书记在浙江工作期间，提出的"地瓜经济"，生动地阐述了"站稳脚跟"与"扩大开放"之间的辩证关系。

同样，浙商也要敢于"走出去"，寻求更多的资源和机会，但最终还是要回到浙江这片土壤上，为浙江的经济发展贡献力量。

当时，对于浙商要不要"走出去"存在不同看法。有些人担心大量浙商向外发展会导致浙江经济"空心化"。对此，习近平同志形象地用"地瓜经济"的比喻进行了解释和引导。他强调"跳出浙江发展浙江"是浙江经济社会发展的必然要求，也是一种全局意识和政治责任的体现。这一理念的提出，为浙商的发展指明了方向，也为浙江的扩大开放和经济发展注入了新的动力。

实践证明，浙江民营企业在阔步出海的过程中，纵使藤蔓伸向四面八方，但他们始终根植在浙江大地上，而且根越来越粗壮，带动着当地经济的蓬勃发展。

本章小结

1. 企业社会责任的定义最早由 Sheldon 在 1924 年提出，强调企业应关注社区福祉和道德层面。系统性定义由 Howard R. Bowen 在 1953 年提出，强调企业应按照社会目标和价值观制定政策。Carroll（1979）则提出企业社会责任涵盖经济、法律、伦理和慈善责任四大层面。

2. 企业社会责任的范畴包括：对股东的责任、对员工的责任、对消费者的责任、对政府的责任、对社区的责任、对环境的责任。企业承担社会责任的必要性体现在：彰显企业社会属性，维护市场主体地位，丰富企业文化，适应经济全球化趋势，实现共同富裕。承担社会责任对企业健康可持续发展的促进作用包括：塑造企业社会信誉，提升企业全球竞争力，助推企业绿色转型与可持续发展。

3. 共同富裕是社会主义的本质要求，强调以人民为中心的发展思想，实现物质文明与精神文明双重富裕。共同富裕需要实现“五个统筹”，即统筹物质文明与精神文明、广泛覆盖与合理差距、发展效率与社会公平、短期调整与长期均衡、制度规范与综合治理。实现共同富裕关键在于提升整体富裕水平，缩小城乡与区域收入差距，加强精神文明建设。

4. 民营经济健康发展对共同富裕的促进作用体现在：为共同富裕奠定物质基础，提供广泛就业机会，扩大中等收入群体规模，诚信纳税助力公共服务均等化，投身慈善事业促进社会和谐。

5. 民营经济推动共同富裕的浙江实践包含：支持民营经济发展；推动产业结构升级；促进先富带动后富；坚持绿色发展；支持民营企业“走出去”。

· 关键术语

社会责任；共同富裕；“两山”理论；“地瓜经济”

· 思考与练习

1. 简述企业社会责任概念和主要维度。

2. 解释“地瓜经济”的概念，并阐述其对民营企业发展的意义。

3. 分析民营经济在推动共同富裕中的重要作用，并举例说明。

4. 论述企业承担社会责任对企业健康可持续发展的促进作用，并结合具体案例进行分析。

5. 深入探讨共同富裕的内涵，以及民营经济在推动共同富裕中的具体路径和策略。

6. 结合当前社会热点，探讨民营企业如何在新时代背景下更好地履行社会责任。

·案例分析

鸿星尔克：以社会责任支撑企业发展

近年来，国货品牌乘着互联网的东风不断"出圈"，越来越受到消费者的青睐，穿国货、用国货已成为国人消费新风尚。国货品牌成功"质变"的背后，是各大企业多年来品牌战略的"量变"积累。这不仅源于企业对产品品质的不断打磨，更源于企业始终坚持以实际行动践行公益事业，在消费者心目中塑造的良好品牌形象。

鸿星尔克再度进入大众的视野，是在2021年7月。彼时，河南郑州发生特大暴雨灾害，鸿星尔克心系灾区，紧急捐赠了价值5000万元的物资。彼时，鸿星尔克的相关话题频频登上微博热搜榜单。

事实上，这次捐赠只是24年来，鸿星尔克履行企业社会责任的众多善举中的一次，却收获了明显与之前不同的各界的广泛关注。眼下，站在新中国成立75周年节点，回顾自己和企业走过的路，吴荣照说得最多的是，"国家的繁荣稳定是民营企业发展的基石，只有国家强大，民营企业才能在激烈的全球竞争中站稳脚跟，进而为社会创造更多的价值。真诚回报社会、切实履行社会责任，应该是民营企业不变的初心"。参天之木，必有其根；怀山之水，必有其源。吴荣照对企业与国家关系的认识、理解和实践，源于父亲的谆谆教诲。

改革开放大潮下，吴荣照随父亲创办了鸿星尔克品牌。吴荣照解释道：选择用四个字命名，主要有两个方面的考虑，一是传承，鸿星是"红星"的谐音，旨在铭记父辈"爱党、爱国"的教诲；二是创新，增加"尔克"，就是寄望公司不断实现自我超越，打造世界级品质，塑造世界级品牌。

执掌企业后，吴荣照将爱国爱党情怀全面融入企业发展，努力追求企业好与国家好的有机统一。"没有祖国，就没有我和企业的今天，我感谢这个时代、感恩这个国家。对我来说，最荣幸的就是能为实现中国梦奉献财智。"吴荣照说。人民幸福是中国梦的本质内涵。就业是人民幸福的基础。吴荣照表示，鸿星尔克始终把解决就业作为发展的第一要务，提出要像对待家人一样关爱员工，帮助他们成长，即使在疫情期间，也不裁员、不减薪。

在国内外严峻复杂经济形势下，鸿星尔克的生产经营受到一定影响，但始终尽全力稳定就业。目前公司共吸纳2.1万余名员工就业，加上特许零售门店和上下游供应商，直接或间接创造就业岗位近8万个。同时，鸿星尔克不断健全关怀体系，提供广阔成长空间，增强员工的获得感和幸福感。得益于此，2023年，吴荣照荣获"全国关爱员工优秀民营企业家"称号。

人民幸福离不开公益慈善的助力。鸿星尔克精准发力，一方面关注残疾人事业发展，自2013年携手福建省残联基金会开展助残行动以来，累计捐赠逾3亿元，助残范围涵盖18个省（区、市）；另一方面，积极投身脱贫攻坚和乡村振兴，先后参与“资助贫困大学生”“资助中小学校教育”“企村结对帮扶”等几十项活动，累计捐款捐物超亿元。2023年，“鸿星助力·衣路有爱”项目获得福建省人民政府颁发的优秀慈善项目（慈善信托）奖。民族振兴也是中国梦的本质内涵。吴荣照深谙：科技兴则民族兴，科技强则国家强。

民营企业是科技创新的主力军。鉴于科技创新在绿色发展中的核心作用，鸿星尔克将绿色技术研发放于发展首位，致力打造“科技鸿星尔克”，建立了300多人的研发团队，积累了超过400项专利技术，成为“国家级知识产权示范企业”，入选“2021民营企业发明专利500家”榜单，多次获评福建省创新型民营企业100强，以“创新力”赋能“硬实力”。鸿星尔克还在新材料、新工艺上发力，着眼绿色、低碳、循环，推动经济社会发展和生态环境保护的协调统一。

鸿星尔克持续加大再生原材料、可降解原材料的开发应用。在2021年投放了一款融合回收塑料瓶纤维产品的基础上，集团又专注对咖啡渣、玉米秆等生物型材料的应用，将于近期推出一款融合板蓝根纤维的新产品。

此外，鸿星尔克还不断通过生产线的改造，提升生产工艺水平，并通过最新技术的落地应用，实现节能减排目标。为了让制造工艺同步跟上科技变革的脚步，集团引进吊挂生产线、自动传输唛架板及国际最先进的自动拉布机，保证科技变革和设计感的呈现都是最佳“智造”。此外，为了让清洁能源成为集团耗能的“主流”，鸿星尔克不断加快分布式光伏的使用，进一步提升清洁能源在企业中的应用比例。

“鸿星尔克将在关爱员工成长进步、关心消费者切身利益、关注合作方协同发展的同时，更加积极参与慈善公益事业，更好履行社会责任，持续推动企业品牌建设，让民族国货品牌焕发更灿烂的光彩。”吴荣照说。

阅读上述资料，思考下列问题：

1. 列举并分析鸿星尔克在解决就业、公益慈善、科技创新等方面的具体举措及其成效。

2. 提出对鸿星尔克未来社会责任实践的建议，以进一步巩固和提升其品牌形象和市场地位。

第十章 构建亲清统一的新型政商关系

本章导入

在快速变化的经济与社会环境中，构建亲清统一的新型政商关系，不仅是促进非公有制经济健康发展和引导非公有制经济人士健康成长的关键，也是维护社会稳定与繁荣的重要基石。本章将深入探讨新型政商关系的内涵、面临的挑战及解决路径，特别是通过“放管服”改革、数字政府建设、常态化政商沟通机制以及规范政商交往行为等措施，全面剖析浙江“最多跑一次”改革在重构政商关系中的实践与创新。通过本章的学习，读者将理解，构建亲清统一的新型政商关系对于推动民营经济高质量健康发展的重大意义，并学会如何在实践中应用这些理念与方法，共同推动中国特色社会主义市场经济体制的完善与发展。

学习目标

（1）知识目标：学生将全面掌握政商关系的基本概念、历史演变脉络以及“最多跑一次”改革的核心精髓，深刻理解亲清统一的新型政商关系的丰富内涵及其在经济社会发展中的重要作用。

（2）能力目标：借助案例分析与实践模拟，学生将显著提升分析政商关系复杂问题的能力，并能够在实际工作中灵活运用所学知识，有效应对政商交往中的各种挑战。

（3）综合目标：通过系统学习，学生将树立正确的政商交往观念，秉持公正、透明、合作的价值观，自觉融入并促进政府与企业之间的良性互动，为构建健康、和谐的社会经济环境贡献力量。

第一节 新型政商关系的内涵

一、政商关系

政商关系，即政府与企业之间的相互作用与联系。政商关系由“政”和“商”两个维度构成，而这两个维度又分别包含多个层级关系。就“政”的维度而言，其包含政治上层建筑、政府、政府官员等层次；就“商”的维度而言，其包含经济形态、市场、企业（企业家）等层次。从微观至宏观，政商不同层级之间形成了相互对应的复杂关系，如政府官员与企业家的关系、政府与市场的关系、政治系统与市场系统的关系等，不同层级之间相互影响、相互交融，共同构成了现代立体式、系统性的政商关系。

自从出现了商人和商业就有了政商关系。古代社会，政府掌握着绝对的权力和大量资源，位于“士农工商”之末的商人群体，常常缺乏安全感，往往需要寻求政治权力的庇护以维持生存和发展。商人要想获得成功，必须通过各种办法求助政府权力，依附官员，官商结合，逐渐形成了“以权逐利”“以利逐权”的政商关系。例如，中国近代史上最早的政商代表人物胡雪岩，他先借助王有龄开钱庄，又以左宗棠为靠山创办胡庆余堂，在平定太平天国运动的过程中成为政府粮饷、军火的供应商，是当时的“中国首富”，后又获得慈禧太后亲授的红顶戴和黄马褂，官居二品，被人们称为“红顶商人”。

政商关系本质上是公权力与资本的关系。公权力或权力，是一事物作用于另一事物而促使其不得不采取某种行为或不作为的影响力，其本质是一种强制力或影响力；公权力是公共机构主体作用于客体的强制影响力。公权力有刚性、一视同仁的特点，体现在具体的法律法规和公共政策之中。然而，公权力的实施依赖于公共机构与政府官员的实际操作，这一过程中难免渗入主观判断与个人偏好，尤其是在关乎国家或地区发展大计的决策环节，决策者的每一个抉择都可能深刻影响特定行业与地域的利益格局与发展前景。

因此，公权力与资本之间的交集几乎不可避免，公务员特别是掌握实权的政府官员，自然成为企业家竞相争取的对象。遵循间接民主与代议制的逻辑，人民将公权力委托给公共机构，公共机构再委托雇员（公务员）行使公权力，公务员成为施行公权力的职业主体。拥有私有财富的企业家或普通民众是公权力的监督者，他们从自身立场或利益出发评价公权力的正当性、合法性或合理性。然而，企业家借助雄厚资本力量，更容易对公权力产生影响。公权力与（私有）资本更容易形成合谋。一旦资本和权力成功联合起来，原来的监督关系便会消失不见，而代之以互相利用的关系。这样的现象，在当前中国的政商界并不罕见，它导致了政商关系要么过于亲密而失去清白，要么因过分保持距离而滋生懈怠与不作为，严重损害了国家和人民的利益，使得政商关系变得错综复杂、难以厘清。

处理政商关系或公权力与资本的关系是一个历史难题，也是一个世界难题。从历史发展来看，政商关系的形成并非某一国家或地区的特有现象，而是世界各国普遍存在的社会现象。回溯历史，自国家政权与商品经济活动诞生以来，人类社会便逐步形成了某种形态的政商关系。从马克思主义的理论视角来看，政商关系作为社会生产关系的一个重要组成部分，与社会的上层建筑之间存在着紧密的关联。因此，每个社会的政商关系不仅与该社会的发展阶段和社会秩序紧密相连，同时也对该社会的演进过程和社会秩序的维系产生着深刻的影响。

一个社会是否具备规范、健康的政商关系，对于其生产力的发展、市场竞争的公平性、健康社会秩序的构建都具有至关重要的意义。综观全球范围内的政商关系实践，我们可以发现，政商关系并非总是呈现出负面的色彩。社会既有可能孕育出有益于社会发展、规范有序的良性政商关系，也有可能滋生出商人沦为官员的"金主"、为官员仕途铺路，而官员则成为商人的"保护伞"和"指路人"的非正常政商关系。因此，如何在经济社会发展的过程中规范并优化政商关系，成为世界各国亟须共同面对与解决的重要课题。

二、亲清统一的新型政商关系的内涵

政商关系中，"亲而不清"往往让人陷入权钱交易的泥潭，彼此间推杯换盏，暗中进行利益输送；"清而不亲"则可能导致政府成为旁观者，对企业需求漠不关心，成为名副其实的"甩手掌柜"。唯有"亲"与"清"并重，方能实现双方的和谐共处与共赢发展。"亲"是情感的纽带，利于政企双方开诚布公地携手合作；"清"则是道德的底线，确保合作过程公正透明，不越雷池一步。

在我国市场化改革初期，尽管社会经济快速发展，但由于未能处理好政府与市场、权力与资本之间的关系，导致领导干部与企业家的交往界限不明确，政商双方为追求特殊利益往往会做出越界行为。

党的二十大报告强调指出，全面构建亲清政商关系，促进非公有制经济健康发展和非公有制经济人士健康成长。这说明，亲清政商关系的全面构建对民营企业、外资企业以及企业家群体而言意义非凡。

2016 年，习近平总书记指出"新型政商关系应该是什么样的？概括起来说，我看就是‘亲’‘清’两个字”，首次用“亲”“清”两字精辟概括了新时代新型政商关系，为领导干部和企业家的交往提出了新要求。此后，构建亲清政商关系受到党和国家的高度重视。2017 年党的十九大报告提出，构建亲清新型政商关系，促进非公有制经济健康发展和非公有制经济人士健康成长。2019 年党的十九届四中全会要求，完善构建亲清政商关系的政策体系。2020 年党中央和国务院印发的《关于新时代加快完善社会主义市场经济体制的意见》强调，完善构建亲清政商关系的政策体系，建立规范化机制化政企沟通渠道，鼓励民营企业参与实施重大国家战略。同时提出，巩固党风廉政建设成果，推动构建亲清政商关系。2022 年党的二十大报告把全面构建亲清政商关系作为新的部署，为优化非公有制企业营商发展环境指明了根本方向。2023 年 7 月 14 日，党中央和国务院在《关于促进民营经济发展壮大的意见》中反复强调全面构建亲清政商关系，指出要把构建亲清政商关系落到实处，党政干部和民营企业家要双向建立亲清统一的新型政商关系。

习近平总书记深刻阐述了“亲”“清”新型政商关系，对于领导干部而言，所谓“亲”，就是要坦荡真诚地同民营企业家接触交往，特别是在民营企业遇到困难和问题时更要积极作为、靠前服务，对非公有制经济人士要多关注、多谈心、多引导，帮助他们解决实际困难；所谓“清”，就是同民营企业家的关系要清白、纯洁，不能有贪心、私心，不能以权谋私，不能搞权钱交易。而对于民营企业家而言，所谓“亲”，就是积极主动地同各级党委和政府多沟通多交流，讲真话、说实情、谏净言，满腔热情地支持地方发展；所谓“清”，就是要洁身自好走正道，做到遵纪守法办企业、光明正大搞经营。因此，从“亲”“清”两个维度评价当前新型政商关系的情况，不仅与已有的政商关系理论研究相呼应，更与新时代中国特色政企关系的内涵相吻合（见表 10－1）。

习近平总书记的“亲清论”清晰地标注了中国公务员尤其是领导干部与民营企业家交往或共处的界限，既是说给中国企业家听的，更是对中国公务员尤其是领导干部的提醒，是具有丰富政治、法律和道德内涵的真知灼见。

表 10－1　习近平总书记对领导干部和民营企业家的“亲”“清”要求

对象	维度	要求
领导干部	亲	坦荡真诚交往，积极作为、靠前服务，多关注、多谈心、多引导
	清	关系清白、纯洁，不能有贪心和私心、以权谋私、搞权钱交易
民营企业家	亲	积极主动与政府多沟通多交流，讲真话、说实情、谏净言
	清	洁身自好走正道，遵纪守法办企业，光明正大搞经营

从表 10－1 可以看出，习近平总书记关于“亲”“清”二字的表述，无论是对领导干部而言还是对民营企业而言，要求都是十分全面系统、简洁明了而又极具可

操作性的。可以说既内涵丰富又易懂易学易记易做，既体现讲政治又能入耳入脑入心入行。可见习近平总书记关于"亲""清"政商关系的表述无须做过多的解读，关键在于怎么践行。

三、"亲""清"不统一的主要表现

良好的政商关系应当是"亲""清"统一的，即政府与企业之间既保持亲近合作的关系，又确保交往的清白无私。然而，在实践中，"亲""清"不统一的现象时有发生，给经济社会发展带来了诸多负面影响。

（一）亲而不清

"亲而不清"是一种典型且广受诟病的政商关系模式，其特点在于政府官员与企业经营者之间存在着利益勾结与输送行为。尽管在党的十八大之后，随着正风反腐力度的不断加强，此类现象已得到有效遏制，但并未完全杜绝，仍以不同形式存在。具体表现为：一些政府官员利用职权之便，通过企业检查等名义，进行"吃拿卡要"，甚至出现了"不吃公款吃老板"、借用企业资源等新动向；部分官员试图在企业经营中谋取私利，如以虚假出资获取高额回报，或通过零利息借款、高利息出借等方式进行"以权谋利"，使得"影子股东"成为新的权力寻租手段；此外，在"放管服"改革背景下，一些官员通过"假市场化"的中介机构提供服务，变相从企业获取利益。

（二）清而不亲

近年来，随着中央八项规定的落实以及反腐的深入，多地划出了政商交往的"红线""底线"，政企合谋的问题已得到较好的解决。不过，"清"而不"亲"却逐渐成为部分地方政商关系出现的新问题。

"清而不亲"表现为政府官员在与企业交往中表现出庸碌无为、推诿避职的态度。这种关系模式主要体现在官员对政商交往边界的过度谨慎，担心因交往过密而引发误解或嫌疑，因此对企业家的正常约见、政策咨询等请求虚与委蛇，甚至借故躲避。此外，部分官员对市场经济的新情况、新问题缺乏大胆探索的精神，过于依赖既有法条和经验，对于法无明文规定的事项往往采取拖延策略，导致企业问题得不到及时解决。这种消极态度不仅影响了企业的正常运营，也损害了政府的公信力和服务形象。

（三）亲而不实

"亲而不实"指的是政商交往中存在的表面亲近而实质无作为的现象。具体表现为：政府在出台惠企政策时，宣传渠道单一，导致企业知晓率不高；在政策落实过程中，缺乏针对企业实际情况的精准施策，使得企业难以真正享受到政策红利。此外，一些地方政府在服务企业时流于形式，与企业的沟通仅限于表面的会议、走访和调研，未能深入了解企业的实际需求和痛点，导致政策制定和问题解决缺乏针对性和实效性。更有甚者，一些地方政府在招商过程中夸大承诺，后期却以各种理由拖延或不兑现承诺，严重损害了企业的利益和政府的信誉。

（四）亲疏不一

“亲疏不一”指政府在服务企业时存在的歧视性态度。部分政府官员在处理国企与民企关系时存在偏见，对国企给予更多关注和支持，对民企则持谨慎甚至排斥态度。这种厚此薄彼的做法不仅违背了市场经济的公平竞争原则，也抑制了民营经济的活力和发展。此外，一些官员在服务企业时还存在“重大轻小”和“内外有别”的现象，对规模大、利税多的企业给予更多关注和支持，而对小微企业则关注不足；对外来企业和本地企业也采取不同标准，要么过度优待外来企业而忽视本地企业，要么搞地方保护主义排斥外来企业。这种亲疏有别的做法不仅损害了企业的利益，也破坏了市场的公平竞争环境。

第二节 构建新型政商关系的主要内容

一、“放管服”改革

政商交往中出现的问题，很大程度上与权力错位有关。政府“有形的手”一旦过度介入经济生活，行政权力一旦过度管控经济活动，大量可由市场这一“无形的手”配置的资源就转而集中到政府手中，给一些党员干部设租寻租和不法商人寻求权力照顾留下空间和隐患。而深化“放管服”改革是解决权力错位的重要手段。

“放管服”即简政放权、放管结合、优化服务，是提高政府行政效能、实现政府治理能力现代化的过程，是有效解决政府机关职能缺位、错位、越位问题的崭新实践，是处理好政府与市场关系的重大改革举措。政商关系本质上是公权力与资本的关系，“放管服”改革实现了把权力关进制度的笼子里，为构建“亲”“清”新型政商关系奠定了坚实基础。

深化“放管服”改革的核心要义，就是要在处理好政府与市场关系上做文章，下功夫。一方面，通过简政放权把不该由政府管理的事项交给市场、企业和个人，凡是市场机制能自主调节的就让市场来调节，凡是企业能干的就让企业干；另一方面，通过放管结合、优化服务，把该由政府管的事管好管住，在强化市场监管、促进公平竞争、维护市场秩序、优化政务服务、弥补市场失灵等方面发挥积极作用，从而使市场在资源配置中起决定性作用，更好发挥政府作用，重塑政府与市场的关系。

简政放权就是以减少行政审批为主要抓手，将不该由政府管理的事项交给市场、企业和个人，减少政府的微观管理，减少政府对资源的直接配置和对经济活动的直接干预，激发市场主体的活力。从近年来的实践看，各级政府大力精简审批事项，简化审批程序，简政放权取得重大进展，但目前仍然存在不少束缚市场主体活力的弊端，一些该放的权还没放，企业投资生产经营还面临一些没有解决的难题，市场决定资源配置的作用还没有充分发挥出来。"放管服"改革，就要全面推行市场准入负面清单制度，进一步精简行政许可事项和整治变相审批，加快"证照分离"改革，改革工程建设审批制度。

放管结合就是在简政放权的同时加强事中事后监管。简政放权不是一放了之，而是要放管结合，放管并举。应当转变监管理念，创新监管方式，探索更加适合市场经济的新型监管模式，从"重审批轻监管"向"减审批强监管"转变，从"严进宽管"向"宽进严管"转变，使市场"活而不乱"。而且，按照优化营商环境的要求，要更加突出公正监管，着力打造开放透明、一视同仁、公平竞争的市场环境。

优化服务就是强化服务意识，创新服务方式，优化办事流程，提升政务服务水平，为企业提供高效便捷的政府服务。优化政府服务应坚持以人民为中心的发展理念，强化服务意识，转变服务理念，更加重视从企业公众角度而不是从政府自身角度考虑问题，从利企便民出发优化服务流程，提高办事效率，提供更加公平方便可及的服务，使人民群众有更多获得感。

二、数字政府建设

数字技术的应用不仅仅是技术上的革新，更是政府治理模式的深刻变革。如何通过数字化手段提升政府透明度与效率，如何在信息化的浪潮中维护和改善政商关系，成为当前全球各国政府都高度关注的重要议题。分散的政府服务抑制了服务效能，异向的政府数据影响了业务协同，失衡的供给能力制约了发展水平。积极打造一体化数字政府管理服务平台，依法规范平台运行是数字经济时代构建亲清新型政商关系的重要途径。

从国际上看，通过线上政务服务平台来提供一视同仁的公共管理和公共服务已经越来越普遍。例如，英国提出"政府即平台"模式；新加坡提出通过机制、架构、云三方面共同保障实现在线服务的一站式和不间断，建设一站式 7 × 24 小时不间断 100% 覆盖的在线政府；美国联邦政府当前的在线政府建设重点是跨层级信息共享和业务协同；韩国在智能化治理方面一直处于国际领先水平，2013 年即宣布政府 3.0 是数字政府一体化的新范式。诸如此类的在线政府建设，适应了各国数字经济发展新需求，充分兼顾了政务服务的效率与公平。

在我国，浙江省杭州市推出的“亲清在线”平台为数字经济时代的亲清政商关系提供了一个生动样本。该平台通过数字政府服务的流程再造、数据协同和在线互动，集中实现了企业诉求在线直达、政府惠企政策在线兑付、政府服务在线落地、服务绩效在线评价以及审批“许可”在线实现的重大转变，进而切实推动了亲而有度、清而有为的新型政商关系数字化构建。2021 年，全国一体化在线政务服务平台的建成与试运行，使我国统一政务服务水平实现了数字化、网络化、智能化、多元化以及协同化，这在数字政府建设方面具有里程碑意义。该平台在统一政务服务门户、服务事项管理、身份认证、电子印章、电子证照、数据共享等方面发挥了公共入口、公共通道和公共支撑三大作用，亟待在数字化改革创新中完成“有为政府”的线上监管、调控与服务方面的制度续造。

进入数字经济时代，数字技术已经成为影响亲清新型政商关系的重要变量。全方位构建亲清政商关系，需要坚持目标导向，优化协同高效的政府数字化履职能力体系和数字政府全方位安全保障体系，在持续的“放管服”改革中为数字法治政府发展提供体系化的制度保障。

三、常态化政商沟通机制

常态化政商沟通机制指的是政府与企业之间定期进行系统性沟通的一种制度安排。常态化政商沟通机制对亲清政商关系构建的促进作用体现在以下两方面：

第一，从“亲”的方面来看，可以增强互信。通过常态化的沟通，政府与企业之间可以建立更加紧密的联系，增进彼此之间的了解和信任，有助于打破信息不对称和误解，为双方的合作奠定坚实的基础。常态化沟通机制为政府与企业提供了一个直接对话的平台，使得企业能够及时反映发展中遇到的问题和困难，政府则能够迅速响应并提供帮助和支持。这种互动有助于解决实际问题，推动企业发展。

第二，从“清”的方面来看，可以明确界限和加强监督。常态化沟通机制有助于明确政府和企业在交往过程中的界限和规则，避免权力寻租和利益输送等不正之风。通过制度化的沟通渠道，双方可以更加透明、公正地处理事务，维护良好的政商关系。常态化沟通机制还意味着双方的行为都将受到更多的关注和监督，有助于防止不正当行为的发生，维护政商关系的清白和纯洁。

我国目前除了每年的全国党代会、人民代表大会和政治协商会议讨论和表决政治经济等重大议题之外，全国及地方的工商联、行业协会等也承担着政商沟通交流的职能。中国的商会和行业协会监管也可以影响政策的制定，而且这种影响程度跟级别显著联系在一起。级别越高，影响决策的可能性越大，低级别的行业协会和商会，对政策的制定影响甚微。因此，处于创新前沿或者规模较小的一些企业往往得不到政府的关注和支持。鉴于此，我国的地方政府官员应该深入基层，不但要了解大型企业的经营状况，更要关注成长中有困难的中小型企业的经营状况。

我国目前的政商沟通平台大多还是停留在形式上的泛化沟通平台（座谈会、论坛等），而真正为企业，特别是为民营企业解决切实问题的服务型、工具型平台不多。比如能够为民营企业维权提供咨询、法律服务的机构和平台，提供民营企业政策咨询、财税金融服务的平台还非常少。只有政府真正树立与企业合作、为企业服务的意识，才能取得企业的信任，才能获得企业对地方经济和社会发展的支持。因此，坦诚相待的沟通和交流讨论的制度化、公开化是亲清政商关系的基础。坦诚相待是一种态度，而公开化指的是政商关系不是私人关系、隐秘的关系，而是可以通过比较公开的渠道进行交往的关系。

四、规范政商交往行为

亲清政商关系的核心在于亲而有度、清而有为，以"亲"来密切政商关系，用"清"来规范政商关系，形成政商关系的良性互动。政商关系的良性互动有赖于双方的自觉自律，更有赖于规则和制度的保障。

第一，要建立政商交往正面清单制度，明确交往范畴，促进亲清互动。正面清单制度旨在精准厘清政商交往的边界，为领导干部与民营企业家的交往提供明确的指导原则。这一制度应详细列举哪些领域、哪些活动是政商之间应该且可以进行的正当联系与交往。例如，政策解读与宣讲、产业规划咨询、项目推介会、企业困难帮扶、营商环境优化建议征集等，均属于正面清单范畴。通过这些活动，领导干部可以深入了解企业需求，为企业提供精准服务，同时，企业家也能及时获取政策信息，调整经营策略，实现政企双赢。正面清单制度的实施，要求领导干部转变作风，主动作为，光明正大地走进民营企业，与企业家建立真诚友好的关系，而非避之不及或暗中交易。这不仅有助于提升政府服务的效率与质量，还能增强企业家对政府工作的信任与支持，为民营经济的高质量发展注入强劲动力。

第二，要建立政商交往负面清单制度，划定交往红线。与正面清单相对应，负面清单制度则明确界定了政商之间禁止交往的领域和行为，为领导干部设立了不可触碰的底线和红线。这包括但不限于利用职权或职务影响为特定企业谋取私利、干预企业正常经营活动、接受企业不当馈赠、参与企业高消费娱乐活动等。通过负面清单，可以有效防止权力寻租、利益输送等腐败行为的发生，维护市场的公平竞争秩序。同时，负面清单制度还应与问责机制紧密结合，对于违反清单规定的行为，无论涉及何人，都要严肃查处，绝不姑息。这样既能起到警示作用，又能促进政商交往的规范化、透明化，消除民营企业发展中的“玻璃门、弹簧门、旋转门”等隐性障碍，营造风清气正的营商环境。

第三，要健全政务服务事项标准化制度与管理体系，构建亲清制度“防火墙”。政务服务事项的标准化是提升政府效能、减少腐败风险的关键。这要求政府部门对政务服务事项进行全面梳理，明确服务内容、流程、时限、责任主体等，形成统一的标准体系。在此基础上，建立领导干部亲属经商办企业登记报告制度，确保领导干部及其亲属的商业活动与公共利益无冲突，避免权力与资本的不当勾结。此外，还应实施领导干部参与商事活动提前报告备案制度，确保所有涉及政商交往的活动都在阳光下进行，接受组织和社会的监督。通过这些制度的建立和完善，可以在公权力和民营企业之间构建起一道坚实的亲清制度体系“防火墙”，既保障了企业的合法权益，又维护了政府的公信力和廉洁形象。

第四，要引导企业家走正道、守清廉，树立正确价值观。企业家作为市场经济的主体，其行为模式和价值观念对企业文化乃至整个行业风气具有重要影响。因此，引导企业家走正道、守清廉，是构建亲清新型政商关系不可或缺的一环。这要求企业家树立正确的价值观，将法治意识、契约精神、守约观念内化为企业的核心价值观。

第五，要强化党建引领，推进清廉企业建设。清廉企业建设是构建亲清新型政商关系的微观基础。企业应积极响应党和政府的号召，加强党组织建设，发挥党组织在企业发展中的政治引领作用。企业应建立健全内部治理结构和内控机制，加强财务管理、采购管理、销售管理等关键环节的风险防控，防止内部腐败问题的发生。同时，应积极将廉洁元素融入企业文化，倡导诚信经营、公平竞争，以实际行动践行社会主义核心价值观，成为行业廉洁文化的引领者。

第三节 构建新型政商关系的浙江“最多跑一次”改革实践

浙江“最多跑一次”改革自 2016 年 12 月提出后，立即在全省全面推开，形成了各地、各部门积极探索、改革创新的热潮。2018 年 1 月，中央全面深化改革领导小组审议了《浙江省“最多跑一次”改革调研报告》并予以肯定。2018 年 7 月，中共中央办公厅、国务院办公厅印发的《关于深入推进审批服务便民化的指导意见》，把“浙江省‘最多跑一次’经验做法”作为典型经验之一向全国全面推广。“最多跑一次”改革是一场从理念、制度到作风的全方位、深层次变革，是深化

"放管服"、构建新型政商关系的生动实践。

一、浙江"最多跑一次"的改革历程

浙江省"最多跑一次"改革始于2016年12月，旨在以"最多跑一次"的理念和目标深化政府自身改革，并由此撬动经济体制改革、公共服务体制改革和权力运行机制改革等。

浙江省推进"最多跑一次"改革，有着扎实的前期工作基础。早在2003年7月，时任浙江省委书记的习近平在省委十一届四次全体（扩大）会议上作出实施"八八战略"重大决策部署，强调进一步发挥浙江的环境优势，切实加强法治建设、信用建设和机关效能建设。在"八八战略"的引领下，政府改革开启了新的历史篇章。2004年，浙江在全省范围内大力推行机关效能建设，旨在直击衙门作风导致的机关效能低下问题。同年2月，浙江省召开了机关效能建设电视电话会议，将效能建设确立为提升执政能力和水平的重大战略。省委、省政府在发布的《关于开展机关效能建设的决定》中明确提出，要切实解决机关效能中的突出问题，推动各级机关和广大干部在履行职责和改革创新上取得新突破。这一时期的改革重点聚焦于转变政府作风、加强自身建设、增强服务意识以及改善权力运行方式，为服务型政府的建设奠定了坚实基础。

2013年党的十八届三中全会后，浙江省在全国率先启动、推行政府权力清单制度，并在权力清单之外制定了"企业项目投资负面清单""政府责任清单"，以及"省级部门专项资金管理清单"，旨在更好约束行政权力、优化营商环境。针对当时浙江省未建立省级行政服务大厅的客观状况，时任省委副书记、省长李强提出了建设"在线政务大厅"的设想，即通过建立全省统一的政务服务互联网，为市民和企业提供咨询、办事和查阅等多种服务。浙江又启动了政府职能和政府服务的"四张清单一张网"建设，通过明确政府职权范围和行为规范，大幅削减政府对资源的直接配置和对微观事务的干预，提升政府权力运行的规范化水平。"四单一网"建设彰显了公开透明、便商利民的法治和服务取向，为"放管服"改革提供了公平营商环境的理念保障。省市县三级联动的行政审批和浙江政务服务网较好地消除了信息孤岛、条块分割的局面，为"放管服"改革提供了共联共享的技术性平台。

2016年12月，浙江省委经济工作会议正式提出了"最多跑一次"改革，标志着政府权力运行进入科学化改革的新阶段。次年1月，省政府工作报告明确将加快推进这一改革。随后，浙江在行政审批事项梳理、办事流程优化以及数据共享建设等方面取得了多项全国领先的成果，成为新时期地方政府改革的典范。

从效能建设到"四张清单一张网"，再到"最多跑一次"改革，浙江政府的每一次改革都紧密围绕时代发展的主题，将政府改革置于经济社会发展的核心位置。这些改革不仅不断加强了政府自身建设，进行自我革命，为浙江发展营造了优质的政务环境，而且呈现出越来越系统化、统筹化的发展特征。从强调依法行政到摸清政府整体权力界限，再到探索权力运行全面科学化，浙江治理过程中的政府改革展现了清晰的发展脉络。这些改革在不同历史时期治理体系建设中发挥了至关重要的作用，为当前进一步探索浙江治理现代化进程中的政府转型奠定了坚实基石。

二、浙江“最多跑一次改革”的主要思路

“最多跑一次”改革不仅仅是一个简单的口号或目标，它是一场涉及政府管理全方位、多层次的系统性改革。从问题导向的驱动，到系统集成的优化；从因地制宜的创新，到倒逼式的改革激发动能，再到政府职能流程的重构，每一步都凝聚着改革者的智慧和决心。这场改革不仅打破了传统政府管理的桎梏，更开创了政府治理的新模式，为打造高效、便捷、透明的政府服务体系奠定了坚实基础。

（一）问题导向驱动

“最多跑一次”改革与以往众多改革截然不同，它是以问题为导向的改革战略。这不仅仅是一项具体的改革举措或制度安排，更是从实际问题出发进行的一系列改革与创新。因此，“最多跑一次”改革必然涉及多层面、系统化的变革。通过一系列改革组合拳，推动了政府系统性流程再造，实现了管理服务的高效协同，为探索优化政府整体治理开辟了新路径。

（二）系统集成优化

“最多跑一次”改革看似针对具体问题而设，实则乃政府改革的宏大系统工程。政府管理与服务，作为一个涉及多层级、多部门协调互动的复杂系统，要实现管理与服务的便捷化，就必须确保服务各环节间的有效协调与联动。长久以来，部门间各自为政的现象导致政府管理面临协调合作的难题。而“最多跑一次”改革，在浙江省委、省政府的坚定推动下，成功构建了全省改革一盘棋的新格局，极大地促进了省以下各级政府与各部门间的协调合作。通过重新梳理原本分散于不同层级、不同部门的事务，迅速减少了管理过程中的烦琐环节与流程，从而显著提升了政府审批与服务的效率。

（三）因地制宜创新

“最多跑一次”改革虽由浙江省委、省政府自上而下推动，却充分尊重了地方政府因地制宜、因时制宜的创新自主权。省委、省政府明确自身角色为引导、规范与支持。首先，通过顶层设计明确改革目标，以发布《加快推进“最多跑一次”改

革实施方案的通知》为标志，确立了以人民为中心的改革理念，以及"一窗受理""网上办理"等核心改革方向与切入点。其次，通过加强考核督查、启动追责机制，规范改革进程，确保各地、各部门切实推进改革。同时，省级部门为地方提供业务培训与支持，助力改革深入。在统一目标方向的基础上，地方政府可结合当地经济社会实际、地理区位等因素，灵活选择切入点，探索符合自身特色的改革路径。

（四）倒逼式改革

"最多跑一次"改革目标的提出，对各级政府部门形成了强大的改革推动力。为实现这一目标，各部门必须采取切实有效的改革举措，从而形成了倒逼机制。这一机制促使各部门尽最大可能简化办事流程、削减繁文缛节、加强部门间协调合作。长期难以突破的部门利益壁垒被打破，形成了以结果为导向的改革成效评估体系，激发了全省上下齐心协力推进政府改革的新动能。

（五）政府职能重构

传统政府管理以部门分工为基础，虽实现了管理专业化，但也带来了部门鸿沟、数据壁垒和职能碎片化等问题。为破解这些难题，浙江省委、省政府在"最多跑一次"改革中，不断总结地方经验，并前瞻性地颁布了《浙江省公共数据和电子政务管理办法》（以下简称《办法》）。针对数据壁垒、数据孤岛等顽疾，《办法》对政务数据运用和数据协同作出了系列制度性安排。要求各部门按照"公共数据资源目录"要求，将数据归集至公共数据平台，由专门机构统一管理，各部门因履行职责需要均可使用。这一举措不仅从技术层面为数据协同打下了坚实基础，也促使各职能部门重新审视自身职权范围、办事流程和对接方式，从而开启了政府职能系统化重构的新篇章。

三、"最多跑一次"改革对政商关系的重构

"最多跑一次"改革不仅是政府自身的一场深刻变革，更是重构政府与市场、政府与社会关系的重要里程碑。这场改革超越了单纯削减审批事项的层面，深入企业需求的内核，以科学方法系统梳理审批与监管流程，确保每一项审批都有其存在的必要性，每一项监管都精准到位，既不放任自流，也不过度干预。它不仅极大地激发了市场活力，推动了经济的高质量发展，更为构建亲清新型政商关系、实现浙江治理体系和治理能力现代化提供了坚实的结构性支撑。

首先，通过改革简化了办事流程，提升了服务效率。政府通过数据化协同与部门间的高效联动，强化了监管的智慧与力度，实现了"放"与"管"的有机统一。这种转变，不仅极大地方便了企业办事，降低了运营成本，更在无形中构建起一种

基于信任与合作的新型政商关系，政府成为企业发展的坚强后盾，而非烦琐程序的制造者。

其次，通过改革减少不必要的行政审批，实现为企业松绑。减少行政审批使得企业得以更加灵活地应对市场变化，激发了前所未有的创新活力与竞争力。数据化协同的应用，不仅简化了烦琐的证明流程，更让政府监管变得精准而高效，促进了社会诚信体系的完善，为构建清廉、透明的政商环境奠定了坚实基础。

最后，通过改革，政府规范了审批中介行为，切断利益输送链条。“最多跑一次”改革净化了政商交往的生态，使得政府与企业之间的关系更加清正、健康。下放审批权力至地方和基层，不仅增强了基层政府的审批能力，也促进了政府与社会之间的良性互动，形成了政府引导、社会参与的共治格局。

本章小结

1. 深入探讨了政商关系的多维度内涵，从基本概念出发，明确了政商关系是由政府与企业之间复杂而微妙的相互作用与联系构成的，涵盖了上层建筑、政府、政府官员与经济形态、市场、企业等多个层级。这一关系的历史演变揭示了从古至今，政商关系始终是社会发展的重要组成部分，其形态随时代变迁而不断变化。特别是，现代社会的政商关系更多聚焦于公权力与资本的互动，既相互依存又充满挑战。

2. 在新型政商关系的构建中，“亲清”二字成了核心理念。习近平总书记提出的“亲清新型政商关系”，强调了政府与企业之间既要保持亲密合作的关系，又要确保交往的清白无私。这一理念不仅为领导干部与民营企业家的交往设定了明确的行为准则，也为促进非公有制经济的健康发展指明了方向。通过正面清单与负面清单的建立，明确了政商交往的界限，既促进了政商之间的有效沟通与合作，又有效防止了利益输送与腐败现象的发生。

3. 面对政商关系中存在的种种问题，如“亲而不清”“清而不亲”等，本章提出了系统性的解决方案。“放管服”改革、数字政府建设、常态化政商沟通机制的建立以及规范政商交往行为等措施，旨在重塑政府与市场的关系，提升政府服务效率，优化营商环境，促进公平竞争。特别是浙江“最多跑一次”改革的实践，为其他地区提供了宝贵的经验与启示，展示了如何通过制度创新推动政商关系的正向发展。

· 关键术语

政商关系；新型政商关系；数字政府；最多跑一次

· 思考与练习

1. 请简要论述“亲清新型政商关系”的内涵，并解释为什么这种关系对经济社会发展至关重要。

2. 请简要论述浙江"最多跑一次"改革的具体措施及其对政商关系重构的影响。结合具体案例，阐述改革前后企业在办理审批事项时的差异，并评估改革成效。

3. 讨论"亲而不清"与"清而不亲"两种政商关系模式的表现、成因及危害，并提出相应的解决策略。

4. 情景模拟题：

假设你是一名政府工作人员，面对一家寻求政策支持的创新型小微企业，你如何在实际工作中践行"亲清"政商关系原则，既给予企业必要的帮助，又确保交往过程的清白与透明？请设计具体的沟通与服务方案。

第十一章

民营经济发展的要素支撑

本章导入

民营经济在持续发展的过程中，面临着诸多挑战，其中融资难融资贵以及土地、数据等生产要素的制约尤为突出。这些问题不仅限制了民营企业的健康发展，也影响了整个经济体系的健康运行。因此，探讨如何有效支撑民营经济发展，解决其在要素获取上面临的难题，具有重要的现实意义和战略价值。

本章旨在全面分析民营经济发展过程中的要素支撑问题，从金融支持、土地要素保障以及数据要素保障三个维度出发，探讨如何通过政策创新、市场机制优化等手段，为民营企业提供更加宽松、高效的发展环境。通过深入剖析当前存在的问题及其成因，提出具有针对性和可操作性的对策建议，以期为推动我国民营经济高质量发展提供有益参考。

学习目标

（1）知识目标：深入理解民营经济发展的要素支撑体系，掌握金融支持、土地要素保障和数据要素保障的核心概念、理论基础及政策导向；熟悉民营企业在融资、用地及数据利用方面面临的挑战与机遇，了解国内外相关领域的最新研究成果与实践案例。

（2）能力目标：提升数据要素的应用能力，学会运用大数据、云计算等先进技术，推动民营企业数字化转型，提高治理水平和市场竞争力；能够紧跟国家金融、土地、数据相关政策，为民营企业发展寻求政策支持。

（3）综合目标：通过本章学习，学生将具备综合运用金融支持、土地要素保障和数据要素保障等多维度知识的能力，以解决民营经济发展中的实际问题。同时，培养批判性思维和创新精神，能够在复杂多变的市场环境中，灵活应对挑战，提出并实施有效的策略，促进民营经济的高质量发展。

第一节 民营经济高质量发展的金融支持

民营企业在发展过程中常常面临融资难、融资贵等问题，这成为制约其进一步发展的瓶颈。金融支持民营经济发展，不仅是解决这些问题的重要途径，也是实现经济持续健康发展的重要保障。我国高度重视民营经济的发展，持续加强民营企业金融服务。近年来，我国陆续出台《关于加强金融服务民营企业的若干意见》《关于强化金融支持举措 助力民营经济发展壮大的通知》等多项政策，为推动民营经济高质量发展提供了有力牵引。

一、金融支持民营经济高质量发展的路径

（一）发展科技金融，支持民营经济科技创新

1. 科技金融的内涵

科技金融是促进科技开发、成果转化和高新技术产业发展的一系列金融工具、金融制度、金融政策与金融服务的系统性、创新性安排，是向科学和技术创新活动提供金融资源的政府、企业、市场、社会中介机构等各种主体及其在科技创新融资过程中的行为活动共同组成的一个体系。

2. 科技金融对民营经济发展的贡献

一方面，科技金融推动完善多层次资本市场体系和金融工具创新。通过完善主板、创业板、科创板、新三板等市场，加强不同层次市场间的衔接与协同，满足不同规模、不同发展阶段科技企业的融资需求。此外，创新金融工具为投资者提供风险管理和投资渠道，如开发科技金融指数、科技金融期货等衍生工具，加大金融市场对科技创新的支持力度。另一方面，金融机构为民营企业技术创新与成果转化提供增值服务。例如，金融机构利用自身的信息优势和行业资源为民营企业提供技术创新相关的信息咨询服务，帮助企业更好地把握创新方向，制定合理的技术创新战略；充当民营企业与高校、科研机构、产业链上下游企业等之间的中介，促进产学研合作和产业协同创新；为民营企业提供专业的财务管理和规划服务，协助企业合

理安排资金，优化财务结构，提高资金使用效率。

（二）发展普惠金融，提高民营经济融资可得性

1. 普惠金融的内涵

联合国把普惠金融定义为能有效、全方位地为社会所有阶层和群体提供服务的金融体系。其核心特点是“普遍性”和“优惠性”。“普遍性”是指金融产品和服务具有普及性，对象覆盖所有阶层和团体。“优惠性”是指金融产品和服务反映便民的目的，让弱势群体能通过资金需求的满足切实提高自身的生活水平。

2. 普惠金融对民营经济发展的贡献

首先，普惠金融政策引导金融机构对中小微民营企业实行优惠利率。中央银行通过再贷款、再贴现等货币政策工具，引导金融机构对符合国家产业政策的民营企业给予利率下浮优惠，降低民营企业的融资成本，增加企业的利润空间。其次，普惠金融通过加强金融基础设施建设提升金融服务的可获得性和质量。例如，在偏远地区和金融服务空白地带合理增设物理网点并广泛部署自助服务终端，方便小微企业办理业务并提升服务效率。最后，针对普惠金融客户的特点，开发适合的信用评分模型，构建科学合理的信用评价体系。对于缺乏传统抵押物的小微企业和农民，可将非财务信息（如经营稳定性、个人品德等）纳入信用评价范畴。同时，金融机构应加强信用风险管理，通过风险定价、担保创新等方式，降低信用风险，保障金融服务稳健运行。

（三）发展绿色金融，推动民营经济绿色发展

1. 绿色金融的概念

中国人民银行等七部门联合印发的《关于构建绿色金融体系的指导意见》，明确指出绿色金融是指为支持环境改善、应对气候变化和资源节约高效利用的经济活动，即对环保、节能、清洁能源、绿色交通、绿色建筑等领域的项目投融资、项目运营和风险管理等所提供的金融服务。

2. 绿色金融对民营经济健康发展的贡献

绿色金融可从拓宽融资渠道、推动产业升级、提高企业声誉等方面助力民营经济发展。首先，银行等金融机构通过制定专门的绿色信贷政策，降低了绿色项目的融资门槛和成本；政府通过提供贴息、担保等政策鼓励民营企业发行绿色债券；私募股权基金凭借专业的管理能力和丰富的市场资源支持民企绿色项目发展。其次，绿色金融的资金投向具有明显的绿色导向性，如项目能减少温室气体排放、提高资源利用效率等。引导民营企业加大对环保产业和绿色技术创新领域的资金投入，推

动产业技术进步。最后，在社会对企业社会责任关注度日益提高的情况下，民营企业通过绿色金融工具开展绿色项目，向社会展示其对环境保护的积极态度，可以提升企业的品牌形象，吸引更多的消费者、投资者和合作伙伴，为民营企业的长期健康发展奠定坚实的社会基础。

二、当前民营企业融资难融资贵问题

中小企业融资难融资贵是世界性难题。20 世纪 30 年代，整个世界经济陷入大萧条时期，为摆脱经济危机的影响，英国政府指派"金融产业委员会"对英国的金融体系和企业情况进行了调查分析，并出具了调查报告，报告以委员会主席麦克米伦爵士的名字命名，这就是《麦克米伦报告》。该报告认为，英国存在资金供给方不愿意以中小企业提出的条件来提供资金的问题，也就是中小企业在发展过程中始终存在资金缺口，这个缺口被称为"麦克米伦缺口"（Macmillan Gap）。

尽管民营经济在我国经济发展中占据重要地位，但民营企业在融资渠道和资金获取上仍面临较大困难。2005 年至 2023 年，我国民营企业整体债务融资规模从 8.99 万亿元提高到 70.78 万亿元，年均增长 12.1%，但其占社会融资规模的比重却从 33% 下降到 18.7%，下降了 14.3 个百分点。① 从信贷融资看，目前市场对民企偏好依旧谨慎，信用债融资仍主要流向国企。Wind 企业数据库 2024 年数据显示，地方国有企业、中央国有企业融资规模占比分别为 68.45% 和 26.1%。据摩根大通 2023 年发布数据，民营企业实际融资利率平均为 5.34%，相较之下，国有企业融资利率平均为 4.00%。

三、民营企业融资难融资贵问题的成因

（一）部分民营企业信用缺失

民营企业是我国经济的重要组成部分，已经深入到社会经济的各个方面。一方面，部分民营企业发展仍然比较粗放，法人治理结构不完善、财务制度不规范，合规经营理念未能树立，不能满足现代金融风险管控的准入要求；要素价格提高、劳动力成本上升、污染治理成本加大等因素，导致相当一部分全要素生产率低下的民营企业财务报表恶化、生存难度加大。另一方面，部分民营企业靠前期高杠杆投入

① 资料来源：参照长江商学院会计与金融学刘劲教授估算方法，假设国有企业的贷款和负债结构与 A 股中非金融国有企业的比例相等，基于金融机构信贷收支表的企（事）业单位贷款总规模数据，利用上市公司的数据推算得到国有企业的贷款总额，然后把国有企业的贷款除去，得到民营企业的贷款规模。

等方式带来的“比较优势”逐渐消失，同时前期研发投入低，核心竞争力弱，抗风险能力差，在现代金融风险体系中往往被认定为高风险客户。

（二）金融机构服务民企能力不足

我国金融机构在服务民营企业过程中面临三个层面的系统性制约：

第一，风险评估机制滞后。尽管已完成市场化转型并建立全面风险管理体系，但金融机构仍普遍采用传统评估标准：过度关注企业所有制属性（国有/民营）、固定资产抵押物价值、财务报表数据等显性指标。这种评估模式难以有效识别民营企业“轻资产、快周转、重创新”的特质价值。

第二，服务供给同质化严重。当前信贷市场呈现显著的趋同性特征，国有大型银行与中小金融机构在客户定位、产品设计、风险控制等方面尚未形成差异化分工。部分机构依赖存贷利差和国有企业项目维持运营，缺乏服务民营企业所需的创新能力培育机制。

第三，责任机制执行偏差。“尽职免责”制度在操作层面存在实施困境，导致金融机构对民营企业呈现周期性服务收缩：经济上行期通过提高利率补偿风险，下行期通过抽贷限贷规避风险。

（三）社会信用体系不健全不完善

当前，社会信用体系不健全，与我国市场经济的发展不匹配。一方面，目前各种信用信息仍散落在不同的政府部门（税务、工商、社保、司法、央行、国家金融监督管理总局等）和企事业单位（银行等金融机构，电力、水务、燃气等公用事业运营公司）等，形成了信息孤岛，金融机构获取民营企业全面真实的信用信息难度大、成本高，甚至某些情况下无法获取必要的信用信息。另一方面，在当前司法体系下，违约失信成本仍然较低，出现了“劣币驱逐良币”现象，给金融机构带来了很大损失，久而久之，金融机构对“民营企业”整个群体就有了“偏见”。

四、破解民营企业融资难融资贵的对策

（一）完善中小企业融资的制度环境

制度环境是一个国家或地区内的制度安排和框架，它要求成员共同遵守、按照规程办事、遵守一定的行动准则。良好的融资制度环境可以为中小企业健康发展提供坚实的保障。在法律法规层面，《中华人民共和国中小企业促进法》中有关于融资促进中小企业发展的若干规定，可尝试进一步明确中小企业融资的基本原则、融资渠道、金融机构的责任和义务等内容；《证券法》规定，在风险可控的基础上，可尝试适当简化中小企业发行债券、股票等证券的审核程序，降低中小企业证券发

行的门槛。通过完善法律法规对中小企业融资支持的细则，能为后续的政策扶持和金融服务提供清晰的法律依据。在金融监管层面，一要加强信息披露监管：强化金融机构对中小企业融资相关信息的披露要求，包括贷款条件、利率水平、审批流程等，使中小企业能够更加清晰地了解融资信息，增强市场透明度，减少信息不对称；二要强化合规监管：加大对金融机构在中小企业融资业务中的合规检查力度，防止金融机构出现违规操作、歧视中小企业等行为。

（二）构建多层次的金融市场体系

构建多层次金融市场体系能为中小企业提供多样化的融资渠道、满足不同发展阶段的融资需求、降低融资成本。一方面，要充分发挥资本市场直接融资功能。通过引导主板市场提升对优质中小企业的包容性，让更多有潜力的企业有机会上市融资；强化创业板和科创板功能定位，降低中小企业准入门槛，精准对接科技型、创新型中小企业需求；大力发展新三板，增强其流动性与融资能力，为初创型中小企业提供分层服务；规范区域性股权市场，使其成为中小企业培育孵化的摇篮。通过多板块协同合作，拓宽中小企业直接融资渠道，为企业在不同的成长阶段提供资金支持。另一方面，要大力推进银行数字化转型。银行通过数字化手段广泛收集企业多维度数据，如交易流水、税务信息、信用记录、市场动态等，整合分析形成全面风险画像，避免因高估风险而提高利率。此外，数字化转型还将实现贷款审批等业务流程自动化，减少人工干预和烦琐手续，缩短业务办理时间，降低银行经营成本，最终推动企业融资成本的降低。

（三）加快中小企业征信和增信体系建设

征信和增信体系建设能帮助中小企业解决因信息不对称导致的融资难题，提升企业信用形象，增强金融机构对其信任度，缓解融资约束，促进企业稳健发展。完善征信体系建设可从建立全面的数据收集机制、优化征信数据质量、丰富征信产品等方面入手。具体来说，首先，加强信用信息平台建设。政府应牵头整合工商、税务、海关等多部门的企业信息，通过信息共享机制让金融机构获取企业全面的信用信息，为信贷决策提供参考。其次，利用大数据等新兴技术提高数据审核质量，剔除错误、重复或过时的数据，识别存疑的数据。最后，开发多样化征信报告，不单纯依赖传统信用评分报告，要拓展开发专项征信报告，如企业供应链信用报告、创新能力信用报告等。加强增信体系建设可从政府支持、行业互助、企业自身等方面展开。在政府层面，应完善担保基金运作机制，通过为中小微企业设立专项担保额度、适时提高担保比例、简化担保审批流程等方式为具有创新能力、发展潜力但缺乏抵押物的中小企业提供担保支持。在行业层面，鼓励行业协会组织开展企业信用自律建设。通过制定行业信用规范和自律公约，引导中小企业遵守信用规则。在企业层面，引导企业完善内部信用管理制度，通过建立信用档案，记录企业信用活动，了解信用变化情况；通过强化财务信息管理，定期进行财务审计，提高财务透明度，为企业信用评级提供可靠的财务数据支持。

扩展阅读

“科创指数”融资模式

2022 年 6 月 23 日下午，温州银保监分局联合市科技局、市财政局召开银行业保险业工作会议，在全市推广应用“科创指数”融资模式。会上，温州银保监分局、市科技局、市财政局联合发布《关于推广应用“科创指数”融资模式 提升科技金融服务水平的通知》，并举行了银保担合作协议签署和科技金融服务网格员授旗仪式。

“科创指数”融资模式依托温州银保监分局与市科技局共同构建的“科创指数”评估体系，该体系全面考量企业在创新能力、创新成果及创新融合三大维度上的表现，细分为企业资质、科研进展、高端人才储备、知识产权等 11 项具体指标，以科学、综合的方式对企业的科技创新能力进行量化评分。“科创指数”融资模式促进各银行机构开发专门的科技型企业授信和风控模型，为“科创指数”融资模式提供高效、低成本的政策性担保服务。凭借这一评价体系，企业能够直接将其科技创新实力转化为银行授信的有力支撑，从而更加便捷地获取所需的资金支持。

“科创指数”融资模式是温州在全国的首创，自 2021 年 7 月推出以来，温州市金融业在“科创贷”方面不断“破冰”，如丰富完善首台（套）保险、新材料保险、研发责任保险等产品，在全国范围内首创技术产权证券化融资模式，为科创型企业引入科技金融活水，走出了一条科技型企业低成本融资的“温州路子”。

目前该模式在全国其他城市也得到了推广，如苏州市地方金融监督管理局、财政局、中国人民银行苏州市分行、国家金融监督管理总局苏州监管分局联合发布《关于研究推广“科创指数”融资模式提升科技金融服务水平的通知》，要求各银行机构积极研究推广“科创指数”融资模式。

（四）推进金融支持民营企业的产品创新

鉴于创新活动的高风险、长周期及巨额资金需求特性，企业亟须外部融资为创新活动提供持久动力，这要求政府、金融机构与企业三者间形成紧密合作机制。

首先，政府应扮演好政策制定者与监督者的角色，通过一系列优惠政策为创新护航。具体措施包括：优化税收优惠政策，为金融机构向关键领域创新活动的贷款利息收入给予税收减免；发挥风险补偿基金的兜底作用，提高金融机构对产品创新融资的风险承受能力；在合规的前提下，适当降低金融机构开展创新融资业务的资本充足率要求，以更加灵活地支持民营经济创新发展。

其次，政府和金融机构应发挥多层次资本市场的融资功能。一方面，通过降低新三板的准入门槛、增强新三板的流动性，吸引初创型中小企业在此挂牌融资；另一方面，加强对成熟型创新企业的上市辅导培训，鼓励企业规范财务和公司治理，争取在创业板和科创板上市。

再次，企业需加强与政府和金融机构的合作深度以获得更多资金支持。一方面，根据自身产业特色，关注并参与特定的政府引导基金支持项目，向基金管理机构展示企业产品优势和潜力，扩大品牌影响力。若有机会获得政府引导基金的投资，将带动其他社会资本的跟投，为企业创新活动筹集更多资金。另一方面，保持与金融机构常态化沟通合作。对于创新型项目，要向金融机构提供详细、准确、透明的财务和创新项目信息，以减少信息不对称带来的融资约束。

最后，政府、金融机构与企业应共同探索并制定符合创新活动特性的金融服务方案。针对研发周期长、资金回收慢的项目，可考虑采用灵活的还款模式，如项目收益分成贷款，既减轻了企业前期的还款压力，又使金融机构能够分享项目成功后的收益，实现共赢。通过此类创新金融服务方案，为民营企业创新活动提供更为精准、有力的金融支持。

第二节 民营经济发展的土地要素保障

土地是财富之母，又是重要的生产要素。土地是唯一同时具有自然稀缺性和不可创造性的生产要素。在经济社会发展和国家战略转型中，土地始终发挥着基础性和保障性作用，其合理配置深刻影响经济社会发展绩效。优势地区是推动实现高质量发展的主阵地和排头兵，但其在产业、人口和环境领域的转型发展中面临土地要素配置瓶颈。一定程度上，民营企业的“用地难用地贵”问题比融资难融资贵的问题更为突出。

一、民营经济发展过程中的土地要素制约

由于近年来土地管理政策趋严，用地难度加大，国家每年下达的建设用地指标有限，各级政府偏好于将有限的用地指标优先用于由国有企业和外资企业承担的重

点工程和大项目。民营企业由于规模有限和资本有机构成低，建设项目多为中小项目和制造业项目，其用地限制和审批程序明显严于国有企业和外资企业，土地制约发展和转型问题越来越突出。有些已投产多年的企业仍然拿不到土地证，办不下来房产证，造成企业抵押融资困难。

二、民营企业“用地难用地贵”的原因

（一）产业用地配置政策的歧视性

民营企业在产业用地配置上所处的歧视性不利地位并非由产业用地配置本身所致，而是地方政府偏好大型企业造成的。国有企业和外资企业在产业规模、技术能力和品牌效应上相较于民营企业具有显著优势，这使得它们在争取产业用地时更容易获得地方政府的青睐。而民营企业由于规模有限、资本乘数效应低，建设项目多为中小项目，因此在用地限制和审批上往往面临更为严苛的条件。

（二）商业用地招拍挂制度的弊端

商业用地的招拍挂制度是导致民营企业“用地贵”的直接原因。这一制度体系不仅推动了地方政府的“土地财政”现象，还使得地方政府有推动土地成本上升的直接动力。在房地产领域，民营企业与国有企业基本处于平等地位；但在非房地产领域，民营企业的商业用地成本却过快增长，购房或租房成本急剧上升。国有企业凭借历史原因享有国有土地划拨的优势，外资企业则往往能享受地方政府的各种优惠补助。因此，非房地产领域的民营企业成了招拍挂制度导致用地成本上升的最直接受害者。

（三）土地抵押不足导致的融资难题

我国社会融资结构以银行间接融资为主，而社会信用体系尚未完全建立，使得银行贷款依然高度依赖不动产抵押。对于民营企业而言，土地抵押的缺失成为其融资难融资贵的又一重要原因。这种缺失表现在两个方面：一是民营企业由于产业用地政策限制或商业用地制度体系，“无法”或“没能力”获得土地要素；二是民营企业存在土地要素历史遗留问题，如“两证”（不动产房产证、土地证）不全等。这些问题在全国范围内较为普遍，严重制约了民营企业的市场融资、改造扩建和再生产等发展活动。例如，一些已投产多年的民营企业因无法取得土地证和房产证而面临抵押融资困难，这不仅影响了企业的正常运营和发展壮大，也阻碍了整个民营经济的健康发展。

三、破解民营企业用土地要素制约的地方经验

（一）工业上楼

1. 工业上楼的概念

"工业上楼"是指在高层大厦中开展企业生产、办公、研发、设计等的新型工业楼宇模式，具有相近行业高通用性、高集约性的特点，也被称为"摩天工厂""空中厂房"。它最早起源于美国和日本，深圳则是中国内地最早"吃螃蟹者"。

为了应对城市产业空间不足的挑战，深圳市决定"向天要地"，在2012年就开始探索"工业上楼"。当年，深圳市宝安区全至科技创新园按照"厂房＋写字楼"的复合标准建设了23层的科创大厦，被认为是内地第一个"工业上楼"项目。此后，深圳的"工业上楼"项目逐渐增多，并带动周边广州、东莞、佛山、中山、珠海等城市相继效仿。

2021年，国家发展改革委发布《关于推广借鉴深圳经济特区创新举措和经验做法的通知》，其中第十条明确提出要推广"工业上楼"模式。在中央政策支持下，江苏、山东、天津、上海等省市纷纷出台相关政策，"工业上楼"在全国各地渐次推开。

2. 工业上楼的作用

（1）提高土地利用效率：通过在高层大厦中开展企业生产等活动，极大地提高了单位面积的土地利用效率，缓解了城市产业空间不足的问题，为民营企业提供了更多的生产空间。

（2）降低用地成本：高层楼宇的集约化使用，使得民营企业能够以相对较低的成本获得生产空间，减轻了企业的经济负担。

（3）促进产业集聚：相近行业的集聚有助于形成产业链和产业集群，提升民营企业的竞争力和创新能力。

（二）数据得地

1. 数据得地的概念

"数据得地"是一种创新的工业用地供给机制，它依托于数字化技术和大数据平台，通过构建科学、客观、公正的评分模型，对申请用地的企业进行全面、精准的评估，从而确定土地资源的优先配置对象。这一机制旨在解决工业用地供给中存在的项目准入评价标准不统一、过程不透明等问题，确保有限土地资源能够高效、集约地利用，并优先配置给那些发展前景好、产值增长快、亩均效益高的优质企业。

“数据得地”机制的核心在于“365”评分模型的应用。该模型从三个维度对企业进行评估：一是“向谁供地”的基本条件，主要考察企业的资质、信用、产业方向等是否符合地区发展规划和产业政策；二是“能否集约拿地”的预期标准，通过评估企业的生产工艺、技术水平、节能减排能力等指标，判断其是否能够高效利用土地资源；三是“优先供地排序”的效益指标，综合考虑企业的产值、税收、就业、创新等多个方面的贡献，以及未来的增长潜力，确定供地的优先顺序。

2022年，温州市委、市政府主要负责人通过入企调研，发现有不少年产值超亿元和5000万元以上的高成长型企业没有自有生产用地。同时，不同县（市、区）供地标准不统一、过程不透明，因此出现了土地资源错配，甚至有权力寻租现象，以至于优质企业得不了地，部分得地企业建好的厂房反而闲置。

2023年上半年，温州出台“数据得地365”工作指引，创新实施“数据得地365”供地新机制，为解决无自有生产用地（厂房）的年产值超亿元的优质制造业企业和年产值5000万元以上的高成长型企业发展空间难题，提供了新解法。通过对企业近三年主要经济指标的客观、公正、精准评估，让数据说话、凭数据决定是否供地，确保有限土地资源向“发展前景好、产值增长快、亩均效益高”的制造业企业集聚，切实打造优质亲清营商环境。

2. 数据得地的作用

（1）确保公平透明：通过数字化技术和大数据平台，构建科学的评分模型，确保土地资源配置的公平性和透明度，避免了权力寻租和土地资源错配的问题。

（2）优化资源配置：根据企业的资质、信用、产业方向以及预期效益等指标进行综合评估，确保有限的土地资源能够优先配置给发展前景好、产值增长快、亩均效益高的优质民营企业。

（3）提升用地效益：通过精准评估，确保土地资源得到高效利用，提升了民营企业的用地效益和产出水平。

（三）低效产业用地盘活

1. 低效产业用地盘活的概念

低效产业用地盘活是指通过一系列的政策措施和市场化手段，对低效利用的产业用地进行再开发、再利用，以提升土地资源的配置效率和产出效益，推动产业转型升级和城市高质量发展。

当前，上海城市发展已经从大规模增量建设阶段转入存量提质更新为主的阶段。2024年，上海在全国率先开展低效产业用地盘活和综合处置工作，集中实施产业用地“两评估、一清单、一盘活”专项行动，全面推进年度45平方千米盘活处置任务。

"两评估"是指对产业用地进行综合绩效评估和综合价值评估。前者关注现状，定期对产业用地综合利用情况进行全面"体检"打分；后者关注未来，围绕破解产业用地收回收储成本偏高、用非所用、不当得利等问题，统一评估路径，进一步降低土地回收成本。

"一清单"是指根据评估结果，形成产业用地 ABCD 四类绩效用地清单。其中，A 类为鼓励支持类用地，B 类为保留提升类用地，C 类和 D 类为低效利用的土地，亟须转型盘活。

"一盘活"是指针对 C 类和 D 类低效产业用地，采取有针对性的盘活路径和具体措施。

自上海开展低效产业用地盘活专项行动以来，已经取得了显著的成效。据统计，短短半年多时间内，上海就盘活了 37.8 平方千米的低效用地，相当于一个静安区的面积。这些低效用地的盘活，不仅释放了大量的土地资源，还为上海的产业转型升级和高质量发展提供了有力支撑。

2. 低效产业用地盘活的作用

（1）释放土地资源：通过盘活低效利用的产业用地，释放了大量的土地资源，为民营企业提供了新的发展空间。

（2）促进产业转型升级：低效产业用地的盘活往往伴随着产业的转型升级，有助于民营企业优化产业结构，提升竞争力。

（3）提高土地配置效率：通过再开发和再利用，提升了土地资源的配置效率和产出效益，为民营企业提供了更加高效、集约的用地环境。

（四）拿地即开工

1. 拿地即开工的概念

2024 年 6 月，苏州市工程建设项目审批制度改革领导小组发布《关于苏州市工程建设项目实施"拿地即开工"审批模式的指导意见（试行）》，在各地"拿地即开工"实践创新基础上总结提升经验，探索可参考可推广的"拿地即开工"审批模式，指导全市规范有效开展"拿地即开工"审批，推进"拿地即开工"模式常态化运行，助力全市各类工程项目"早开工、早建设、早达效"，推动苏州经济社会高质量发展。

"拿地即开工"是指对暂未供地且有快速开工需求的工程建设项目，全面前移全过程审批服务的审批模式。在审批过程中充分利用项目准入评审、用地评审、土地出让或划拨完成前的准备时间和公告公示等法定期限同步办理各类其他审批事项。

通过“前期介入 + 告知承诺 + 并联审批 + 容缺受理 + 帮办代办”等方式，各审批部门及市政公用服务企业对土地使用权证等容缺审查和公示，推行“投资管理、供地管理、建设主线、建设辅线”多线并行办理，先出具相应审查意见文书，待取得土地使用权后，在项目满足开工前各项建设条件、管控要求基础上，可在规定时间内同步换发或按序核发建设工程规划许可证、施工图设计文件审查合格证、建筑工程施工许可证等法定许可证书，确保项目依法快速开工。

2. 拿地即开工的作用

（1）缩短建设周期：通过前置审批服务、并联审批和容缺受理等方式，大大缩短了项目从拿地到开工的时间，提高了建设效率。

（2）降低企业成本：时间的缩短直接降低了企业的时间成本、资金成本和人力成本，使得民营企业能够更加专注于生产和经营。

（3）提升投资信心：高效的审批流程和较快的开工速度，增强了民营企业对投资环境的信心，有助于吸引更多的民间资本投入产业发展。

第三节 民营经济高质量发展的数据要素保障

2020 年 4 月公布的《中共中央 国务院关于构建更加完善的要素市场化配置体制机制的意见》，首次将数据列为继土地、劳动力、资本、技术四大生产要素之后的第五大生产要素。

一、数据要素的概念和特征

（一）数据要素的概念

2019 年 10 月，党的十九届四中全会正式将数据列为新的生产要素。在以全要素数字化转型为重要推动力的数字经济时代，数据的意义与作用远超以往任何一个时代的任何一种传统资源。数据要素的时代价值正在受到前所未有的关注。数据要素是社会生产和经营活动中，为持有者、加工使用者、经营者带来经济效益的数据资源。数字经济发展的大潮中，数据正成为劳动力、土地、资本、技术之外最先进最广泛使用的生产要素，并通过决策分析与优化直接产生，或通过作用于其他生产要素间接产生社会和经济价值。

（二）数据要素的特征

与传统生产要素相比，数据要素具有四个显著特征：

第一，数据要素具有报酬递增、非竞争性和低成本复用等特征，在生产过程中能够发挥降低不确定性、提升交易匹配质量、促进知识积累和创新、提高生产要素协同性等作用。国家数据局等 17 部门联合印发的《"数据要素 ×"三年行动计划(2024—2026 年)》提出，数据要素对经济社会发展所具有的乘数效应，既是数据要素有别于劳动、资本等生产要素的显著特征，也是数据要素赋能经济社会发展的关键机制。

第二，数据要素能够显著降低信息不对称影响，发挥协同作用。利用从数据中挖掘出的有效信息进行分析和预测，能够显著降低信息不对称影响，加强主体协同与任务协同，从而优化资源配置、提高市场运行效率。例如，工业生产中存在兼顾成本、效率、规模的"不可能三角"，但数据驱动的大规模定制业务模式，能够在大规模、高效率、低成本的条件下向消费者提供个性化产品，打破了工业生产的"不可能三角"，解决了过去解决不了的难题。有研究表明，基于数据要素的分析和预测与生产率显著相关，生产率水平的提升幅度为 3.8% ~6.7% 。

第三，数据要素通过与其他生产要素结合，提升投入产出效率。数据要素与传统生产要素结合，能够发挥两种作用。一是产出增益。数据要素进入专业知识领域，与领域知识结合，有助于发现新的规律，研究出新的理论，创造新的知识或技术，进而促进经济增长。二是投入节约。数据要素的产出增益和投入节约效应广泛存在于生产环节，能够优化其他要素投入产出效率、突破生产可能性边界、促进经济社会发展。

第四，数据能够实现知识和技能的低成本、规模化复用，加速知识溢出与技术扩散。在我国持续推进数字化转型的过程中，大量的知识、技能被编码成数据。数据化的知识和技能具有在不同主体、不同场景中低成本、规模化重复使用的典型特点，如果说工业经济实现了物理产品的规模化复制，那么数字经济则实现了知识和技能的规模化复制。例如，大模型通过与工作能力突出的员工进行交互，可以将技能"萃取"并编码成数据，这一数据可以复用于其他组织成员，从而提升组织整体的工作效率。通过加速知识溢出与技术扩散，数据要素的低成本复用能够极大地缩短创新周期、促进宏观经济增长。

二、数据要素对民营企业高质量发展的推动作用

民营企业可以利用数据的泛在性和易获取性，收集大量内外部数据。通过整合云计算、数据挖掘、区块链等先进技术与人工智能，民营企业能够深入挖掘数据价值，优化生产和运营算法。在外部网络层面，民营企业能够利用大数据预测市场趋势，识别供应链薄弱环节；在内部生产层面，数据要素与现有资产的融合能最大化

数据价值，推动智能化生产，实现快速响应市场变化，有效增强产业链韧性。

（一）数据要素投入有助于提升民营企业的公司治理水平

数据要素能够缓解委托代理问题，通过实时监控和数据分析，降低监管成本和决策时延，使管理层能够迅速调整策略以适应市场变化。同时，数据记录为经理人行为提供了透明化监督，有助于规避逆向选择风险。此外，个性化激励机制的实施能够激发员工积极性，提高其工作效率，促进公司治理的公平与效率并重。这些治理水平的提升不仅降低了内部成本，还增强了民营企业与外部合作伙伴的关系稳定性。

（二）数据要素投入有助于提升民营企业产业链韧性

民营企业之间以及企业发展阶段的不同，导致数据要素应用水平的差异。高效利用数据要素的民营企业能够更快地适应市场变化，扩大市场份额，维护生产网络稳定。而对于传统民营企业而言，数字化转型是释放数据要素价值的关键。通过加快数字化转型，民营企业可以缩小与数字化新兴企业的差距，提升产业链韧性。同时，数据要素投入还促进了企业间的优胜劣汰，使得能够有效利用数据要素的企业在市场中占据优势地位。

（三）数据要素是数字经济和信息社会的核心资源

数据要素在推动生产方式变革、促进生产要素流动、优化企业战略决策中发挥着重要作用。民营企业要充分利用数据要素，化解企业在生产、经营和管理过程中所遇到的难题，提高生产要素配置效率，实现高质量发展。

扩展阅读

义乌小商品城探索数据要素应用，解决 3.3 万余户小微企业融资难题

义乌小商品交易市场是全球最大的小商品市场，汇集海内外众多的采购商和供应商，以批发方式促进大规模商品流通交换，促进了国内外贸易发展。

但由于交易双方企业主体普遍较小、数据流通共享质量不高等问题，企业出口结算账期长、货款回收难，金融机构授信难、放款难，监管部门缺乏管理手段。

浙江中国小商品城集团股份有限公司通过公共数据授权运营，融合小商品城企业的数据，推出企业信用、外贸预警等数据产品服务，提高了贸易效率，降低了交易风险，拓宽了融资渠道，助力中国小商品出海。

解决方案

一是整合多源数据，让数据"供得出"。通过授权运营方式获取登记、许可、处罚、荣誉等公共数据，融合商品、交易、物流、评价等企业数据，以及全市电商企业、电商示范基地、传统商贸流通企业的采购商信息、贸易纠纷、履约评价等数据，为小商品数字贸易便利化提供数据基础。

二是构建数据流通通道，让数据"流得动"。构建商贸领域线上综合服务平台，以数字化贯穿展示交易、贸易履约、仓储物流、资金结算和信贷融资等方面，服务产业链上下游企业，沉淀贸易数据，让贸易全过程可追溯、可还原。

三是创新数据应用场景，让数据"用得好"。打造商贸供应链金融产品，基于真实贸易数据为核心的轻资产授信服务，开发"货款宝"应用程序，商户送货至指定仓库即可收到50%的货款，有效缓解中小微主体回款难等问题，降低账户被冻结的风险；全面构建企业征信体系，建立覆盖义乌市场25万家商户的企业信用评价模型，开发信用报告产品，为市场商户、采购商、银行机构提供企业信用风险查询服务。

成效

2023年，义乌出口总值达5005.7亿元，使用小商品数字自贸平台提供的报关、物流或结汇等数字化产品服务的占比达77.6%。全年基于企业征信体系累计授信总额90.57亿元，放款额35.58亿元，解决3.3万余户小微企业融资问题。通过市场采购贸易方式出口3883.7亿元，同比增长19.0%；通过海关跨境电商管理平台进出口166.0亿元，同比增长93.0%。义乌市场电商主体突破60万户，日均诞生超500个电商"老板"，领跑全国。

三、推进数据要素市场化

作为数字经济的关键生产要素，数据能够将劳动力从简单的体力劳动中解放出来，通过不断激发人类的智力潜能促进经济高质量发展。目前，数据要素在量的维度上不断突破，但海量数据并没有与其他生产要素充分结合，对经济增长的贡献也没有被充分释放。数据对生产力的贡献要在流通中形成，数据要以"流转"来实现价值创造的循环，而现实中的"数据孤岛""数据垄断"极大地阻碍了数据潜在价值的释放。数据要素产权不清晰、权利属性不明确和数据要素交易规则的缺失，正制约着中国数据要素市场的形成和数据价值的挖掘。数据要素市场化已经成为推动生产力发展的关键问题。

（一）完善数据产权制度与流通规则

首先，明确数据的产权归属，包括企业数据、公共数据和个人信息数据的产权特征，建立分类分级的确权授权制度，为数据交易提供坚实的法律基础。其次，制定科学的数据流通规则，通过编制数据资源目录、分析流通过程安全风险、制定分类分级保护措施等方式，提升数据治理能力。最后，鼓励和支持企业设立首席数据官，强化数据开发利用，推动数据流通的合规性与高效性。

（二）促进数据合规高效流通与交易

首先，构建多层次的数据交易市场体系，包括数据交易所等交易平台，推动数据的开放与共享。政府应整合并开放自身数据资源，同时鼓励和督促大企业开放数据，为数据交易提供丰富的资源保障。其次，加强数据流通的安全管理，按照国家有关规定识别、申报重要数据，并依法接受监管。在对外提供重要数据时，应采取必要的安全保护措施，确保数据在流通中的安全性。最后，支持开展数据脱敏等技术研究，对于经脱敏处理后的数据，可按照一般数据进行流通交易。

（三）建立数据要素收益分配机制

首先，坚持“谁投入、谁贡献、谁受益”的原则，确保数据要素各参与方的投入得到合理回报。其次，结合数据要素特征，构建公平、高效、激励与规范相结合的数据价值分配机制，通过分红、提成等多种收益共享方式，平衡数据内容采集、加工、流通、应用等不同环节相关主体之间的利益分配。

（四）健全数据流通利用安全治理机制

首先，加强和完善数据安全管理制度的建设，明确数据安全管理责任。其次，加强数据全生命周期的安全防护，确保数据的安全可控。再次，鼓励和支持企业技术创新，推动技术型数商综合运用隐私计算、多方计算、区块链、量子加密等新技术手段，实现数据流通过程全生命周期的安全可控。最后，加大协同监管力度，建立政产研用多方主体协同联动的监管体系，形成跨部门、跨地区、跨行业的协同监管合力，提高监管效能。

在推动数据要素市场化发展的过程中，政府应发挥积极的政策引导和扶持作用，出台相关政策，引导数据要素市场的健康发展。同时，通过税收优惠、资金扶持等方式鼓励企业积极参与数据要素市场的建设。此外，还应培育数据要素市场生态，鼓励企业、科研机构、高校等主体加强合作与交流，共同推动数据要素市场的创新发展。

本章小结

1. 阐释了科技金融、普惠金融和绿色金融对民营经济发展的贡献，并指出了当前民营企业融资难融资贵的问题及其成因。针对这些问题，提出了完善中小企业融资制度环境、构建多层次金融市场体系、加快征信和增信体系建设以及推进金融支持民营企业产品创新等对策，旨在通过政策创新和市场机制优化，为民营企业提供更加宽松、高效的融资环境。

2. 阐释民营企业面临的"用地难用地贵"问题及其原因，包括产业用地配置政策的歧视性、商业用地招拍挂制度的弊端以及土地抵押不足导致的融资难题。本章通过介绍"工业上楼""数据得地""低效产业用地盘活"和"拿地即开工"等地方经验，展示了如何通过创新土地供给机制、优化土地资源配置、提高土地利用效率等方式，破解民营企业用地难题，为民营企业提供更加充足、高效的土地保障。

3. 阐释了数据要素的概念、特征及其在提升民营企业治理水平、促进市场动态适应等方面的应用。提出了推进数据要素市场化的具体路径，包括完善数据产权制度与流通规则、促进数据合规高效流通与交易、建立数据要素收益分配机制以及健全数据流通利用安全治理机制。

·关键术语

科技金融；绿色金融；普惠金融；工业上楼；数据要素

·思考与练习

1. 简述科技金融对民营经济发展的贡献。
2. 分析当前民营企业融资难融资贵问题的成因。
3. 解释"工业上楼"的概念，并阐述其在提高土地利用效率方面的作用。
4. 数据要素对民营企业高质量发展的推动作用体现在哪些方面？
5. 推进数据要素市场化的过程中如何确保数据流通的安全？

·进一步学习资料

彭森．要素市场化改革［M］．北京：国家行政学院出版社，2024.

第十二章

民营经济“两个健康”评价体系

本章导入

企业家是经济活动的重要主体，民营企业家更是推动民营经济发展的核心力量。他们的健康成长不仅关系到企业的可持续发展，更影响到整个国民经济的稳定与繁荣。同样，民营经济的健康发展也是我国经济持续增长和社会稳定的重要支撑。因此，构建一个科学、合理的民营企业家健康成长与民营经济健康发展综合评价体系显得尤为重要。

本章将深入介绍这一综合评价体系的结构和内容，包括民营企业家健康成长评价和民营经济健康发展评价两个方面。对于民营企业家健康成长评价，将重点阐述爱国敬业、守法经营、创业创新、回报社会四个一级指标及其对应的二级指标设置，以及评价方法的运用。而对于民营经济健康发展评价，将从经济活力、创新驱动、结构优化、质效提升、风险防范五个维度进行深入剖析。

通过本章的学习，读者能够全面、深入了解民营企业家健康成长与民营经济健康发展的综合评价背景，掌握评价体系构建的依据与原则，熟悉评价体系的主要内容，包括评价指标的设定、评价方法的运用以及评价流程的实施等。这将有助于读者更加精准地把握民营企业家健康成长和民营经济健康发展的关键因素，为日后更好地参与和支持民营经济“两个健康”评价工作奠定坚实的基础，同时也将提升自身在民营经济领域的专业素养和实践能力，为推动民营经济的持续健康发展贡献自己的力量。

学习目标

（1）知识目标：了解民营经济“两个健康”评价体系的背景；理解民营企业家健康成长评价、民营经济健康发展评价的主要内容，一级指标及其对应的二级指标设置；掌握民营经济“两个健康”评价体系及其指数计算方法，能对民营经济“两个健康”评价结果进行解读和分析。

（2）能力目标：能够运用所学知识，进行民营经济“两个健康”评价体系的初步实践，包括数据收集、指标计算和评价报告撰写等；培养在民营经济领域中的专业素养和实践能力，提升对民营经济“两个健康”评价工作的理解和参与能力。

（3）综合目标：树立正确的民营经济发展观，崇尚新时代企业家精神，尊重并支持民营经济“两个健康”评价体系。激发对民营经济“两个健康”工作的兴趣和热情，增强为国家经济发展贡献力量的责任感和使命感。

第一节 民营经济“两个健康”评价体系的背景

民营经济是推进中国式现代化的生力军，是高质量发展的重要基础，是推动我国全面建成社会主义现代化强国、实现第二个百年奋斗目标的重要力量。民营企业家作为民营经济的核心驱动力，其健康成长对于整个社会的经济繁荣与稳定具有至关重要的作用。同时，民营经济的健康发展，不仅关乎企业自身的兴衰成败，更与整个国家经济的稳定与繁荣紧密相连。因此，对民营经济进行健康发展评价，不仅是对其当前运行状态的全面审视，更是对其未来发展潜力的深入挖掘。为了理解这一重要议题，我们有必要探讨民营经济“两个健康”评价体系的背景。本节将从四个方面介绍民营经济“两个健康”评价体系的背景。

一、民营经济高质量发展的内在需求

改革开放40多年以来，党和国家对民营经济发展的理论以及政策不断丰富和完善，促进民营经济从无到有、从小到大、从弱到强不断发展壮大，成为社会主义市场经济的重要组成部分。中共中央、国务院高度重视民营经济发展，特别是党的十八大以来，习近平总书记多次强调“构建亲清新型政商关系，促进非公有制经济健康发展和非公有制经济人士健康成长”，为我国民营经济健康发展指明了方向。这“两个健康”不仅是重大经济问题，也是重大政治问题。非公有制经济健康发展的前提基础是非公有制经济人士健康成长，而非公有制经济人士健康成长是非公有制经济健康发展的动力和保障。

在党的十九大报告中，习近平总书记提出要“激发和保护企业家精神”“构建亲清新型政商关系，促进非公有制经济健康发展和非公有制经济人士健康成长”，明确了民营经济改革创新发展的重点。民营企业家是非公有制经济组织的核心，他们的战略决策行为决定着非公有制经济组织的成长与发展方向。因此，以民营企业家为“关键少数”的非公有制经济人士的一举一动对其他非公有制经济人士具有重要的示范带动作用，他们能否健康成长，直接影响着非公有制经济的健康发展，这就要求不断激发企业家群体的精神动力和活力。正如习近平总书记指出的“我们全面深化改革，就要激发市场蕴藏的活力。市场活力来自于人，特别是来自于企业家，来自于企业家精神”。构建民营经济“两个健康”评价，建设一支具有新时代企业家精神的高素质民营企业家队伍，是适应经济高质量发展的内在需求，也是推动民营经济持续健康发展的重要举措。

二、民营企业家面临的挑战与机遇

改革开放以来，党中央始终坚持“两个毫不动摇”的路线方针，坚持民营经济是中国特色社会主义市场经济的重要组成部分，是我们党长期执政的重要基础，民营企业和民营企业家是我们自己人。然而，随着国内外经济形势的复杂多变，民营企业面临着越来越多的挑战，如市场竞争激烈、政策环境不确定性增加、技术创新压力不断增大等，这些都对民营企业家的健康成长提出了更高的要求。

企业为了维持其市场地位并实现长远发展，必须不断寻求创新和突破，以构建并巩固自身的核心竞争力。民营企业家作为企业的核心领导者，其健康成长直接关系到企业的长远发展。对民营企业家进行健康成长评价显得尤为重要，这不仅是对他们个人能力和素质的全面检验，更是帮助他们更好地应对挑战、抓住机遇的重要途径。通过健康成长评价，民营企业家可以更加清晰地认识到自己在企业经营管理、创新能力、社会责任等方面的优势和不足，对标行业优秀者，寻找差距，确立追求方向，树立成长目标。同时，评价结果的反馈也可以为企业家提供有针对性的指导，帮助他们补齐成长短板，提升自身素质和能力，力争成为守初心、担使命的新时代优秀民营企业家。

此外，对民营企业家健康成长进行评价，有助于识别优秀的企业家人才，推动优秀民营企业家群体进一步发展壮大，为民营经济的持续发展注入新的活力。还可以引导整个民营经济领域形成良好的发展氛围和激励机制，提升民营企业的整体素质和竞争力，推动民营经济在国民经济中发挥更大作用。政府可以根据评价结果了解民营企业家群体的成长状况和需求，制定更加精准、有效的政策措施，促进民营经济的持续健康发展。

三、创新举措的落实与实践成果的涌现

近年来，各地对民营企业家健康成长的理解存在较大差异，导致对民营企业家健康成长的科学评价与指导面临诸多困难。因此，构建一套科学、系统的评价体系显得尤为重要。

浙江省是民营经济发展大省，是中国民营经济重要发祥地，民营经济的发展一直以来都走在全国前列，成为浙江省经济社会发展的金名片。民营经济人士作为推动民营经济发展的核心力量，其健康成长对民营经济发展至关重要。近年来，浙江不断深化民营经济“两个健康”工作，在推动民营企业家健康成长方面取得较好的工作成效。2018 年 8 月 9 日，浙江省温州市正式获批创建新时代“两个健康”先行区，多年来，温州积极营造民营经济健康发展和企业家健康成长环境，探索出一系列在浙江省乃至全国范围可复制推广的经验和创新举措，其中一项重要的理论和实践成果，就是构建“两个健康”评价体系，并于 2021 年发布温州市地方标准《民营企业家健康成长评价指标体系》（DB3303/T 032—2021）、《民营经济健康发展评价指标体系》（DB3303/T 031—2021）。浙江省委省政府高度重视民营经济领域“两个健康”工作，2023 年以来，将“打造民营经济高质量发展新高地，在‘两个健康’上发挥示范引领作用”作为浙江省坚定不移深入实施“八八战略”、奋力打造重要窗口的标志性成果之一。全省高规格召开“两个健康”工作推进会，专题部署“两个健康”工作，全省域深化新时代“两个健康”先行区建设工作，并于 2023 年发布浙江省地方标准《“两个健康”评价体系 第 1 部分：民营企业家健康成长评价》（DB33/T 1328. 1—2023）、《“两个健康”评价体系 第 2 部分：民营经济健康发展评价》（DB33/T 1328. 2—2023），地方标准的出台，为民营企业家健康成长、民营经济健康发展提供了明确的指导与衡量标准，对促进浙江省乃至全国的民营经济“两个健康”工作具有十分重要的理论和实践意义。

民营经济“两个健康”评价工作的背景复杂而多元，既体现了民营经济在国民经济中的重要地位，也反映了民营企业家在推动经济发展中的关键作用。同时，随着国内外经济形势的变化和民营经济面临的挑战与机遇的增多，对民营经济健康发展、民营企业家健康成长进行评价的需求也日益迫切。因此，我们更应深入研究和探索民营经济“两个健康”评价的方法和路径，不断完善评价体系和优化评价方法，引导民营企业家健康成长，为民营经济的持续健康发展提供有力保障。

四、评价的依据、原则与特点

民营经济“两个健康”评价体系是一个多维度、系统化的框架，旨在全面、准确地反映民营企业家健康成长状况和民营经济健康发展状况，并为促进民营经济“两个健康”工作提供科学依据。接下来将介绍民营经济“两个健康”评价的依据、原则与特点，详细介绍评价体系的多维度性和系统性，旨在促进民营经济“两个健康”评价工作的规范化、科学化和有效性，为提升民营经济“两个健康”评价工作提供有力保障。

（一）评价的依据

民营企业家健康成长评价的首要依据是国家的法律法规和政策导向。法律法规为民营企业家健康成长、民营经济健康发展提供了基本的经营准则和行为规范，政策导向则体现了国家对民营经济“两个健康”工作的期望和要求。因此，应以习近平新时代中国特色社会主义思想为指导，深入贯彻习近平总书记系列重要讲话精神和治国理政新理念新思想新战略，根据中央统战部《关于加强和改进民营经济代表人士综合评价工作的意见》《浙江省民营经济统计监测实施方案（试行）》《浙江省高质量发展指标体系实施办法》《温州市关于创建新时代“两个健康”先行区加快民营经济高质量发展的实施意见》等文件精神，围绕民营经济健康发展、民营企业家健康成长的基本内涵，以促进民营经济健康发展、民营企业家健康成长为目标，以弘扬社会主义核心价值观为精神内核，以提高企业获得感和企业家满意度为衡量标准，建立完善民营经济“两个健康”评价体系，科学衡量民营经济“两个健康”工作的进程和水平。

（二）评价的原则

第一，坚持党的领导和国家方针政策。政策体系的构建必须坚持中国共产党的领导，坚持和落实“两个毫不动摇”方针政策。这一原则确保了民营经济“两个健康”的正确政治方向，为其提供了法律保障。

第二，充分体现民营企业家健康成长和民营经济健康发展的特征。在构建二级指标过程中，充分吸取中共中央、国务院印发的《关于营造企业家健康成长环境弘扬优秀企业家精神更好发挥企业家作用的意见》《中共中央 国务院关于促进民营经济发展壮大的意见》《关于营造更好发展环境支持民营企业改革发展的意见》等相关文件精神，抓取民营企业家健康成长和民营经济健康发展的主要特征，并将定性概念转化为了可统计、可评价、可分析、可复制的定量指标，不断完善“两个健康”指标体系。

第三，具备结构科学性、数据可得性、操作便捷性。通过和相关政府职能部门多轮沟通，确保指标体系数据收集的可得性和可靠性，以及评价的可操作性和便捷性。在设计二级指标和数据采集点时，做到最大化减少同质性指标，突出核心指标，以保证指标体系的科学性、完整性和精简性。

第四，具有可复制性和易于向全国推广的特点。浙江省委、省政府高度重视民营经济发展，全省域深化新时代"两个健康"先行区建设工作，并于2023年发布浙江省级地方标准《"两个健康"评价体系》。因此，在指标体系构建过程中，紧密结合"两个健康"先行区的创建目的和先行区的建设工作，既遵循了党和政府对民营企业家殷切期望和要求，也充分反映了浙江民营经济的特色，该评价体系以浙江省为样本进行评价分析，总结经验，完善提高，可向全国推广复制。

（三）评价体系的特点

1. 民营企业家健康成长评价体系的特点

民营企业家健康成长评价体系在构建过程中，始终坚持以习近平新时代中国特色社会主义经济思想为指引，以温州创建新时代"两个健康"先行区为指导，以浙江省民营企业家健康成长评价体系地方标准的研制为基础，力求在理论和实践上有创新、有突破、有借鉴意义。本评价体系作为一个系统性、科学性的评估工具，具有以下四个显著特点：

第一，系统性。民营企业家健康成长评价体系是一个结构完整、逻辑严密的体系，涵盖"爱国敬业、守法经营、创业创新、回报社会"四个一级指标，据此，全面、客观地描绘出民营企业家健康成长的真实面貌。这些指标并非孤立存在，而是相互关联、相互制约，形成了一个紧密协调的有机整体。通过系统性设计，本评价体系能够更准确地反映民营企业家健康成长的各个方面，为科学评估民营企业家健康成长提供坚实基础。

第二，科学性。民营企业家健康成长评价指标设定时，充分吸收了非公有制经济代表人士综合评价的成熟经验，包括《关于开展非公有制经济代表人士综合评价试点工作的通知》《关于加强和改进非公有制经济代表人士综合评价工作的意见》等，并且结合浙江省高质量发展评价指标体系、《温州市创建新时代"两个健康"先行区加快民营经济高质量发展相关政策和具体措施的通知》等文件的精华内容，结合新形势下民营经济发展的新特点进行相应的创新。通过聚类分析法，对指标体系进行精简和聚焦。在原有50多个二级指标的基础上，通过对指标体系进行聚类分析和稳定性检验，去除同质化的二级指标，为了保证指标体系的真实性、准确性和可操作性，通过对专家学者、民营企业家访谈咨询，以及向政府相关部门征求意见，对初步设定的指标体系进行多次修订和完善，最终选定10个二级指标。

第三，可操作性。民营企业家健康成长评价体系的设计注重实际可操作性和实用性，评价指标的选择和评价方法的运用都充分考虑了现实条件和实践需求，评价指标的设置简洁明了，便于数据的收集和整理。同时，评价过程也避免烦琐的操作和过多的计算，以提高评价效率。

第四，动态性。民营企业家健康成长评价体系不是静态不变的，而是一个动态发展的过程。鉴于外部经济环境的快速变化和复杂性，评价体系必须保持灵活性，随时根据经济发展和需求进行必要的调整和优化。这样的动态性确保了评价体系能够与时俱进，始终反映民营企业家健康成长的真实状态，为他们的健康成长提供有力的支持和指导。

2. 民营经济健康发展评价体系的特点

第一，体现民营经济特点。民营经济作为市场经济的重要组成部分，具有灵活性高、创新性强、反应迅速等特点。因此，在构建评价指标时，应充分考虑政策文件和民营经济的特点设立指标，满足民营经济健康发展评价要求。

第二，可量化性。为了确保评价体系的准确性和客观性，设立可量化的评价指标，并确保所用数据真实可靠。

第三，可操作性。评价体系的可操作性对于其实际应用至关重要，应充分考虑数据的来源及获取的现实可能性，确保设立的评价指标数据可采集、可计算。

扩展阅读

新时代企业家的“四个典范”

非公有制经济要健康发展，前提是非公有制经济人士健康成长。希望广大民营经济人士加强自我学习、自我教育、自我提升。民营企业家要珍视自身的社会形象，热爱祖国、热爱人民、热爱中国共产党，践行社会主义核心价值观，弘扬企业家精神，做爱国敬业、守法经营、创业创新、回报社会的典范。民营企业家要讲正气、走正道，做到聚精会神办企业、遵纪守法搞经营，在合法合规中提高企业竞争能力。守法经营，这是任何企业都必须遵守的原则，也是长远发展之道。要练好企业内功，特别是要提高经营能力、管理水平，完善法人治理结构，鼓励有条件的民营企业建立现代企业制度。新一代民营企业家要继承和发扬老一辈人艰苦奋斗、敢闯敢干、聚焦实业、做精主业的精神，努力把企业做强做优。民营企业还应拓展国际视野，增强创新能力和核心竞争力，形成更多具有全球竞争力的世界一流企业。

资料来源：习近平在民营企业座谈会上的讲话，2018 年 11 月 1 日。

第二节 民营经济"两个健康"评价体系的主要内容

一、民营企业家健康成长评价体系的主要内容

根据中共中央、国务院印发的《关于营造企业家健康成长环境弘扬优秀企业家精神更好发挥企业家作用的意见》和《关于营造更好发展环境支持民营企业改革发展的意见》，以及中共浙江省委浙江省人民政府印发的《关于进一步营造企业家健康成长环境弘扬优秀企业家精神更好发挥企业家作用的实施意见》（浙委发〔2017〕47 号）等相关文件精神，充分尊重和体现社会主义核心价值观的有关要求，并考虑现阶段民营企业的实际状况，将民营企业家健康成长评价指标体系设为爱国敬业、守法经营、创业创新、回报社会 4 个一级指标，下设 10 个二级指标，如表 12－1 所示。

表 12－1　民营企业家健康成长评价指标

一级指标	二级指标	单位	指标类型
爱国敬业	（1）民营规上工业企业中成立党组织占比	%	正向指标
	（2）民营经济税收贡献率	%	正向指标
	（3）民营企业数量占比	%	正向指标
守法经营	（4）民营规上工业企业守法率	%	正向指标
	（5）民营规上工业企业环保诚信率	%	正向指标
创业创新	（6）民营规上工业企业研发费用与营业收入之比	%	正向指标
	（7）民营规上工业企业劳动生产率	万元/人	正向指标
	（8）民营企业上市强度	个/百亿元	正向指标
回报社会	（9）民营企业参与公益事业占比	%	正向指标
	（10）民营"四上"企业工资增长率	%	正向指标

（一）爱国敬业

爱国敬业指民营企业家不仅能够敬重、认同、珍惜、热爱自己所从事的企业经营管理职业，而且能够自觉接受中国共产党的领导和坚持中国特色社会主义制度。爱国敬业维度包括 3 个二级指标，分别是民营规上工业企业中成立党组织占比、民营经济税收贡献率、民营企业数量占比。

1. 爱国敬业的二级指标设置理由

爱国敬业应从"爱国"和"敬业"两个角度进行衡量。习近平总书记在纪念孙

中山先生诞辰150周年大会上的讲话中指出“爱国主义是具体的、现实的。在当代中国，弘扬爱国主义就必须深刻认识到，中国共产党领导和中国特色社会主义制度必须长期坚持，不可动摇”。成立党组织是民营企业落实党的全面领导，加强党的政治引领，保证监督党的方针政策和国家各项法律法规贯彻执行的重要表现。此外，“爱国”还应体现在民营企业家个人在增强“四个意识”、坚定“四个自信”、做到“两个维护”等方面的具体政治表现上，坚持爱国行为底线，无不良政治表现。经研究发现，随着时代不同，民营企业家爱国的内涵也有新的表现形式，目前民营企业家爱国的表现是通过潜心经营和开拓创新，创立品牌，取得良好经济效益，向国家上缴利税，为社会创造巨大物质财富，壮大国力。根据企业家理论，企业家首先是一个经营者，应具备较强的经营能力。2020年7月21日，习近平总书记在企业家座谈会上的讲话指出“企业家爱国有多种实现形式，但首先是办好一流企业，带领企业奋力拼搏、力争一流，实现质量更好、效益更高、竞争力更强、影响力更大的发展”。据此，在征求各地市意见基础上设置上述3个指标。

2. 爱国敬业的二级指标的计算方法

（1）民营规上工业企业中成立党组织占比

$$\text{民营规上工业企业中成立党组织占比} = \frac{\text{成立党组织的民营企业数}}{\text{民营规上工业企业总数}} \times 100\% \qquad (12-1)$$

注：民营规上工业企业中成立党组织占比用于反映自觉接受中国共产党的领导，坚定不移走中国特色社会主义政治发展道路的民营企业家的占比。成立党组织指成立基层党委、党总支和党支部。

（2）民营经济税收贡献率

$$\text{民营经济税收贡献率} = \frac{\text{民营经济税收总额}}{\text{当地税收总额}} \times 100\% \qquad (12-2)$$

（3）民营企业数量占比

$$\text{民营企业数量占比} = \frac{\text{年末民营企业数}}{\text{年末企业数}} \times 100\% \qquad (12-3)$$

注：取数口径为私营企业。

（二）守法经营

守法经营指民营企业家注重个人与企业承诺、诚信守法、以信立业、依法依规生产经营。守法经营维度包括2个二级指标，分别是民营规上工业企业守法率、民营规上工业企业环保诚信率。

1. 守法经营的二级指标设置理由

民营企业家作为民营企业的实际控制人，应在企业经营过程中，领导和监督企业员工守住守法经营的底线。因此，在守法经营维度下设置民营规上工业企业守法率、民营规上工业企业环保诚信率2个二级指标衡量民营企业家守法经营程度。

2. 守法经营的二级指标的计算方法

（1）民营规上工业企业守法率

$$民营规上工业企业守法率 = \left(1 - \frac{违法民营企业数}{民营规上工业企业总数}\right) \times 100\% \qquad (12-4)$$

（2）民营规上工业企业环保诚信率

$$民营规上工业企业环保诚信率 = \left(1 - \frac{评价为D级企业数}{民营规上工业企业总数}\right) \times 100\% \qquad (12-5)$$

注：生态环境部门信用评价评为D级及以下企业等级划分依据是国家和地方的《企业环境信用评价管理办法》及相关政策文件。

（三）创业创新

创业创新指民营企业家应增强创业创新自信，将创业创新作为追求。创业创新维度包括3个二级指标，分别是民营规上工业企业研发费用与营业收入之比、民营规上工业企业劳动生产率、民营企业上市强度。

1. 创业创新的二级指标设置理由

企业创新可以从投入和产出两个角度衡量。创新投入水平通常通过资金和人员投入两个角度衡量，创新的产出水平主要体现在企业劳动生产率水平的提高。因此，民营企业家的“创新”程度用民营规上工业企业研发费用与营业收入之比、民营规上工业企业劳动生产率2个二级指标衡量，民营规上工业企业研发费用与营业收入之比用于反映民营企业研发创新投入水平，民营规上工业企业劳动生产率用于衡量民营企业生产力水平，体现民营企业产业转型升级情况。从区域角度，民营企业家创业水平体现在民营企业上市强度，它可以反映区域民营企业家创业氛围，用于衡量区域民营企业家持续创业水平。

2. 创业创新的二级指标的计算方法

（1）民营规上工业企业研发费用与营业收入之比

$$民营规上工业企业研发费用与营业收入之比 = \frac{民营规上工业企业研发费用}{民营规上工业企业营业收入} \times 100\% \qquad (12-6)$$

（2）民营规上工业企业劳动生产率

$$\text{民营规上工业企业劳动生产率} = \frac{\text{民营规上工业增加值}}{\text{民营规上工业企业平均用工人数}} \quad (12-7)$$

注：增加值单位为亿元。

（3）民营企业上市强度

$$\text{民营企业上市强度} = \frac{\text{民营上市企业数}}{\text{当地 GDP}} \quad (12-8)$$

注：GDP 单位为百亿元。

（四）回报社会

回报社会指民营企业家积极投身各类公益事业，努力稳定就业岗位，促进共同富裕。回报社会维度包括 2 个二级指标，分别是民营企业参与公益事业占比、民营“四上”企业工资增长率。

1. 回报社会的二级指标设置理由

2020 年 7 月 15 日，习近平总书记在企业家座谈会上的讲话指出“关爱员工是企业家履行社会责任的一个重要方面，要努力稳定就业岗位，关心员工健康，同员工携手渡过难关”。2020 年 9 月 15 日，中共中央办公厅印发的《关于加强新时代民营经济统战工作的意见》中指出民营经济人士应“认真履行社会责任，大力构建和谐劳动关系，积极参与光彩事业、精准扶贫和公益慈善事业”。习近平总书记在 8 月 17 日召开的中央财经委员会第十次会议上发表重要讲话强调，共同富裕是社会主义的本质要求，是中国式现代化的重要特征，要坚持以人民为中心的发展思想，在高质量发展中促进共同富裕。民营企业和民营经济人士既是“促进共同富裕”的受益者、参与者，更应是“促进共同富裕”的践行者、推动者。据此，设置 2 个二级指标：民营企业参与公益事业占比、民营“四上”企业工资增长率。民营企业参与公益事业占比用于反映民营企业家或企业参与救灾、救贫、助残、助学、助老等公益活动的情况；民营“四上”企业工资增长率用于反映民营企业在促进共同富裕方面的贡献。

2. 回报社会的二级指标的计算方法

（1）民营企业参与公益事业占比

$$\text{民营企业参与公益事业占比} = \frac{\text{有公益性捐赠税前扣除的民营企业数}}{\text{民营企业总数}} \times 100\% \quad (12-9)$$

注：民营企业参与公益事业占比用于反映民营企业家或企业参与救灾、救贫、助残、助学、助老、助医等公益活动的情况。税务部门提供的有公益性捐赠税前扣

除的民营企业数，可以比较真实客观反映民营企业参与公益事业的情况。

（2）民营"四上"企业工资增长率

$$\text{民营“四上”企业工资增长率} = \left(\frac{\text{评价年度从业人员平均工资}}{\text{评价上一年度从业人员平均工资}} - 1\right) \times 100\% \quad (12-10)$$

二、民营经济健康发展评价体系的主要内容

根据中共中央、国务院印发的《关于营造更好发展环境支持民营企业改革发展的意见》《浙江省民营企业发展促进条例》，温州市委市政府印发的《关于创建新时代"两个健康"先行区加快民营经济高质量发展的实施意见》（温委发〔2018〕57号）、《温州市创建新时代"两个健康"先行区加快民营经济高质量发展相关政策和具体措施的通知》（温政办〔2018〕115号）、《浙江省高质量发展指标体系实施办法》等相关文件精神，以及民营经济健康发展的基本内涵、主要特征、影响因素和重要理论成果等，通过衡量民营经济发展进程和水平来确定维度，将评价指标体系分为经济活力、创新驱动、结构优化、质效提升、风险防范五部分，设定21个二级评价指标，如表12－2所示。

表12－2　民营经济健康发展评价指标

一级指标	二级指标	单位	指标类型
经济活力	（1）民营经济增加值增长率	%	正向指标
	（2）年末民营企业贷款余额占银行贷款余额比重	%	正向指标
	（3）民营企业进出口贸易总额增长率	%	正向指标
	（4）民间投资增长率	%	正向指标
	（5）营商环境评价	/	正向指标
创新驱动	（6）新认定民营高新技术企业占比	%	正向指标
	（7）民营规上工业企业研发费用与营业收入之比	%	正向指标
	（8）"四上"民营企业发明专利平均拥有量	个	正向指标
	（9）"四上"企业人才资源占比	%	正向指标
结构优化	（10）民营规上数字经济核心产业制造业增加值占民营规上工业比重	%	正向指标
	（11）民营规上战略性新兴产业增加值占民营规上工业比重	%	正向指标
	（12）民营规上高新技术产业增加值占民营规上工业比重	%	正向指标
	（13）知识密集型服务业增加值占服务业比重	%	正向指标

续表

一级指标	二级指标	单位	指标类型
质效提升	(14) 民营经济税收增长率	%	正向指标
	(15) 民营规上工业企业营业收入利润率	%	正向指标
	(16) 民营规上工业企业劳动生产率	万元/人	正向指标
	(17) 民营规上工业企业资产周转率	次	正向指标
风险防范	(18) 规上工业单位增加值能耗降低率	%	正向指标
	(19) 民营规上工业企业资产负债率	%	适度指标
	(20) 银行业金融机构不良贷款率	%	适度指标
	(21) 民营规上工业健康评价 D 级企业数占比	%	逆向指标

(一) 经济活力

经济活力衡量民营经济发展活跃程度，从民营经济总量、要素供给、投资活动等方面进行评价。经济活力维度包括 5 个二级指标。

1. 经济活力的二级指标设置理由

根据中共中央、国务院印发的《关于营造更好发展环境支持民营企业改革发展的意见》，结合温州市委市政府印发的《关于创建新时代“两个健康”先行区加快民营经济高质量发展的实施意见》第三条规定（主要目标中明确指出“到 2022 年，民营经济增加值占 GDP 比重达 85%，民营经济实缴税收占全部税收比重 90%，民营高新技术企业和科技型中小企业实现双倍增”）、第二十四条规定（放低准入门槛，推行“快准入、宽准营、优服务”商事登记制度）、第十四条规定（“实施‘百园万企’小微园示范引领工程中指出，3 年内再规划建设 100 个小微园”），以及《“两个健康”80 条新政》中相关内容，在经济活力方面设置 5 个二级指标，分别为：民营经济增加值增长率、年末民营企业贷款余额占银行贷款余额比重、民营企业进出口贸易总额增长率、民间投资增长率、营商环境评价。

2. 经济活力的二级指标的计算方法

（1）民营经济增加值增长率

$$民营经济增加值增长率 = \frac{当年民营经济增加值 - 上年民营经济增加值}{上年民营经济增加值} \times 100\% \tag{12-11}$$

注：民营经济增加值增长率反映民营经济整体发展态势，增加值按不变价计算。

（2）年末民营企业贷款余额占银行贷款余额比重

$$年末民营企业贷款余额占银行贷款余额比重 = \frac{年末民营企业贷款余额}{年末银行贷款余额} \times 100\% \tag{12-12}$$

（3）民营企业进出口贸易总额增长率

民营企业进出口贸易总额增长率 =

$$\frac{当年民营企业进出口贸易总额-上年民营企业进出口贸易总额}{上年民营企业进出口贸易总额}\times 100\% \quad (12-13)$$

（4）民间投资增长率

$$民间投资增长率=\frac{当年民间投资额-上年民间投资额}{上年民间投资额}\times 100\% \quad (12-14)$$

（5）营商环境评价

采用浙江省工商联发布的浙江省万家民营企业营商环境调查结果。

（二）创新驱动

创新驱动衡量民营经济依靠科技创新获得增长动能的能力，从民营经济科技创新投入、研发、人才比重等方面进行评价。创新驱动维度包括4个二级指标。

1. 创新驱动的二级指标设置理由

根据中共中央、国务院印发的《关于营造更好发展环境支持民营企业改革发展的意见》，结合《关于创建新时代"两个健康"先行区加快民营经济高质量发展的实施意见》第六条规定（"争取R&D经费支出年均增长15%以上"）、第三条规定（"到2022年，民营高新技术企业和科技型中小企业实现双倍增"）、第十六条规定（"提升'三强一制造'水平中指出，实施标准强市、质量强市、品牌强市战略，打造浙江制造品牌"）及推进高质量职业教育（培训）等《"两个健康"80条新政》中相关内容，同时，结合省高质量发展指标体系，吸纳了民营企业营商环境满意度，在创新驱动方面设置4个二级指标，分别为：新认定民营高新技术企业占比、民营规上工业企业研发费用与营业收入之比、"四上"民营企业发明专利平均拥有量、"四上"企业人才资源占比。

2. 创新驱动的二级指标的计算方法

（1）新认定民营高新技术企业占比

$$新认定民营高新技术企业占比=\frac{年内新认定民营高新技术企业数}{年内新认定全部高新技术企业数}\times 100\% \quad (12-15)$$

（2）民营规上工业企业研发费用与营业收入之比

$$民营规上工业企业研发费用与营业收入之比=\frac{民营规上工业企业研发费用}{民营规上工业企业营业收入}\times 100\% \quad (12-16)$$

注：民营规上工业企业研发费用与营业收入之比是民营企业在新知识、新技术、新产品、新工艺等的研究与开发过程中发生的费用占营业收入的比重。

(3) “四上”民营企业发明专利平均拥有量

直接采用“四上”民营企业发明专利平均拥有量。

(4) “四上”企业人才资源占比

$$\text{“四上”企业人才资源占比} = \frac{\text{“四上”企业人才资源数}}{\text{“四上”企业总从业人员数}} \times 100\% \quad (12-17)$$

注：“四上”企业指规模以上工业企业，有资质的建筑业和全部房地产开发经营业企业，限额以上批发和零售业、住宿和餐饮企业，规模以上服务业企业；人才资源指在企业中从事专业技术或专业技术管理，以及在经营管理岗位或技术工人岗位工作的人员。

（三）结构优化

结构优化衡量民营经济结构、资源配置优化程度，从民营数字经济核心产业制造业、战略性新兴产业和高新技术产业等方面进行评价。结构优化维度包括4个二级指标。

1. 结构优化的二级指标设置理由

根据中共中央、国务院印发的《关于营造更好发展环境支持民营企业改革发展的意见》，结合《关于创建新时代“两个健康”先行区加快民营经济高质量发展的实施意见》第十条规定（推动温州人经济与温州经济互动发展。发挥境内外温州人独特优势，认真落实“开放型经济 18 条”政策，更好地“走出去”与“引进来”）、第十一条规定（“打造产业大平台中指出，当前重点围绕‘3+12’重大产业平台和省级特色小镇，按照‘高端产业规模化、传统产业高端化’要求，聚焦培育数字经济、智能装备等重点战略性新兴产业”）、第十五条规定（“实施制造业‘四化’改造中指出，实施数字经济五年倍增计划”），结构优化维度下设置4个二级指标，分别为：民营规上数字经济核心产业制造业增加值占民营规上工业比重、民营规上战略性新兴产业增加值占民营规上工业比重、民营规上高新技术产业增加值占民营规上工业比重、知识密集型服务业增加值占服务业比重。

2. 结构优化的二级指标的计算方法

(1) 民营规上数字经济核心产业制造业增加值占民营规上工业比重

$$\text{民营规上数字经济核心产业制造业增加值占民营规上工业比重} = \frac{\text{民营规上数字经济核心产业制造业增加值}}{\text{民营规上工业增加值}} \times 100\% \quad (12-18)$$

注：增加值按现价计算。

（2）民营规上战略性新兴产业增加值占民营规上工业比重

$$民营规上战略性新兴产业增加值占民营规上工业比重 = \frac{民营规上战略性新兴产业增加值}{民营规上工业增加值} \times 100\% \quad (12-19)$$

注：增加值按现价计算。

（3）民营规上高新技术产业增加值占民营规上工业比重

$$民营规上高新技术产业增加值占民营规上工业比重 = \frac{民营规上高新技术产业增加值}{民营规上工业增加值} \times 100\% \quad (12-20)$$

注：增加值按现价计算。

（4）知识密集型服务业增加值占服务业比重

$$知识密集型服务业增加值占服务业比重 = \frac{知识密集型服务业增加值}{服务业增加值} \times 100\% \quad (12-21)$$

注：增加值按现价计算。

（四）质效提升

质效提升衡量民营经济发展质量和效益情况，从民营经济创利税能力、要素产出效率、转型升级等方面进行评价。质效提升维度包括4个二级指标。

1. 质效提升的二级指标设置理由

根据中共中央、国务院印发的《关于营造更好发展环境支持民营企业改革发展的意见》，结合《关于创建新时代"两个健康"先行区加快民营经济高质量发展的实施意见》第三条规定（主要目标中明确指出"到2022年，民营经济实缴税收占全部税收比重90%"）、第十五条规定（在"实施制造业'四化'改造中指出，全员劳动生产率年均增长7%以上"），以及《"两个健康"80条新政》中扶持鼓励民营企业做大做强等相关内容，质效提升维度下设置4个二级指标，分别为：民营经济税收增长率、民营规上工业企业营业收入利润率、民营规上工业企业劳动生产率、民营规上工业企业资产周转率。

2. 质效提升的二级指标的计算方法

（1）民营经济税收增长率

$$民营经济税收增长率 = \frac{当年民营经济税收 - 上年民营经济税收}{上年民营经济税收} \times 100\% \quad (12-22)$$

（2）民营规上工业企业营业收入利润率

$$民营规上工业企业营业收入利润率 = \frac{民营规上工业企业利润总额}{民营规上工业企业营业收入} \times 100\% \quad (12-23)$$

（3）民营规上工业企业劳动生产率

$$民营规上工业企业劳动生产率 = \frac{民营规上工业增加值}{民营规上工业企业年平均用工人数} \quad (12-24)$$

注：增加值按现价计算。

（4）民营规上工业企业资产周转率

$$民营规上工业企业资产周转率 = \frac{民营规上工业企业营业收入}{民营规上工业企业平均资产总额} \quad (12-25)$$

（五）风险防范

风险防范衡量民营经济绿色发展、可持续发展程度，从环境保护、资金风险等方面进行评价。风险防范维度包括 4 个二级指标。

1. 风险防范的二级指标设置理由

习近平总书记在 2019 年 1 月 21 日的省部级领导干部专题研讨班开班式上强调“要坚持底线思维，增强忧患意识，提高防控能力，着力防范化解重大风险”，由此，特设“风险防范”作为第五个维度。同时，根据《关于创建新时代“两个健康”先行区加快民营经济高质量发展的实施意见》第十五条规定（开展以能源高效化、生产清洁化、废弃物循环化为重点的绿色改造）、《关于创建新时代“两个健康”先行区加快民营经济高质量发展的实施意见》第二十条规定（“防范化解金融风险中指出，完善企业金融风险监测预警防控体系”），并结合浙江省高质量发展指标体系，风险防范维度下设置 4 个二级指标，分别为：规上工业单位增加值能耗降低率、民营规上工业企业资产负债率、银行业金融机构不良贷款率、民营规上工业健康评价 D 级企业数占比。

2. 风险防范的二级指标的计算方法

（1）规上工业单位增加值能耗降低率

$$规上工业单位增加值能耗降低率 = \left[1 - \frac{本年规上工业能耗 / 上年规上工业能耗 - 1}{本年规上工业增加值 / 上年规上工业增加值 - 1}\right] \times 100\% \quad (12-26)$$

（2）民营规上工业企业资产负债率

$$\text{民营规上工业企业资产负债率} = \frac{\text{民营规上工业企业负债总计}}{\text{民营规上工业企业资产总计}} \times 100\% \tag{12-27}$$

（3）银行业金融机构不良贷款率

$$\text{银行业金融机构不良贷款率} = \frac{\text{不良贷款余额}}{\text{总贷款余额}} \times 100\% \tag{12-28}$$

注：该指标为全社会口径，与民营经济存在高度相关性。

（4）民营规上工业健康评价 D 级企业数占比

$$\text{民营规上工业健康评价 D 级企业数占比} = \frac{\text{健康评级 D 级民营企业数}}{\text{全部参评民营企业数}} \times 100\% \tag{12-29}$$

注：民营规上工业健康评价 D 级企业来自统计部门企业健康诊断评价体系。

三、指标权重的确定依据

指标权重系数是民营企业家健康成长评价体系、民营经济健康发展评价体系的重要参数，权重系数的分配过程实际上是一个决策的过程，也是影响评价结果的一个关键因素。由于客观赋权法主要是根据各项指标的观测值，利用统计数据的方法进行赋权，这类方法忽视了决策者的主观意见。因此，民营企业家健康成长评价体系、民营经济健康发展评价体系都采用主观赋权法，如层次分析法（Analytic Hierarchy Process）、专家调查法（Delphi）等。根据专家的经验判断，可合理快捷地对各项指标进行赋权。

基于民营经济"两个健康"综合评价指标体系构建的高度复杂性和重要性，专家的选择至关重要，选择征询专家的原则：①专家对民营经济或民营企业家有深入研究或有丰富的民营企业实践经验，对所评判指标的回答具有一定的权威性。②专家对问卷的答复具有较强的独立性，只能按照调查问卷规定的回答方式给出各相关因素的重要程度，不直接赋分，确保参与调查问卷的专家之间不会相互影响。

邀请民营经济"两个健康"相关的专家学者参与指标权重确定的问卷调查，然后，由评价指标创建团队进行整理、归纳、统计，以所有专家的反馈意见为基础确定各指标权数。当然，民营企业家健康成长评价体系、民营经济健康发展评价体系实施过程中，如需调整，可依据权重确定的方法，动态修订指标权重。

扩展阅读

浙江地方标准《民营企业家健康成长评价》的权重设计

浙江民营企业家健康成长评价体系中权重赋值采用专家调查法和层次分析法，向全国邀请该领域高水平的专家对各项指标重要性进行评价。最终面向浙江、上海、天津、江苏、福建、广东、湖北、河南等12个省市的三类专家（企业家、高校学者、政府专家）发放101份调查问卷，经过一致性检验，分别对三类专家的问卷进行AHP统计，并作归一化处理，最终科学确定了一二级指标的各项权重。各项指标权重分值如表12-3所示。评价实施过程中，如需调整，可依据权重确定的方法，动态修订指标权重。

表12-3 各项指标权重分值

一级指标	二级指标	单位	权重	数据来源单位	指标类型
爱国敬业（28分）	（1）民营规上工业企业中成立党组织占比	%	8.5	组织部门	正向指标
	（2）民营经济税收贡献率	%	11.0	税务部门	正向指标
	（3）民营企业数量占比	%	8.5	市场监督部门	正向指标
守法经营（22分）	（4）民营规上工业企业守法率	%	12.0	法院	正向指标
	（5）民营规上工业企业环保诚信率	%	10.0	生态环境部门	正向指标
创业创新（30分）	（6）民营规上工业企业研发费用与营业收入之比	%	10.0	统计部门	正向指标
	（7）民营规上工业企业劳动生产率	万元/人	9.0	统计部门	正向指标
	（8）民营企业上市强度	个/百亿元	11.0	金融办	正向指标
回报社会（20分）	（9）民营企业参与公益事业占比	%	12.0	税务部门	正向指标
	（10）民营“四上”企业工资增长率	%	8.0	统计部门	正向指标

四、评价指数的计算

民营企业家健康成长评价指数是量化评估企业家成长状况的重要指标，能够客观反映企业家在不同维度的成长水平；民营经济健康发展评价指数是量化评估区域民营经济健康发展状况的重要指标，能够客观反映民营经济在不同维度的健康发展水平。两个评价体系都可以采用功效系数法得出各自二级指标指数，再通过加权算术平均得出其一级指标的指数和总指数。

评价指标的数据主要来源于不同部门，因此，需要对收集到的原始数据进行整理，确保数据的准确性和一致性。同时，根据需要对数据采用功效系数法进行标准化处理，以便不同指标之间能够进行比较。

（一）二级指标指数的计算

民营企业家健康成长评价体系、民营经济健康发展评价体系的二级指标指数计算如式（12－30）所示：

$$Y_i = [\frac{P_i - P_{i,\min}}{P_{i,\max} - P_{i,\min}} \times 0.3 + 0.7] \cdot W_i \tag{12-30}$$

其中，Y_i 表示第 i 个二级指标的指数，P_i 表示第 i 个二级指标的实际值，$P_{i,\min}$ 表示第 i 个二级指标的最小值，$P_{i,\max}$ 表示第 i 个二级指标的最大值，W_i 表示第 i 个二级指标的权重。

（二）一级指标指数的计算

民营企业家健康成长评价体系、民营经济健康发展评价体系的一级指标指数计算如式（12－31）所示：

$$F_j = \frac{\sum_{i=m_j} Y_i}{\sum_{i=m_j} W_i} \times 100\% \tag{12-31}$$

其中，F_j 表示第 j 个一级指标的指数；m_j 表示第 j 个一级指标的指标数量；Y_i 表示第 i 个二级指标的得分值；W_i 表示第 i 个二级指标的权重。需要注意的是，民营企业家健康成长评价体系设置 4 个一级指标，$j=1$，2，3，4；民营经济健康发展评价体系设置 5 个一级指标，$j=1$，2，3，4，5。

（三）评价总指数的计算

民营企业家健康成长评价总指数或民营经济健康发展评价的总指数计算如式（12－32）所示：

$$H = \sum_{i=1}^{10} Y_i \tag{12-32}$$

其中，H 表示民营企业家健康成长（或民营经济健康发展）评价总指数；Y_i 表示民营企业家健康成长（或民营经济健康发展）评价体系中第 i 个二级指标的得分值。

五、评价结果解读

通过计算得到的民营企业家健康成长评价指数和民营经济健康发展评价指数，可以反映企业家的成长状况和民营经济健康发展状况。根据评价指数的高低，对民营企业家健康成长情况可按评价总指数进行比较，也可以按爱国敬业、守法经营、创业创新、回报社会四个维度分别进行；对民营经济健康发展情况可按评价总指数进行比较，也可以按经济活力、创新驱动、结构优化、质效提升、风险防范五个维度分别进行比较。在实际应用过程中，评价指数还可以作为政府制定政策、企业提供发展指导、企业家个人成长规划的重要依据。

本章小结

民营经济“两个健康”评价体系有其深刻的时代背景，民营企业家健康成长评价体系、民营经济健康发展评价体系的构建，对于各地深化推进“两个健康”创建、经济高质量发展具有重大意义。一是为各地民营经济“两个健康”状况建立统一的衡量尺度。评价体系从不同维度、不同层面为各地民营经济健康发展、民营企业家健康成长提供客观量化的评价数据，促使民营企业家、各地民营经济工作对照行业优秀标杆，寻找自身存在的短板和差距，从而补短板促成长。二是以评价实效服务党政领导决策。在定期监测中及时获取各个区域民营经济“两个健康”工作推进过程中遇到的突出问题，也为政府出台精准惠企政策、有效优化营商环境提供科学依据。三是形成“两个健康”工作“浙江样本”。民营经济健康发展评价体系的构建，对于各地深化推进“两个健康”创建、经济高质量发展具有重大意义。能进一步完善各地贯彻中央、省委省政府在民营经济健康发展领域的决策部署，满足社会各界对民营经济统计数据的需求以及各级政府科学决策管理的需要。一方面能够衡量各地民营经济健康发展水平，另一方面能够监测各地民营经济发展过程中的亮点和短板，为下一步发展提供经验。

· 关键术语

民营企业家健康成长评价；民营经济健康发展评价

· 思考与练习

1. 民营经济“两个健康”评价体系的背景是什么？
2. 民营企业家健康成长评价体系的一级指标是什么？其设立的依据是什么？
3. 民营经济健康发展评价体系的一级指标是什么？其设立的依据是什么？
4. 请通过互联网平台，全面收集评价体系中的二级指标数据，针对浙江省某几个具体城市的民营企业家健康成长、民营经济健康发展进行评价测算。基于详尽的数据分析，剖析民营经济“两个健康”工作过程中的短板与不足。在此基础上，尝试提出针对性的对策建议，以促进民营经济“两个健康”全面发展。

第十三章

从温州模式到创建“两个健康”先行区

本章导入

温州是中国民营经济的重要发祥地。温州在改革开放中创造了闻名全国的“温州模式”，成为中国民营经济发展的典范。进入新时代，温州继续推动民营经济高质量发展。温州以“非公有制经济健康发展和非公有制经济人士健康成长”为引领，推动民营经济高质量发展。从温州模式到创建“两个健康”先行区，有力地证明了非公有制经济是我国经济社会发展的重要力量。

本章将全面回顾改革开放以来温州民营经济的崛起，深入理解温州模式产生的背景、发展历程以及对中国市场经济发展的历史贡献。通过分析当前温州模式面临的发展问题，深刻理解温州创建“两个健康”先行区的意义，并通过了解温州创建“两个健康”先行区的举措，以及所取得的成效，坚定新时代促进“非公有制经济健康发展和非公有制经济人士健康成长”的信心。

通过本章的学习，能够全面、深入地了解温州模式和温州创建“两个健康”先行区的举措，为日后更好地参与和支持“两个健康”的发展奠定坚实的基础。同时，也希望学生能够积极投身到民营经济的实践中去，为推动我国民营经济“两个健康”发展贡献自己的力量。

学习目标

（1）知识目标：认识温州模式的基本概念、发展历程及其对中国特色社会主义市场经济的贡献；理解温州创建“两个健康”先行区的背景和意义；深入了解温州创建“两个健康”先行区的举措和成效，掌握温州创建“两个健康”先行区的启示。

(2) 能力目标：能够运用所学知识，分析当前温州创建“两个健康”先行区的必要性和可行性。能够结合温州具体案例，对促进我国民营经济“两个健康”提出对策和建议。通过扩展资料的阅读和研究，能够深入理解和把握温州创建“两个健康”先行区的生动实践和成功经验。

(3) 综合目标：培养对民营经济发展的认同感，激发为促进民营经济“两个健康”贡献力量的热情；树立正确的发展观、人才观和创新观，崇尚新时代企业家精神，增强成为新时代新商科创业型人才的使命感。

第一节 温州模式的形成及其特点

一、温州模式形成的背景

（一）地理位置与资源条件

温州位于浙江省东南部，是一座美丽的滨海城市，但自然资源相对贫乏，是一个“环山阻海”相对封闭的区域，可开发利用的自然资源有限，人均耕地仅0.4亩。“七山二水一分田”是对温州地理地貌的形象概括。自宋代开始，随着人口中心和经济重心的南移，山多田少的温州在平原地区初露人多地少的端倪。三面环山、一面临海的格局，决定了温州的陆路交通非常不便。温州人均耕地在浙江最少，且交通条件相对落后，这些因素限制了温州的传统农业发展。

（二）历史传统与经商文化

温州人历来崇商重利，具有悠久的经商传统。早在唐代，温州港就已经是中国对外贸易的重要港口之一，与周边港口及外国有着密切的贸易往来。2021年底，温州市在鹿城区望江路下穿隧道工程的基建考古中发现了朔门古港遗址，这是目前国内发现的结构最完整、年代最清晰的港口遗址，真实再现了约1000年前“海上丝绸之路”重要节点的景象。这种经商文化为温州模式的形成提供了深厚的历史底蕴和文化基础。

此外，温州历史上一直以手工业著称。从新石器晚期萌芽，温州百工历经唐宋明清四个黄金发展时期，形成陶瓷、造船、造纸、漆器、织染、印刷及瓯塑、瓯绣、油伞、草席、鞋革等当时全国领先的工艺。这些传统技艺为温州发展手工业提供了重要的生产技术支持。

（三）改革开放的政策机遇

1978 年，党的十一届三中全会召开，提出了改革开放的国策，为温州模式的形成提供了政策机遇。改革开放政策鼓励个体经济、私营经济的发展，为温州人提供了广阔的创业空间。

（四）社会环境与政府态度

在改革开放初期，温州面临着国家投入少、交通条件差等困境，经济社会发展落后于全国平均水平。然而，温州政府当时对民间的经济行为采取了相对宽容的态度，没有过多压制和取缔不符合主流的经济现象，这为温州模式的形成提供了宽松的社会环境。

温州政府还通过表彰优秀个体经济重点户、专业户等方式，鼓励和支持温州人发展民营经济。

（五）温州人的开拓精神与创新意识

温州人具有独特的开拓精神和创新意识，他们敢于打破常规，勇于尝试新的经济发展方式。在改革开放初期，温州人率先进行市场经济改革，充分利用市场机制配置资源，发展民营经济。他们还通过股份合作制等制度创新，解决了家庭工业发展中的资金、技术和管理等问题，推动了温州经济的蓬勃发展。

二、温州模式的概念及其特点

温州模式是指中国改革开放之后在浙南温州地区逐渐形成的"小商品、大市场"的独特经济发展格局。《解放日报》1985 年 5 月 12 日刊登了题为《乡镇企业看苏南，家庭工业看浙南——温州三十三万人从事家庭工业》的报道，并配发了评论员文章《温州的启示》。这是"温州模式"首次见诸报端，从此，"温州模式"一词不胫而走，成为闻名全国的三大区域经济发展模式之一。1986 年中国社会学家费孝通先生到温州考察时，发现温州的商品经济发展路子与苏南地区差异较大。后来他在《瞭望》杂志上发表的《小商品、大市场》一文提到，"温州模式"的重要意义不在于发展了家庭工业，而在于激活一个民间自发的、遍及全国的大市场，直接在生产者和消费者之间建立起流通网络。温州模式的特点可以从以下几个方面进行分析：

（一）产业特色与技术选择

（1）产业特色鲜明：温州地区产业富于特色，"一村一品""一乡一业"的大型专业市场迅速崛起，形成了具有地方特色的块状经济，后来演化为产业集群。

（2）低风险技术选择：温州模式的产业选择与技术选择集中在低风险、低技术的传统制造业，这有助于降低创业门槛，吸引大量中小企业和家庭作坊参与经济发展。温州模式发展至今，电气、鞋业、服装、汽摩配和泵阀等传统产业仍然是温州经济的支柱产业。

（二）市场专业化与大市场网络

（1）市场专业化：温州模式强调市场机制的完善，形成了以专业化市场为纽带的市场运行机制，市场分工明确，功能齐全。这也是温州产品成本低、竞争力强的根本原因。

（2）大市场网络：温州人在全国范围内建立了广泛的市场网络，将小商品推向全国乃至全球市场，实现了“大市场”的发展目标。

（三）生产要素市场化与内源性资本

（1）生产要素市场化：在温州模式中，资金、技术、劳动力等生产要素能够通过市场机制得到有效配置，使得资源能够流向最有效率、最有竞争力的企业和行业。

（2）内源性资本：温州模式的资本形成结构具有鲜明的内源性，主要依靠内部积累和民间投资来推动经济发展。发达的民间金融为温州民营经济的发展提供了重要的资金支持，降低了民营企业的融资成本，提高了融资效率。

（四）产权明晰与制度创新

（1）产权明晰：温州模式在微观产业组织方面具有明晰的产权制度，企业产权明确，有助于激发企业活力。这也是区别于以集体经济为主体的苏南模式的主要特点。“苏南模式”的工业化道路，早期有政府的支持，但是在发展到一定程度时，产权不清、债务责任不明晰等问题逐步显现。到 20 世纪 90 年代，以乡镇集体企业为主的“苏南模式”开始改制。

（2）制度创新：温州模式在制度创新方面一直走在全国前列，从“挂户企业”到股份合作制，再到公司制和品牌经营，温州人不断突破制度障碍，推动经济发展。

扩展阅读

乡镇工业看苏南 家庭工业看浙南——温州 33 万人从事家庭工业

温州市农村家庭工业蓬勃兴起，短短几年，已创造出令人瞩目的经济奇迹。如今，“乡镇工业看苏南，家庭工业看浙南”，已为人们所公认。温州农村家庭工业的发展道路，被一些经济学家称为广大农村走富裕之路的又一模式——“温州模式”。

至今年（1985 年）4 月，温州家庭工业（包括联户工业）已达 133000 多个，从业人员33万多人。去年年产值7.5亿多元，占全市工农业总产值1/6以上。随着家庭工业的发展，全市涌现了393个商品市场，其中年销售额在几千万元至亿元以上的专业商品产销基地有8个。

温州市农村家庭工业在发展中形成了几个显著特点：

第一，以生产小商品为主。苍南县宜山区生产的是1元钱左右1件的再生腈纶衣裤；永嘉县桥头镇生产和经销的是几厘钱到几分钱1颗的小纽扣；瑞安县莘塍、塘下区生产的是2角几分钱1只的塑料编织袋；乐清县柳市区生产的是几元钱最多20几元钱1只的五金电器零配件。小商品适宜千家万户分散经营。许多农家是前店后厂，亦店亦厂，前店后坊。小商品照样做出了大生意。如宜山区再生棉纱、棉布，再生腈纶纱、腈纶针织衣裤等小商品，去年产值高达1.5亿元，为这个区农业总产值的7倍。生产小商品不需要很高的技术，不需要添置大批设备，至于原材料，往往是修旧利废，拾遗补阙，上马快，效益高，"掉头"转产容易，适合以家庭为单位组织生产。

第二，靠农民供销员和农村集市购销搞活流通渠道。家庭工业的大规模发展，关键在于获得原材料和打开产品销路。温州市农村目前已形成了一支多达10万人的农民供销员队伍，基本脱离直接生产过程，专门从事采购和销售。他们"走千山万水，吃千辛万苦，想千方百计，说千言万语"，长年累月为千千万万个家庭工业采购来大批原材料，又把千家万户的产品带往全国各地，挨家挨户推销，使商品生产保持旺盛的生命力。群众说，没有他们，家庭工业就会停机关车，专业生产就要"断路"。与大规模商品生产的发展相适应，各种专业市场也应运而生。这些市场服务于大批家庭工业，是联系产供销的桥梁和纽带，也是千家万户收集、交流信息的最好场所。永嘉县桥头镇纽扣市场每日上市交易的达三四千人，去年销售额达8000多万元，为这个市场生产纽扣的各地乡镇企业达60余家。

第三，靠一大批能工巧匠和贸易能手开辟致富门道。温州农村家庭工业的蓬勃兴起和发展，离不开大批有胆识、能创造、懂技术、会经营的能工巧匠。这批人率先开辟致富的新门路，从而带动大批农民走上富裕之路。宜山区土纺土织已有数百年历史，前几年因销路不畅，濒临绝境。1979年有两位社员首先攻克了腈纶边角料的开花难关；接着，70多岁的孙阿茶老太太改进了土纺机，纺出了再生腈纶线。人们争相仿效，用再生腈纶线织出了再生腈纶衫裤，迅速在全区形成再生腈纶纺织基地。孙阿茶老太太被当地人民誉为"黄道婆再世"。这样的能人在温州农村真是不胜枚举。正是这批人寻找原料，攻克技术难关，开拓销售市场，促进产品更新换代，提高产品竞争能力，在商品生产的广阔天地里大显神通、大显身手，使温州家庭工业每年有新发展、新起色。

第四，温州农村人口稠密，人均耕地不足半亩。1978年全市农村人均集体分配收入不到56元。党的十一届三中全会以后短短五年，人均收入已达360元，翻了几番。国家和集体的收入也大幅度增长，农业生产也年年丰收。目前，全市农村已有三分之一的农户富裕了起来。永嘉县桥头镇万元户已占80%。随着商品生产的发展，小集镇建设也加快了步伐。群众集资修路、办学，兴建各类服务设施，改变了昔日农村的贫困落后面貌。

温州的启示

地处浙南的温州广大乡镇，这几年走出了一条发展经济、治穷致富的新路子，这条路子的独特之处，就是乡村家庭工业的蓬勃发展和各种专业市场的兴起。它同乡镇工业发达的长江三角洲地区相比，具有鲜明的特色，被一些经济学家称为“温州模式”。

温州农村这条发展经济的路子是怎样走出来的？温州的同志说，一是“逼”出来的，因为温州农村人多地少，人均耕地不足半亩，劳动力大量过剩，而温州城市工业基础又比较薄弱，农村社队企业得不到大工业的有力支持和帮助，发展不快，这就逼着农民群众千方百计地找出路、谋生计，闯出了一条以家庭经营为主的非农业商品生产的新路子。二是“放”出来的，在党的十一届三中全会后，思想解放，政策放宽，为广大农民放开手脚，发展商品经济创造了广阔的天地。这一“逼”一“放”，造成了喜人的形势、难得的机会。但是，要使经济真正繁荣，生活真正富裕，还得靠人们的努力和奋斗。温州人的可贵之处，就在于他们敢于冲破阻碍社会生产力发展的旧框框的束缚，从温州实际出发，走自己的路子。

我们国家幅员辽阔，各地情况千差万别，发展生产、繁荣经济不能只有一种“模式”，一条路子。拿上海经济区来说，沿海与内陆、平原与山区、江南与江北，无论是地理环境、自然资源、生产特点，还是经济、科技的发展水平，都有很大差异；即使同在沿海地区，长江三角洲、浙东、苏北、浙南等地也有区别。温州给予人们的第一个启示，就是他们善于从本地的实际出发，充分利用乡村中传统的手工技艺和温州人走南闯北会做生意的本领，采取兴办家庭工业和各种专业市场的独特方式，发展各具特色的小商品生产，搞活供销，达到发展生产、繁荣经济的目的。

改革开放前，由于长期以来在经济建设方面“左”的指导思想的影响，人们往往把商品生产和资本主义混为一谈，特别是在十年内乱期间，动不动就批“资本主义道路”，割“资本主义尾巴”。温州一度被作为“资本主义复辟”的典型，在这方面受害尤重，影响也深。在过去几年中，对于发展以家庭经营为主的非农业商品生产，始终存在着不同观点的争论，支持者不少，反对者也有。温州给予人们的第二个启示，就是他们敢于摒弃那种唯“书”不唯实的思想方法，各级领导走到群众中去，深入调查研究，克服“左”的影响，支持群众的首创精神。现在实践已经证明，温州的这条发展经济的路子是既符合党的方针政策，也符合温州实际情况的。

当然，温州的这条路子也不是完美无缺的。在实践中可以看到，家庭经营的微观经济相当活跃，也有较高的经济效益，但是，如何加强宏观管理，真正做到“管”而不死、“活”而不乱，就是一个值得注意的问题。然而，尽管“温州模式”还存在一些待完善的方面，温州乡村那种以家庭经营为主的非农业商品生产和各种专业商品市场还是展示了广阔的发展前景，正如中共中央在1984年一号文件中指出的，发展耕地外经营是一个必然的历史性进步，家庭小工业具有不可取代的经济作用和意义。我们相信，温州的干部和群众通过总结经验、大胆探索，不断研究新情况、解决新问题，一定会使温州发展经济的路子越走越宽，使温州更快地繁荣、富裕起来。

三、温州模式的三个发展阶段

温州模式经历了三个发展阶段：

（一）第一阶段：小商品、大市场（20世纪80年代）

在这个阶段，温州的家庭工业开始起步。温州模式就是从家庭工业起步的，通过放手发展多种经济成分，形成了小商品、大市场的格局。通过家庭工业的发展，温州迅速解决了经济总量不足的问题，为后续的经济发展奠定了坚实基础。

随着家庭工业的发展，温州逐渐形成了各种专业市场。1983年，温州的桥头镇成立了中国农村第一个专业小商品市场，即永嘉桥头纽扣市场，这里很快成了“中国纽扣之都”。到1983年底，包括乐清柳市低压电器市场、苍南宜山再生腈纶纺织品产销基地、金乡徽章标牌产销基地、平阳萧江塑编市场、瑞安仙降塑革产销基地等十大商品产销基地和专业市场相继形成。这些市场为温州商品的销售提供了广阔的平台。

自此，以家庭经营为基础，以家庭工业和联户工业为支柱，以专业市场为依托，以购销员为骨干的“温州模式”有了雏形。

为了避免姓“资”姓“社”的争议，温州人创造性地“发明”了股份合作制模式。1985年，温州第一家股份合作企业——桥墩啤酒厂成立。1987年11月7日，《关于农村股份合作企业若干问题的暂行规定》作为温州市人民政府正式文件出台。这是全国第一个关于股份合作制企业比较系统的地方行政性的规定。1989年1月，苍南桥墩啤酒厂制定了“股份合作制企业章程”，该章程成为我国股份合作制企业章程范式的蓝本 。

1993 年达到高峰时，全市股份合作企业数达到 36887 家，其中工业企业 27771 家，工业总产值 192.84 亿元，占全市工业总产值的 56.2%。股份合作制以特有的制度魅力和生命力，成为中小民营企业的发展取向。

温州模式发展的第一阶段，取得了显著的成效，到 20 世纪 80 年代末，温州的家庭工业基本完成了资本自身积累，辐射全国 100 多万人，资金达 200 多亿元。个体工商户、私营企业数量大幅增长，实现了工业产值、销售额和商品零售额的显著提升。

（二）第二阶段：二次创业（20 世纪 90 年代）

1992 年邓小平南方谈话以及随后召开的党的十四大提出“三个有利于”的根本标准，解开了长期困扰温州经济的姓“资”姓“社”问题的思想束缚；同时，建立社会主义市场经济体制目标的提出也为温州下一步的发展注入了活力。

虽然温州经济在 80 年代的基础上已经积累了相当数量的民间资本，但存在企业组织结构松散、经营规模小、产品技术含量低等问题。为此，温州市委市政府于 1994 年 1 月发布了《关于开展第二次创业的决定》，动员、激励和凝聚温州人民再创大业。

1994 年 10 月 7 日，温州市政府颁发《温州市质量立市实施法》。这是全国第一个由政府制订的质量立市法规，它对温州告别假冒伪劣产品，实现经济发展从外延扩张型向质量效益型转化，叫响温州货，打响温州牌，把温州产品推向高质量、高档次产生了积极的促进作用。

同时，企业开始走上规模化的发展道路。1994 年 2 月，温州正泰电器有限公司以资产为纽带，以产品为龙头，以销售为中心，联合、兼并了一批企业，组建了企业集团，进行集团化、专业化大生产。到 1998 年，以股份合作企业为基础组建的民营企业集团有 110 家，占全市企业集团总数的 60%，较好地解决了股份合作企业结构“低、小、散”的问题，发挥了规模经济效益，使得温州的民营企业发展跨上了一个新台阶。

在这个阶段，温州也加大了基础设施建设的投入，为经济发展提供了有力支撑。1998 年，中国第一条由民间推动，由地方、铁道部合资兴建的铁路——金温铁路全线通车运营。温州的交通状况得到了极大的改善。

到 20 世纪末，温州经济实现了由温饱到总体小康的历史性跨越。温州的市场经济体系进一步完善，形成了统一开放、竞争有序的市场体系。

（三）第三阶段：走向世界的国际化（21 世纪初至 10 年代中期）

当人类进入 21 世纪后，国际经济环境出现了很大的变化。随着全球化的加速和中国加入 WTO，温州企业开始积极寻求海外市场的发展机遇。温州人独有的开拓精神和创新意识使他们能够迅速适应国际市场的变化和挑战。

21 世纪以来，温州企业开始实施国际化战略，通过海外投资、并购等方式拓展海外市场。同时，温州企业更加注重技术创新和品牌建设，提升产品在国际市场上的竞争力。温州的产业链也开始向全球延伸，形成了跨国经营的产业链体系。

随着民营企业国际化的不断深化，温州企业在国际市场上的影响力显著提升，涌现出了一批具有国际竞争力的知名企业。一些着眼于国际化战略的民营企业寻求海外上市。2006 年 4 月，瑞立集团结束了美国纳斯达克股票市场 26 个月的柜台交易（OTCBB）和小资本市场历史，正式在纳斯达克主板挂牌交易，成为温州第一家境外上市的企业。

在民营企业实施国际化战略过程中，涌现出许多国际化发展的经典案例，如 2003 年，温州企业打赢中国加入世界贸易组织（WTO）后欧盟反倾销的第一案。1998 年，欧盟卫生和消费者保护协会主持制定了 CR 法案，对温州打火机产业构成了直接威胁。以黄发静为代表的温州烟具行业协会不懈努力，2003 年 7 月，欧盟接受本案原告方的撤诉，决定停止对我国打火机反倾销案的调查。这是中国加入 WTO 后，中国企业在国际贸易领域第一次成功应对反倾销调查。黄发静由此成为 2003 年 CCTV 中国经济年度人物。又如 2004 年 8 月，温州哈杉鞋业收购了意大利知名鞋企——威尔逊制鞋公司 90% 的股权，以及其在欧、美、亚、非四大洲的战略布局，被评论为"温州第一家真正意义上的跨国公司"。

2006 年 9 月，由康奈集团联合黑龙江吉信集团共建的位于俄罗斯乌苏里斯克市的"康吉经贸合作园"正式启动，这是温州第一个境外产业园区。至今，由温州企业牵头建立并正常运转的境外经贸合作区有 4 个，其中国家级合作区 3 个（俄罗斯乌苏里斯克境外经贸合作区、越南龙江工业园、乌兹别克斯坦鹏盛工业园），省级境外经贸合作区 1 个（塞尔维亚贝尔麦克商贸物流园区），成了全国拥有最多国家级境外园区的地级市。

目前，海外温州人已经达到 70 万的规模，是浙江省海外华侨最多的地区。温籍华侨分布在意大利的最多，占比为 14. 31%。同时有约 38 万温州人布局在"一带一路"沿线 57 个国家和地区，在我国实施"一带一路"发展战略中发挥着重要的作用。

四、温州模式的历史贡献

改革开放以来，虽然温州模式在发展中备受争议，但"敢于天下先、特别能创业"的温州人，用"四千精神"创造了一个又一个经济奇迹。具体来说，温州模式有如下几个方面的贡献：

（一）推动温州地区经济快速发展

温州模式通过家庭工业和专业化市场的发展，形成了“小商品大市场”的发展格局。这种发展模式使得温州地区的经济得以快速增长，成为当时中国经济发展的一大亮点。温州的民营经济在这一模式下得到了迅猛发展，成为推动区域经济增长的主要力量。

（二）为全国经济发展提供宝贵经验

温州模式不仅推动了温州地区的经济发展，还为全国其他地区提供了宝贵的经济发展经验。温州模式的成功实践表明，家庭工业和专业化市场是发展非农产业的有效途径，可以为地区经济发展注入新的活力。这一模式也为其他地区探索适合自身特点的经济发展道路提供了有益的借鉴。

（三）促进就业和创业

温州模式的发展促进了大量就业和创业机会的产生。家庭工业和专业化市场的发展为温州人提供了广阔的就业空间，同时也激发了温州人的创业热情。许多温州人通过创办家庭企业、参与专业市场等方式实现了自主创业，为地区经济发展做出了重要贡献。

（四）推动市场化改革进程

温州模式的发展也推动了中国的市场化改革进程。在温州模式下，政府采取了相对宽松的政策环境，允许民间资本自由流动和自主经营。这种政策环境为温州的民营经济发展提供了有力支持，同时也为中国市场化改革提供了有益的尝试和探索。

（五）培育了温州人的商业精神和创业文化

温州模式还培育了温州人独特的商业精神和创业文化。温州人以其敏锐的市场洞察力、敢于冒险的创业精神和勤劳朴实的品质，在温州模式的推动下形成了独特的商业文化。这种文化不仅推动了温州地区的经济发展，也为全国其他地区提供了有益的启示和借鉴。

第二节 温州创建“两个健康”先行区的背景及意义

一、“两个健康”先行区提出的时代背景

温州作为中国民营经济的重要发祥地，一直以来都是中国改革开放的先行区和

民营经济发展的标杆。在新的时代背景下，温州被赋予了创建新时代"两个健康"先行区的历史使命。这一决策的提出，既是对温州民营经济历史贡献的肯定，也是对温州在新时代继续发挥引领作用的期待。

民营经济在中国改革开放和现代化建设中发挥了举足轻重的作用。习近平总书记曾概括民营经济具有"56789"的特征，即贡献了50%以上的税收、60%以上的国内生产总值、70%以上的技术创新成果、80%以上的城镇劳动就业、90%以上的企业数量。这一概括高度肯定了民营经济在中国改革开放发展中的历史贡献与现实地位。

温州作为中国民营经济的重要发祥地，其民营经济的发展成就尤为显著。温州民营经济的贡献基本上达到了"99999"，即民营经济贡献了90%的税收、92%的工业增加值、95%的外贸出口、93%的就业人员、99%的企业数量。温州民营经济的发展不仅推动了当地经济的快速增长，也为全国民营经济的发展提供了宝贵的经验和启示。

当前，中国经济仍处于"三期叠加"阶段，即增长速度换挡期、结构调整阵痛期、前期刺激政策消化期。民营经济面临内外环境变化、经济转型升级的新挑战，土地劳动力成本上升、环保要求升级、债务压力陡增、融资支持偏弱等困难相互叠加，一些企业发展面临较大考验。

同时，中国经济结构调整和转型升级正在深化，新动能加快成长。伴随着供给侧结构性改革和改革开放持续深入，民营经济也迎来了新的发展机遇。温州作为中国改革开放的先行区和民营经济的重要发祥地，同样面临着这些挑战和机遇。

二、温州创建"两个健康"先行区的意义

温州创建"两个健康"先行区的意义在于：

（一）推动民营经济高质量发展

温州民营经济占比达到99.5%以上，对GDP的贡献超80%，每10个温州人中就有1个人经商办企业。然而，随着经济的快速发展，温州也较早遇到了"成长的烦恼"，面临转型升级的压力。创建"两个健康"先行区，为温州民营经济提供了新的发展机遇。

温州通过实施一系列改革举措，如探索民营经济高质量发展新模式、打造市场准入最优"试验田"、打造国际化的营商环境等，推动民营经济向更高质量、更高效率、更加可持续的方向发展。例如，温州大力实施产业集群发展计划，重点打造电气、时尚、新能源网联汽车和智能装备四大千亿级产业集群，争取三年内形成千亿产业集群2个。可以预期，这些举措不仅提升了温州民营经济的竞争力，也为全

国民营经济高质量发展提供了可借鉴的经验。

（二）优化营商环境

营商环境是企业发展的重要外部条件。温州在创建“两个健康”先行区的过程中，将优化营商环境作为重要任务之一。通过推进“一窗受理、集成服务”改革，建立便民服务“瓯e办”和为侨服务“全球通”平台，构建网上网下融合的政务服务体系，实现群众和企业到政府办事事项“最多跑一次”100%覆盖。

此外，温州还将出台一系列惠企政策，如制造业企业降本减负系列政策，进一步降低企业税费、审批、融资、运输等各个环节的成本。这些措施不仅可以减轻企业的负担，也能够提高政府服务的效率和质量，为民营企业创造更加宽松、便利的发展环境。

（三）促进非公有制经济人士健康成长

非公有制经济人士是民营经济发展的重要力量。习近平总书记强调：非公有制经济要健康发展，前提是非公有制经济人士要健康成长。温州创建“两个健康”先行区，必须大力弘扬优秀企业家精神，着力打造一支爱国敬业、守法经营、创业创新、回报社会的优秀企业家队伍。这既需要通过实施民营企业家护航工程，使执法、司法、守法等环节有机衔接，着力营造司法机关严格执法、行政机关依法行政、民营企业依法经营的良好环境，也需要建立企业信用评价体系，实施守信联合激励和失信联合惩戒制度，增强企业的信用意识，促进非公有制经济人士的健康成长。

（四）探索政商关系新模式

构建亲清新型政商关系是新时代民营经济发展的重要要求。温州创建“两个健康”先行区，需要积极探索政商关系新模式。通过出台构建“亲”“清”新型政商关系行为清单，形成政商交往的“负面清单”，划定“红线”和“绿线”，明确了政商交往的底线和原则。

同时，温州还需要创新政府与企业的互动和沟通机制，提升政府的服务水平和企业的满意度。

（五）树立民营经济高质量发展的新标杆

温州作为中国民营经济的重要发祥地，一直以来在民营经济发展中扮演着重要角色。创建“两个健康”先行区，不仅是对温州过去成就的肯定，更是对温州未来发展的期待。通过先行先试、创新探索，温州将为全国民营经济高质量发展树立新的标杆。

（六）推动温州经济转型升级

随着经济的快速发展，温州也面临着转型升级的压力。创建“两个健康”先行区，将为温州经济转型升级提供新的动力。通过实施产业集群发展计划、数字经济发展五年倍增实施方案等，温州加快了传统产业转型升级的步伐，推动了新兴产业的发展壮大。

同时，温州还通过加强与国际市场的联系和合作，积极参与“一带一路”建设，培育一批全球资源配置能力强、参与全球价值链分工的本土跨国公司。这些举措不仅能够提升温州经济的国际竞争力，也为温州经济转型升级提供了新的机遇和平台。

第三节 温州创建“两个健康”先行区的举措及成效

一、温州“两个健康”先行区建设阶段

温州 2018 年 10 月启动全国首个新时代“两个健康”先行区建设，其建设过程可以分为以下三个阶段：

（一）启动和初步实施阶段（2018—2020 年）

2018 年 8 月 9 日，中央统战部、全国工商联批准同意温州开展先行区创建，支持温州作为全国示范。浙江省委将温州创建工作作为年度全面深化改革的重要项目。温州成功获批创建新时代“两个健康”（非公有制经济健康发展和非公有制经济人士健康成长）先行区，开启了温州民营经济高质量发展的新征程。

2018 年 10 月 16 日，全国创建新时代“两个健康”先行区启动大会在温州召开，标志着温州正式启动创建工作。温州市委、市政府高度重视，把“两个健康”作为事关温州前途命运的大命题，作为“民营经济看温州、重塑民营经济新标杆”的主抓手、主载体，强化组织领导，坚持先行先试，在促进民营经济高质量发展方面开展有益的探索实践。在启动大会上，温州推出了加快创建的十大举措，迈出了开耕全国首片新时代“两个健康”试验田的第一步。这十大举措，从探索民营经济高质量发展新模式、打造市场准入最优“试验田”、打造国际化的营商环境、实施民营企业家护航工程、建设新时代温商队伍、制定新时代“两个健康”温州标准等方面，明确了具体措施。同时，在包括市检察院、市委统战部、正泰集团、龙港镇、市企业家协会等在内的 20 个先行实践基地，温州商学院授牌设立温州市“两个健康”研究院。

2019 年 1 月，温州市委召开十二届七次全会，会议强调，要打好高质量发展组合拳，重塑民营经济新标杆。以新时代“两个健康”先行区、国家自主创新示范区

建设为主载体，抓牢民营企业这一根本，抓牢工业经济这一根基，抓牢数字经济这一龙头，抓牢科技创新这一核心，抓牢谋大招强这一关键，抓牢市场培育这一增长极，抓牢风险防范这一底线，着力培育新动力、形成新动能，打造高质量发展的强大引擎，让温州经济实力更强更壮更有后劲。要坚定扛起改革开放大旗，勇当改革开放排头兵。

2019 年 2 月，以“两个健康”作为主题的“新春第一会”高规格启幕，标志着创建工作的正式推进。温州市委市政府召开“新春第一会”——新时代“两个健康”先行区暨国家自主创新示范区建设推进大会。会议参会对象之广鲜见，设市主会场和县（市、区）、省级产业集聚区分会场。在主会场与会的，不仅有各级干部，还有企业家代表、行业协会负责人，相关高新园区和省市科研院所负责人、科技企业孵化器和创投机构代表，以及市民监督团代表、新闻媒体代表等。

会上，温州市委书记陈伟俊开宗明义，“市委、市政府以‘新春第一会’的形式，对‘两区’建设进行再部署、再推动，既是贯彻落实市委全会精神的具体行动，也是响亮喊出‘民营经济看温州’的一次再动员”。

为了确保先行区建设的高效推进，温州市委市政府成立了由市委书记任组长的市创建新时代“两个健康”先行区工作领导小组，建立“一办七组”的工作机构。即领导小组下设办公室，由副市长兼任办公室主任，并安排一名市政府副秘书长专职负责；设立综合协调、民营经济健康发展、民营企业家健康成长、改革举措创新突破、法治环境建设、涉企投诉查处、新闻舆论七个专门工作组。建立定期协调、工作流转、信息通报、考核督办四大工作机制。各县（市、区）、功能区也相应成立组织机构，全市形成了专人负责、上下联动的“一盘棋”创建工作格局。

至此，温州“两个健康”先行区创建工作已经全面启动，围绕民营企业家健康成长和民营经济健康发展这两大命题，各级各部门紧锣密鼓，以创新突破、先行先试为指导，不断推出新举措，推动民营经济持续健康发展。

扩展阅读

温州为民营企业家设立节日

温州民营企业家有了自己的节日。12 月 29 日召开的市人大常委会第 16 次会议，正式批准确定每年 11 月 1 日为“温州民营企业家节”。这是浙江省首个通过人大依法行使重大事项决定权确定的企业家节日。

温州是中国民营经济先发地，现有民营企业数量占全市企业总数量的 99.5%。

改革开放以来，温州人凭着"敢为人先、特别能创业"的精神，白手起家、艰苦奋斗，造就了一批有胆有识的企业家群体。统计数据显示，目前平均每10个温州人中就有1个人经商办企业。

在改革开放40周年的节点上，今年温州启动创建全国首个新时代"两个健康"先行区，发布80条新政，打出一整套推动非公有制经济健康发展、非公有制经济人士健康成长的"组合拳"。

在广泛倾听民营企业家意见建议的基础上，市政府向市人大常委会提交《关于提请设立"温州民营企业家节"的议案》，建议将每年11月1日确定为"温州民营企业家节"。这一议案，昨天市人大常委会审议通过。"今年11月1日，是习近平总书记召开民营企业座谈会的日子，在全国民营经济、民营企业家发展史上具有非常重要的意义，对温州这座民营经济之都而言，意义更显特殊。"市人大民宗侨外委主任金传顺说，设立"温州民营企业家节"，是贯彻落实习近平总书记在民营企业座谈会重要讲话精神的"温州行动"，也是温州推进新时代"两个健康"先行区创建的一大创新举措。

据悉，每年的"温州民营企业家节"期间，温州市将通过表彰优秀企业家、走访慰问企业、宣传助企帮扶政策等多种形式，在全社会营造尊重、爱护、支持企业和企业家的良好氛围。为了让广大民营企业家更好地健康成长、安心创业，温州市还将推出"一揽子"举措，如健全新生代企业家队伍培养机制、完善市领导走访重点企业制度、建立"创二代"挂职培养制度等。

"作为中国民营经济发展的'探路者'，温州正全力迈向民营经济发展新高地。设立'温州民营企业家节'，在温州民营经济发展史上具有里程碑意义。"正泰集团董事长南存辉认为，这一节日的设立，让温州民营企业家群体有了共同的交流平台和精神寄托，获得满满的自豪感和荣誉感。

资料来源：温州市人民政府网站，2018-12-30，https://www.wenzhou.gov.cn/art/2018/12/30/art_1217830_28798028.html。

（二）深化和推广阶段（2021—2023年）

2021年是温州"两个健康"从实践探索向制度创新、标准领航、理论研究跃升的突破之年，也是奠定"民营经济看温州"时代标杆的关键之年。2021年，经浙江省十三届人大常委会第三十二次会议批准，《温州市"两个健康"先行区建设促进条例》（以下简称《条例》）将自2022年1月1日起施行。这是我国首部以"两个健康"为主题的地方性法规，标志着推动以民营经济为主体的非公有制经济健康发展、非公有制经济人士健康成长的温州实践向制度层面重大跃升。

2023年，温州发布了《温州深化新时代"两个健康"先行区建设五年工作计划

（2023—2027 年）》，标志着创建工作进入新的阶段。

（三）持续优化和提升阶段（2024 年至今）

2024 年，温州继续深化“两个健康”先行区建设，不断优化政策环境，提升服务质量，推动民营经济持续健康发展。

在未来五年中，温州实施高起点发展环境引领工程，撬动政府职能转变，全力打造“增值式”政务服务品牌，实现营商环境大提升。

一是打造一站式服务体系。未来五年，一个重要的创新项目就是有关涉企服务将从“多头分散”转变为“一站集成”。其中重点聚焦政务服务增值化改革牵引重点领域关键环节改革，健全全市统一、线上线下融合的政务服务体系，综合集成各领域创新服务到“浙里办”温州城市频道“瓯 e 办”，推动更多依申请政务服务事项“一网通办、掌上通办”，将中介服务事项纳入政务服务平台，完善企业注销“一网服务”平台，打造更多“7 × 24 小时”全天候办理中心，实现更多高频政务服务事项异地办理、跨省通办。深化电子营业执照集成创新应用、企业开办便利化、“多报合一”、“多评合一”等改革，推动从流程优化到减负增效的全面升级，持续迭代完善工业强镇企业服务中心建设，服务功能延伸覆盖至周边乡镇（街道），实现为企服务“最后一公里”畅通无阻。

二是迭代升级政企直通车。未来五年，政企直通车将迭代完善政企沟通机制，实现更大范围覆盖。为此五年计划明确规定将强化市县联动，分主题、分需求、分行业、分类别举行政企恳谈会，党委、政府主要领导参加综合恳谈会，分管领导参加专题恳谈会，力争 3 年之内实现主要行业链主企业、市内主要商会企业、上规上市企业、外资合资侨商企业、国内省级温州商会企业“直通车”全覆盖。

三是涉企服务“一键直达”。未来五年，温州将开发“温商政策通”，推动涉企政策事项“一键直达”。强化政策协调，多出有利于稳预期、稳增长、稳就业的政策，推动财政政策、货币政策、产业政策、就业政策协同发力，实现更好效果。

同时，建立健全政策集成式发布机制，全面梳理市县两级现行有效的涉企政策文件，标准化、标签化、结构化拆解为单一事项条款，形成覆盖全面、要素完备的政策事项库，同步打造移动应用端，通过“智能搜索”“政策匹配”功能，实现涉企政策事项快速查询、匹配，解决涉企政策“找不到、看不懂、用不上”难题。

二、温州创建两个健康先行区的成效

作为全国首片改革“试验田”，2018 年以来，温州牢记习近平总书记寄予温州“续写创新史”殷殷嘱托，坚持“民营经济高质量发展”主题主线，打出一整套促进非公有制经济健康发展、非公有制经济人士健康成长的组合拳。温州在创建过程中形成了一系列制度成果和改革举措，如50项制度成果和58项引领性改革举措。这些成果和举措不仅为温州民营经济发展提供了有力支撑，也为全国民营经济高质量发展提供了可借鉴、可复制、可推广的"温州经验"。

（一）经济高质量发展的新引擎

"两个健康"先行区的创建，极大地激发了温州民营经济的活力和创造力。通过深化供给侧结构性改革，推动产业转型升级，温州成功打造了多个具有国际竞争力的产业集群。同时，温州还积极培育新动能，大力发展数字经济、智能装备等新兴产业，为经济高质量发展注入了强劲动力。

在经济总量方面，温州实现了跨越式增长。《2023年温州市国民经济和社会发展统计公报》显示，温州"人财两旺"，温州地区生产总值由6006亿元提升至8730亿元，连续四年稳居全国城市30强；民营经济增加值等20多项重要指标领先全省、优于全国。2023年末全市常住人口976.1万人，比上年末增加8.2万人，增幅列全省第二。

这充分证明了"两个健康"先行区建设对于推动温州经济发展的巨大作用。

（二）营商环境优化的典范

在"两个健康"先行区的创建过程中，温州始终把优化营商环境作为重中之重。通过深化"最多跑一次"改革，推进政府数字化转型，温州成功打造了市场化、法治化、国际化的营商环境。企业开办时间大幅缩短，项目审批效率显著提高，为企业提供了更加便捷、高效的服务。

此外，温州还注重营造公平竞争的市场环境。通过加强知识产权保护、打击假冒伪劣行为等措施，温州为企业创造了一个公平、公正的市场秩序。这不仅有利于保护企业的合法权益，还有助于激发企业的创新精神和竞争力。

创建五年中，温州在"万家民营企业评营商环境"中连续多年走在全国前列，市场主体达143万户，高新技术企业数、科技型中小企业数增长4倍，经济实力稳居全国30强。

（三）政策创新引领的标杆

在创建"两个健康"先行区的过程中，温州不断探索创新政策体系，为企业提供了有力的政策保障。例如，出台《温州市"两个健康"先行区建设促进条例》，这是全国首部关于"两个健康"的地方性法规。该条例明确了政府、企业和社会各界在"两个健康"建设中的职责和义务，为民营企业的发展提供了有力的法治保障。

同时，温州还推出了一系列具有针对性的政策措施。如实施融资畅通工程，缓解企业融资难融资贵问题；推行土地供应制度改革，保障企业用地需求；加强人才引进和培养，为企业提供有力的人才支撑；等等。这些政策的实施，有效地推动了温州民营经济的发展。

（四）企业服务体系的完善

温州在创建“两个健康”先行区的过程中，注重建立完善的企业服务体系。通过设立企业服务中心、搭建政企沟通平台等措施，为企业提供全方位的服务支持。企业服务中心可以为企业和群众提供集成服务，实现“一站式”办理；政企沟通平台则为企业提供了与政府部门沟通交流的渠道，有助于及时解决企业遇到的问题和困难。

此外，温州还注重发挥行业协会、商会等社会组织的作用。通过加强行业协会、商会的建设和管理，提高其服务企业的能力和水平。这些社会组织在政策宣传、行业自律、维权服务等方面发挥了重要作用，为民营企业的发展提供了有力支持。

（五）改革成果的广泛推广

温州“两个健康”先行区的创建经验得到了中央统战部、全国工商联及国家有关部委的高度认可，并在全国范围内进行了广泛推广。截至目前，全国有 31 个省（自治区、直辖市）在学习借鉴温州的经验做法。这不仅彰显了温州在“两个健康”建设方面的领先地位和示范作用，还为其他地区提供了可复制、可推广的经验和模式。

（六）企业家精神的培育与弘扬

在“两个健康”先行区的创建过程中，温州高度重视企业家精神的培育与弘扬。通过举办企业家论坛、开展优秀企业家评选等活动，激发企业家的创新精神和奋斗精神。同时，温州还注重加强对企业家的培训和教育，提高他们的综合素质和管理能力。

此外，温州还建立了企业家荣誉制度，对为经济社会发展做出突出贡献的企业家给予表彰和奖励。这些举措有效地激发了企业家的积极性和创造力，为温州民营经济的发展注入了强大的动力。

（七）社会和谐稳定的有力保障

“两个健康”先行区的创建不仅促进了经济的持续健康发展，还为社会的和谐稳定提供了有力保障。通过优化营商环境、完善政策体系等措施，温州成功化解了一批历史遗留问题和矛盾纠纷，为企业的发展创造了良好的社会环境。

同时，温州还注重加强和创新社会治理，提高社会治理体系和治理能力现代化水平。通过加强社区治理、推进平安建设等措施，温州成功打造了一个和谐稳定的社会环境，为民营经济的发展提供了有力保障。

综上所述，温州创建"两个健康"先行区的成效显著且影响深远。它不仅推动了温州经济的持续健康发展和社会的和谐稳定，还为全国民营经济的发展提供了宝贵的经验和启示。

三、温州创建"两个健康"先行区的启示

温州在创建"两个健康"先行区的过程中，积累了丰富的经验，并获得了多方面的启示。

（一）坚持党的领导和政策引领

（1）贯彻落实中央精神：温州在创建"两个健康"先行区过程中，深入贯彻落实习近平总书记关于促进"两个健康"的重要论述和重要指示批示精神，确保创建工作的正确方向。

（2）加强组织领导：地方党委、政府在促进"两个健康"工作中起着主导作用，是推动这项工作的主体。温州建立由"一把手"挂帅的组织领导架构，形成上下联动、统筹协同的工作格局。

（3）构建政策体系：温州制定了一系列政策文件，如《推进温州市新时代"两个健康"先行区创建工作计划（2019—2022 年）》等，为创建工作提供坚实的政策保障。

（二）注重民营经济人士的政治引领和思想引导

（1）强化政治引领：温州加强民营企业党建工作，大力弘扬新时代企业家精神和"敢为人先，特别能创业创新"的温州人精神。

（2）加强思想引导：温州关注民营经济人士的思想状况，通过举办培训班、论坛等活动，加强思想教育和引导，凝聚共识和力量。

（三）推动民营企业高质量发展

（1）强化创新驱动：温州推动民营企业强化创新驱动发展和人才要素支撑，引导企业实施绿色化、数字化、智能化改造。

（2）融入区域协调发展战略：温州引导民营企业融入区域协调发展战略，实施"百园万企"小微园示范引领工程，推动产业集聚和升级。

（3）参与"一带一路"建设：温州鼓励民营企业积极参与"一带一路"建设，拓展国际市场，提升国际竞争力。

（四）构建亲清政商关系和优化营商环境

（1）构建亲清政商关系：温州探索"三清单一承诺"制度，常态化组织政企恳

谈、亲清圆桌会议，打造“清廉民企”品牌。

（2）优化营商环境：温州创新推出涉企柔性执法制度、重大涉企案件风险报告制度等，切实保护民营企业和企业家合法权益，不断提升政务服务水平。

（五）强化基层工商联建设和培育中国特色商会组织

（1）加强基层工商联建设：温州强化基层工商联的职能和作用，推动工商联在促进“两个健康”中发挥更大作用。

（2）培育中国特色商会组织：温州积极探索商会组织的发展模式，推动商会组织在促进民营经济人士健康成长和民营经济健康发展中发挥积极作用。

（六）持续创新和深化改革

（1）持续创新：温州在创建“两个健康”先行区过程中，不断探索和创新，形成了一批可借鉴、可复制、可推广的经验。

（2）深化改革：温州通过深化改革，破解制约民营经济发展的体制机制障碍，为民营经济发展创造更加宽松的环境。

综上所述，温州创建“两个健康”先行区的创新探索和实践经验，对于其他地区在推动民营经济健康发展和民营企业家健康成长方面具有重要的借鉴意义和启示。

本章小结

1. 温州模式的形成，既有历史和地域环境的因素，也有改革开放带来的政策机遇，更重要的是宽松的社会环境和温州人的开拓精神与创新意识。在改革开放初期，温州人率先进行市场经济改革，走出了一条具有区域特色的发展路子，创造了著名的“温州模式”。

2. 改革开放以来，温州模式经历了三个阶段：小商品、大市场阶段（20 世纪 80 年代），二次创业阶段（20 世纪 90 年代），走向世界的国际化阶段（21 世纪初期至 10 年代中期）。

3. 温州作为中国改革开放先行区、民营经济发祥地，在改革开放 40 周年之际启动“两个健康”先行区创建具有重要意义。温州通过先行先试，探索促进“两个健康”的实践路径和实现形式，将为全国范围内促进“两个健康”探路开路。

4. 温州 2018 年 10 月启动创建全国首个新时代“两个健康”先行区，创建过程可以分为三个主要阶段：启动和初步实施阶段（2018—2019 年）、深化和推广阶段（2020—2023 年）、持续优化和提升阶段（2024 年至今）。温州在创建“两个健康”先行区过程中，在经济高质量发展、营商环境优化、政策创新引领、企业服务体系完善、改革成果推广、企业家精神培育与弘扬及社会和谐稳定保障等方面取得了显著的成效。

5. 温州在创建"两个健康"先行区的过程中，积累了丰富的经验，并获得了多方面的启示：一是要坚持党的领导和政策引领，二是要注重民营经济人士的政治引领和思想引导，三是要推动民营企业高质量发展，四是要构建亲清政商关系和优化营商环境，五是要强化基层工商联建设和培育中国特色商会组织，六是要持续创新和深化改革。

·关键术语

温州模式；"两个健康"先行区

·思考与练习

1. 改革开放以来温州模式经历了哪些发展阶段？各个阶段有哪些特征？
2. 温州模式有哪些历史贡献？
3. 温州为什么要提出创建"两个健康"先行区？
4. 温州创建"两个健康"先行区的实践探索取得了哪些成效？
5. 从温州模式到创建"两个健康"先行区，有哪些重要的启示？

·进一步学习资料

1. 费孝通．温州行［J］．瞭望周刊，1986（20）．
2. 吴象．温州模式的新发展与再认识［J］．瞭望新闻周刊，1994（32）．
3. 董辅礽．温州模式与中国民营经济的发展［J］．宏观经济研究，2002（9）．
4. 仲伟志，等．温州模式：第二次交锋［N］．经济观察报，2004－04－19.